汉语语法的多维研究

邵敬敏——著

上海教育出版社
SHANGHAI EDUCATIONAL PUBLISHING HOUSE

目　　录

自　　序

我是1966年从北京大学中文系语言专业毕业的，但是由于众所周知的原因，从中央文化部艺术局到浙江金华浦江县文化馆，前前后后折腾了12年，一直到1978年考取杭州大学中文系现代汉语专业研究生，总算才回归到汉语研究领域。主攻方向是我一直钟爱的现代汉语语法，并且为之奋斗终身。这些年来先后出版了三本系列性的论文选集，这大体上代表了我从20世纪80年代到21世纪前十年将近30年在现代汉语语法研究方面的主要成果。这3本论文集应该说在学界还是引起积极反响的，并分别获得国家社科三等奖(《汉语语法的立体研究》)、广东省社科二等奖(《汉语语义语法论集》)和一等奖(《汉语语法的动态研究》)。

第一本《汉语语法的立体研究》(商务印书馆，2000)，这本是关于句法、语义、语用的立体交叉研究，当时主要是深受"语法研究三个平面"理论的影响，对汉语语法全面出击，重点是句法语义的双向研究、三个平面的交叉研究、配价功能研究、句式变换研究、语义指向研究、动态变化研究。

第二本《汉语语义语法论集》(上海教育出版社，2007)重点是对语义在语法研究中的作用和地位的探索，有鉴于从海外引进的生成语法理论以及系统功能语法理论在汉语语法研究中碰到的问题和困境，希望寻找新的突破口，试图寻找具有中国特色的语法理论，为此提出了"语义语法理论"，把语义作为汉语语法研究的出发点和重点，关键是必须在形式上进行多元验证，并从词语和语义、结构和语义、句式和语义三方面切入。

第三本《汉语语法的动态研究》(商务印书馆，2013)更关注语法的动态变化，这涉及三方面：不同地域的接触与变异；交际过程中的互相影响和变化；时代发展的历史进程。这可能是因为那时我长期在香港工作，并多次访问台湾，之后又到了广东粤语地区任教，还多次出国交流，研究的视野明显拓宽了，比较多地看到了多种语言的碰撞，汉语方言以及不同社区汉语的接触与变异，有关研究不再仅仅局限于静态的分析，而开始倾向于采取动态的视角。这涉及框式结构、语义与结构、功能和认知、变异与竞争等问题。

进入 21 世纪以来，特别最近这十年，我虽然已经办理了退休手续，但是因为工作需要，实际上一直返聘到现在，研究的脚步不但没有停下来，任务反而更加繁重了。我戏称自己身上压着“三座大山”：一是要继续修订“十一五”和“十二五”国家级规划教材《现代汉语通论》，争取尽快推出第四版和《现代汉语通论精编》修订版以及配套的教辅材料。二是由于 2012 年申请到新的国家社科项目，在此基础上我们编撰了《汉语虚词大辞典》(即《汉语虚词框架词典》)，涉及广义虚词 1 600 多条，要争取尽快问世。三是 2016 年底又申请到一项国家重大社科项目“境外汉语语法学史及数据库建设”，任务极为艰巨，涉及全世界的有关研究。再加上我给自己定的任务，简称“三个十工程”(平均每年大约参加或举办十次以上学术会议，每年到境内外大学演讲十次，每年在专业杂志上发表十篇左右论文)。因此，这些年我是马不停蹄，不敢懈怠。这就促使我在语法研究方面进一步采用多维的角度来进行思考和研究。最近几年发表的近三十篇研究论文就构成了我的第四本语法研究论文集《汉语语法的多维研究》。从第一本论文集到第四本，每本之间大体上间隔 7—8 年。当然这仅仅是单篇论文的集合，不包括专著和教材，也不包括非语法研究的论文(例如书评、综述、回忆录、序言、教辅等)。

本书大体上分为四个维度：

第一，虚词新探索 8 篇。除了个案研究 1 篇，主要是在宏观思考以及研究方法论方面进行了新的理论探索。关键是三点：(1) 重新给汉语虚词定位定性，指出它的重要性无可替代，其作用相当于印欧语里的“形态变化”，是汉语里承担语法意义的最主要的手段之一。(2) 提出“广义虚词说”，认为从汉语学习和应用角度出发，不必拘泥于定义之争。在典型实词(名词、动词、形容词)与典型虚词(介词、连词、助词、语气词)之间，实际上存在着一个中间过渡地带，可叫作“半实半虚词”，其特点就是不同程度地具有“封闭、黏着、定位”的特点，兼有词汇意义和语法意义，它包括副词、助动词、趋向动词、方位词、代词、量词、叹词等。我们可以把典型虚词和半实半虚词合称为“广义虚词”。这将有利于中小学语文教学以及国际汉语教学。(3) 探讨了汉语虚词释义的方法论：① 为每个义项建立“定位框架”，要求对重点虚词的每个义项进行形式上的多元正反验证。② 虚词分析避免孤立进行，必须进行类聚扫描，从近义、反义、类义、同素等角度进行多元对比。③ 必须借助大型语料库提供的真实文本，这不仅有利于筛选例句，并且可以引入上下文语境加以证明与检验。④ 尽可能地吸取学界关于汉语虚词的研究成果，尤其是近四十年以来的最新成果，简化分析过程，吸收最后结论，并且加以“框架化”。

第二，框式结构研究 6 篇。框式结构是一种非常有趣而独特的结构，它不是词，也不是短语，更不是句子。它自身包括可变项和固定项，不仅可产，而且往往有自身特别的含义，在交际上发挥极为独到的作用。我曾经在《中国语文》(2011 年第 3 期)上发表《汉语框式结构说略》一文，并对汉语框式结构做过系列研究。这一研究从来没有停止过，一方面继续对个案进行分析，另一方面重点对其研究方法做进一步的探讨。

第三，句式系统分析 7 篇。根据汉语语法的特色，提出在“句型”和“句类”基础上，更为关键的是需要建立第三个“句式”系统。所以，有关句式研究的论文既有理论上的探索，更多的是对有特色的具体句式的探讨，也包括对疑问句的进一步研究。我当年曾经出版过《现代汉语疑问句研究》(初版由华东师范大学出版社 1996 年出版，增订本由商务印书馆 2014 年出版)。近年来又发表了 4 篇有关论文，涉及疑问语气词“啊”、是非疑问句的类型比较，疑问句结构类型跟反问句的关系，以及特殊的“特指是非双层问句”等。

第四，语法研究的理论探索与战略思考。这包括两个方面：一是理论上的探索，比如对“变量”的探讨，比如对主观性和主观化的摸索；二是对宏观战略的思考，我们不仅要在战术上一个一个专题地研究汉语语法，也要在战略上进行思考。不仅要埋头推车，还要抬头看路。尤其要在研究理论和方法上大胆破旧立新。要有语言自信、文化自信、战略自信、研究自信。汉语必须走向世界，汉语研究一定要登上国际舞台，汉语应用必将服务于全人类!

本文例句大部分出自北京大学 CCL 语料库、北京语言大学 BCC 语料库,部分来源于网络,部分为作者自拟。

我们赶上了一个好时代。我们不能辜负国家的期盼和人民的需求,我们这一代人,应该有担当、有信心,也有智慧为汉语走向世界贡献自己的一份绵薄之力。今天正值我们伟大祖国七十华诞,上午观看天安门前的庆典,想到我们国家历经磨难,看到今日中国的强盛和兴旺,不禁感慨万千,热泪盈眶。1961 年、1962 年和 1963 年,我曾有机会参加天安门前的游行,晚间还参加了金水桥下的狂欢,左边北京大学,右边清华大学,载歌载舞,恍若昨日。我们是一代追梦人,追的就是汉语梦:汉语的国际化,汉语研究的国际化,汉语应用的国际化。这个梦一定会实现的!我们坚信不疑。

邵敬敏　2019 - 10 - 01

七十周年国庆节之夜

一、虚词新探索

《汉语虚词框架词典》编撰的创新思路

一、汉语虚词词典编撰现状及研究意义

汉语语法最重要的特点之一，就是不仅虚词特别丰富多彩，而且语义功能相当复杂多变，所以汉语学习和研究的重点和难点之一，就是准确理解并运用虚词。

新时期30多年来，受语言学界推崇的虚词词典当推吕叔湘主编的《现代汉语八百词》(商务印书馆，1980；1999年出版的增订本有词条1 000条，包括部分实词)，此外有一定影响的现代汉语虚词词典还有：北京大学中文系1955级、1957级语言班编的《现代汉语虚词例释》(商务印书馆，1982)、王自强的《现代汉语虚词词典》(上海辞书出版社，1998)、侯学超的《现代汉语虚词词典》(北京大学出版社，1999)、朱景松的《现代汉语虚词词典》(语文出版社，1999)、张斌主编的《现代汉语虚词词典》(商务印书馆，2003)以及李晓琪主编的《现代汉语虚词手册(汉英对释)》(北京大学出版社，2003)等。

这些虚词词典，多数释义大体准确，举例基本到位，一定程度上解决了学习者的基本需要，但问题也是显而易见的，多数是列举若干义项，并一一举例，有时还跟同义或反义虚词作一些有限的比较分析。从方法论角度观察，其不足主要表现在以下四个方面：

第一，缺乏理论创新，也缺乏可操作性。国内外至今没有一篇虚词词典编撰的专论，基本沿用传统的训诂方法，编撰理念多数比较陈旧，靠的是编者内心语感的“自省”，尤其是严重忽略了制约该义项与功能出现的“语言条件”。我们需要凸显该语义和功能的制约因素，建立必要的“定位框架”。

第二，缺乏义项横向的派生联系，也缺乏词义纵向的动态变化线索。

一个虚词的义项往往有好几个，这些义项之间往往存在着某种内在的发展联系，词义本身还有个历史演变的过程，可是，目前词典的分析与编排，采取的是孤立的排列、分割式的编写方法，没能揭示这些义项之间的横向或纵向的联系。我们需要勾画出“词义地图”，以建立“义项关联”。

第三，缺乏系统观念，缺乏义场类比。虚词与虚词之间也缺乏整体关联，编写的时候大多是按照字母顺序来分配任务的。这样的结果就造成虚词的释义是原子主义的。我们必须把近义、反义，包括类义的虚词聚焦在一起，形成若干个“义场”，作为一个类进行“类聚扫描”，提倡网络式的发散型的思维方式。

第四，缺乏对虚词最新研究成果的吸取。最近 30 年来，汉语虚词的词类研究以及个案研究已经取得了长足的进步，虽然这些研究比较分散，分布在单篇论文或者某些语法著作的章节之中，可是目前的虚词词典往往视而不见，没有能够把这些研究充分地吸取进来，使之成为虚词词典的财富。

汉语正在大踏步地走向世界，随着中国的和平崛起，汉语的地位日益得到提高。目前汉语虚词词典编撰的研究明显滞后，远远不能满足国际汉语教学和研究的需求。我们的汉语教育，包括汉语国际教育，如要踏上一个新的台阶，就必须拿出研究精品。而要达到这一目标，当务之急就是在对虚词词典编撰进行方法论探讨和创新，并运用新的理论和方法进行实践，编撰一部新颖的科学的有解释力的应用性强的虚词词典。

二、《汉语虚词框架词典》编写方法论的创新

以往所有虚词词典的编撰，基本上只是列举词义与举例说明，最多进行一些近义或反义辨析。因此，即使词义的解释是准确的，碰到具体的句子，也常常无法对号入座，也无法熟练运用，更不可能举一反三。我们编撰新的虚词词典的关键就是建立“框架”，扼要地说，框架，就是该虚词出现的语言环境、语言制约条件。正因为虚词的词义（实际上也就是它的语法意义），比较虚灵，不容易解释，更不容易掌握，所以特别需要运用特定的语言条件来进行定位，建立“虚词定位框架”是这部研究型虚词词典编撰的核心思想，再配合“勾画词义地图”以及“扫描义场类聚”，这就形成了

虚词词典编撰过程中密不可分的三部曲。这在虚词词典编撰的方法论上应该是一个重大的突破。

1. 建立定位框架。本词典在理论上的突破之处在于，以义项结合功能为纲，为每个虚词的每个义项建立起“定位框架”，即指出该虚词在某个特定语境中必然表达什么样的意义，实现什么样的功能。换言之，义项的确立只是第一步，建立“定位框架”才是我们的最终目标，只有这样，我们才能准确给某个虚词以定位定性，这也是这部词典的灵魂和核心。

2. 勾画词义地图。我们不以仔细列举若干个义项为满足，而是尽可能地结合历史的发展演变线索以及各个义项之间的共时关联，进行义项之间的关联，描绘出深层次的词义地图。从而建立虚词分析系统，包括立体三维：横的义项关联、纵的词义发展，以及直的运用模式。

3. 进行类聚扫描。词典的编撰必须建立在研究的基础上，我们的做法是在尽可能吸取已有的研究成果的前提下，根据语义聚合的类型(结合句法分布、语义范畴、次范畴小类等)进行集中扫描，在近义、反义、类义的类聚比较中彰显其特点。

我们认为汉语虚词词典编撰的方法论必须进行彻底的改革，并且提出“定位框架”的新的理念，配以“勾画词义地图”与“扫描义场类聚”的新理念，试图有所突破，有所创新。在这一新颖方法论指导下，尽可能地吸收新时期以来有关虚词研究的最新研究成果，并且借鉴大型语料库进行取样并检验，最终编撰成一部新颖的《汉语虚词框架词典》。

三、“定位框架”的理解

“框架”建立的成败是我们这部虚词词典的关键。确立了框架，就能给虚词定位，就能定性，就能定义。“框架”的确认就给了我们一张寻路的地图，一把开门的钥匙。

虚词词典编撰的关键在于努力寻找制约该虚词词义与功能的语言条件，并且把它“框架化”。所谓“框架”，只是个比喻，意思就是“制约条件”，或者说是“识别标记”。在某种框架中，该词就一定表现出某种语义和功能。所以，我们只要把框架描写清楚了，那个虚词的词义与功能也就豁然显示了。

我们的目标就是以义项结合功能为纲，为每个虚词的每个义项建立起“定位框架”，即指出该虚词在某个特定语境中必然表达什么样的意义，实现什么样的功能。换言之，义项的确立只是第一步，建立“定位框架”才是我们的最终目标，只有这样，我们才能准确给某个虚词以定位定性，这也是我们这部词典的灵魂和核心。简单说，“框架”就是出现该虚词的语言环境、语言条件，或者说定位性标记。

我们工作的重点是为每个虚词的每个义项建立可操作可检验的“框架”，这也是工作的难点与重点。所谓“框架”，不能简单理解为形式标记，必须作广义的理解，包括多个层面的：语音的、语义的、句法的、语用的、认知的，关键在于是否能够准确而简便地揭示该虚词义项的制约条件，以及与其他虚词或其他义项的鉴别条件。

(一) 语音框架

轻读和重读，就构成不同的框架。例如关于副词“可”。

【框架 1】“可$_1$”重读，加重语气，跟上文构成“顺承”关系，并且略带有一种夸张的语气。作为一种新的重要的信息告知对方，目的是试图让对方确信，或者试图说服对方。例如：

(1) 我们小蓓'可有正义感了。

“可$_2$”轻读，表示确实如此，不容置疑，并带有轻微反驳口吻，跟上文构成“逆承”关系。例如：

(2) 其实周叔叔这人可好了、可逗了。

再如“别结婚了”，重音的移动都会影响语义。

【框架 1】别＋动词，重音在“别”上面，表示否定性意愿。例如：

(3) '别结婚了！你又不是真的爱她。(劝阻)

【框架 2】别＋动词，重音在“动词”上面，表示否定性猜测。例如：

(4) 别'结婚了！这么多年没联系。(猜测)

(二) 句法框架

即该虚词出现在句中的前言后语的结构条件制约。比如副词“才”，表示对时间早晚、年龄大小等主观判断，数量词出现在“才”的位置前后是至关紧要的。

【框架 1】凡是时间词、数量词出现在“才”的后面，不管直接被“才”修饰，或者只是动词短语的一部分，全句表示说话者主观认定时间早、数量少、年龄轻（相应地还包括范围窄、程度浅）。例如：

（1）现在才不过五点钟，快天亮了。（时间早）

（2）我们班才三十个同学。（数量少）

（3）我已经快三十了，你才十八。（年龄小）

【框架 2】凡是时间词、数量词出现在"才"的前面，全句表示说话者主观认定时间晚、年龄大、数量多（相应地还包括范围宽、程度深）。例如：

（4）今天五点钟才起床。（时间晚）

（5）三十个旅客才可以组团。（数量多）

（6）十八岁才上初中。（年龄大）

比较下面三组例句，它们充分地显示了两者的区别：

（1）八点钟才起床（时间晚）　　起床才八点钟（时间早）

（2）六十分才录取（数量多）　　录取才六十分（数量少）

（3）三十岁才结婚（年龄大）　　结婚才三十岁（年龄小）

（三）语义框架

包括词义的褒贬、感情色彩的区别。例如"太"如果修饰贬义形容词 A_1，表示过分的 A（太可恶了）；如果修饰褒义形容词 A_2，就可能歧解（太漂亮了）：过分或者超常。如果修饰中性形容词 A_3，也有可能两种理解（太快了）：过分或者超常。

【框架 1】太＋贬义形容词，表示程度同方向的加深，贬义加深，显示说话人强烈的主观批评色彩。例如：

（1）盲童生活太单调了，天地太狭小了。

（2）这儿太寂寞了，缺热闹。

【框架 2】太＋褒义形容词，表示程度超常，更显褒义，并带有夸张口吻，口语中必须带上"了"。例如：

（3）阿芭哈太迷人了，棕色头发和眼珠，肤色如罂粟花一样白净。

（4）太精彩了，西藏的服装太漂亮了！

"太＋褒义形容词"也可能表示贬义，在中国传统观点看来，"过犹不及"，过了头，即使原来是真的、善的、美的、好的，也变味儿了，所以往往带有讽刺意味。例如：

(5) 因为我那时太简单、太纯洁了、太天真了。

(6) 后悔把产业变卖得太干净,银子花得也太顺溜。

"太+褒义形容词"可能产生歧义,鉴别方法:

第一,插入"过"(过于),构成"太过+褒义形容词",则为贬义。例如:

(7) 秦干事觉得王景的想法很丰富很全面,就是太过浪漫。

(8) 花农们从不在傍晚时采花,说这时花性太过激烈,花貌不能久长。

第二,上下文有贬斥词语或者褒奖词语,往往显示出一定的语义倾向。例如:

(9) 他呀,实在是太聪明了,赔了夫人又折兵。(贬义)

(10) 如今的孩子太聪明了,竟能那么快懂得这些暗示。(褒义)

【框架3】太+中性形容词,通常表示超出常规,过分了,显示说话人否定的语义倾向。例如:

(11) 你穿这样的不合适,显得太年轻了。(贬义)

(12) 身体的太胖或太瘦,鼻子的太大或太小,脸太宽或太窄等都成了借口。(贬义)

但是也不尽然,关键要看评述的对象是什么。例如都是"太快",有的是贬义,有的却是褒义,只是褒义的概率比较低。例如:

(13) 这样的人才当然应该去打篮球,他太高了!(褒义)

(14) 人都说,这几年北京变得太快了。(褒义)

(15) 如果没换挡,太慢或太快,车就会忽然停下来。(贬义)

(16) 对手的实力出乎意料,她进步的速度太快了。(褒义)

(四) 语用框架

语用在虚词词义的确认方面也能够发挥重要作用,例如"也"表示的是类同义,通常后句用"也",与前句在句法或者词语方面有某种类同之处。例如:

(1) 他唱了一支歌,我也唱了一支歌。(前后句"唱了一支歌"类同)

(2) 我不敢说不对,也不敢说对。(前后句"我不敢说"类同)

(3) 她哭了,我也陪她落了泪。(前后句"哭"与"落泪"类同)

有时这一类同的含义不能立即显示,必须联系上下文,并且借助于语言环境进行多步推导:

(4) 外祖母去世了,父亲的差使也交卸了。

(5) 俺们村有好多户都翻修了房子,豆她爹也想出来挣点钱。

例(4)在字面上看不出类同,但是可以推导:对说话者来说,“外祖母去世”是不幸的,“父亲的差事交卸了”也是不幸的。所以在“不幸”这一点上构成了类同点。例(5)更为复杂,推导过程是:翻修房子必须有钱→豆她爹也想翻修房子→俺们村有好多户因为有钱都翻修了房子→可是他没有钱,所以他也想出来挣点钱。这样,“也”的类同义就得到了落实。

(五) 认知框架

认知,包括说话者的期望和不期望等。例如“别下雨了!”可能存在歧义,一是祈求不要下雨;二是猜测不希望发生的事情可能发生了,关键就在于认知的预设差异。

【框架 1】否定性意愿,用于祈使句,表达一种不希望某件事情发生的意愿。句子的重音,在“别”上面。往往表示“祈求”,祈求对方最好不要做某件事情,说话者对对方几乎没有什么制约或控制能力,大多是下求上、弱势者对强势者的口吻。例如:

(1) 可怜可怜穷人吧,别再下雨吧!

(2) 警察先生,别再打他了!

【框架 2】否定性猜测,用于猜测句。不能单用“别 X”,必须在动词后面带上个“了”。句子的重音,不能在“别”上面,而是在动词上。猜测自己不愿意发生的事情可能已经发生,或者说更加重要的是显示说话人不希望发生某件事情的意愿。例如:

(3) (房子晃得那么厉害,)别地震了。

(4) 外面滴滴答答的,别下雨了。

“别+非可控动词”只表示猜测,“别+可控动词”则可能产生歧义。“别结婚了”就有两种意思:一是禁止;二是猜测。两者的区别主要有两点:

第一,句子的重音在“别”还是动词上面。

第二,表示猜测的“别”可以改写成“别是……”。

可见,这里所说的框架的含义相当丰富,第一,外延相当宽泛,具有多层次、多方位的特点。不仅仅指句法框架,还包括语音的、语义的、语用的、认知的。第二,内涵也不仅仅指句子内部的形式上标记,还包括上下文语境以及说话人的意愿等。但是总的来看，只要我们把该虚词的制约条件搞清楚了，它的语法意义就能够得到准确的落实和精细的描写。

四、“语义制约”“话语环境”以及“历史演变”

在研究观念上，我们认为特别需要有一个重大的突破：一是观察的视角需要深化，即不仅注意句法结构的特点，而且更要考虑语义制约，这是以往语法虚词诠释最忌讳最不愿接触的因素，我们必须正视，而且充分认识其重要性。二是观察的视线需要拓宽，即不仅注意句子本身的特点，而且更要引进话语环境，即关注出现该虚词的句子前后的句子（俗称上下文），这就超出单句的束缚，进入到话语层面，换言之，引进话语交际中制约该句子话语意义的语言条件。三是不仅注意共时的虚词词义的差异，而且还要关注其历史演变，追溯其虚化的途径。只有这样，我们的虚词词典的编撰才有可能取得实质性的进展。

1. 强调语义制约，有许多虚词，特别是描摹性副词，单单从句法上考虑，很难予以区分。特别需要注意该类虚词使用的语义制约条件，例如“按时”：

（1）确保 2005 年按时发射。

（2）每天应按时睡觉，准时起床。

“按时”能够组合的词语在语义上有特殊的要求，往往是在时点上预先约定或计划好的动作行为，如例（1）；而且有相当部分还是有规律的，天天、月月或年年循环进行的动作行为，如例（2）。而且这些被修饰的动词都应该是自主性的或者规律性的，否则难以组合，或至少组合频率很低或者不可理解。例如：*按时打架、*按时呼吸、*按时生病。

我们尤其要注意该类虚词所要求的特殊语义条件，在比较中彰显它们的差异。例如副词“分头”与“分期”“分批”：

（1）朱志伟等人驾车分头逃离现场。

（2）中央组织 12 个督查组分头到 18 个省区市督促检查。

（3）士官实行分期服现役制度。

（4）德军将分期分批裁减部分大型军备采购项目。

(5) 第一步用航天飞机把一个个部件分批送到低卫星轨道。

(6) 驻伊陆上自卫队440人将分批派往目的地。

“分头”要求行为主体(通常是主语)与客体(通常是宾语或者介词宾语)必须是复数,起码是双数,单数绝对不行。而且该动作行为也应该是可以分开两个以上方面来进行的,着眼于空间齐头并进,语义上无法分开进行的判断动词、领有动词等都很难被修饰。

至于“分期”与“分批”涉及的对象不仅要求总体是复数,而且关键是着眼于时间上前后进行,绝对不能同时进行。但是两者还有区别:“分期”是强调分期限,批次是隐含的;“分批”强调是分批次,时间是隐含的。

2. 强调话语环境,往往需要引进“上下文”,尤其是“上文”来考查。例如语气词“呗”到底表示什么意思众说纷纭,至少有表示“不在乎”“勉强同意”等多种语义解释。这些显然跟上下文密切相关,否则无从确认。但是最为关键的一点是:语气词“呗”,必定出现在后续句里,不能出现在首发句里。换言之,必然是说话人对对方言行的表态,而绝对不可能是首发句,不能自说自话。例如:

(7) 领导问:“当初有人说闲话,你知道不?”她回答:“知道,说就说呗,我不是那种人,时间可以做证明。”

(8) 一位菜农坦率地讲道:“怕什么?你涨我也涨呗。”

例(7)是针对问话“有人说闲话”;例(8)似乎是首发句,其实是针对对方的问话“怕不怕”而发的,还是后续句。

我们特别强调“语义制约”与“话语环境”,就是因为以往的虚词诠释对这两方面特别不够重视。事实说明,抓住这两点,将会在虚词诠释方面有重大的突破。

3. 在历史演变方面,我们也需要加以特别的关注,这是现有虚词词典很少涉及的。例如副词“多亏”的“亏”本来是动词,《说文》解释为“亏,气损也”。段注引申为“凡损皆曰亏”,再引申为“欠缺、短少”,与“盈”“满”相对。先秦直到汉唐,乃至宋代,都表示这种意义。在元杂剧中出现了大量的表示“庆幸”义的“亏”“多亏”等词,不过,这里的“多”用来修饰“亏”,还未凝固成词,而且所带的基本上都是名词性词语,名词性宾语后面往往还跟着动作行为,如果去除中间的停顿,就变成小句了。例如:

(9) 此一场大功，多亏了[大夫也]。(郑廷玉《楚昭王疏者下船》)

(10) 秀才，多亏[你也，寄书到此，远路劳神]。(尚仲贤《洞庭湖柳毅传书》)

(11) 非小官之能，多亏[大夫用计也]。(高文秀《保成公径赴渑池会》)

例(9)“多亏”带名词性宾语，用“也”煞句；例(10)也带名词性宾语，也用“也”煞句，接着还有动词性的下文；例(11)则带动词性的宾语，最后也用“也”煞句。这三个例句正好反映了从名词性宾语到动词性宾语的演变过程，也显示了“多亏”从动词虚化为副词的进程。

五、《汉语虚词框架词典》编撰的实践

(一) 广义的虚词观

我们所谓的虚词，不同于传统的和教科书的虚词(其定义是“不能充当句子成分的词”)，属于广义的虚词，即排除实体词(名词、动词、形容词、区别词、叹词、拟声词)之外的所有封闭类的“功能词”。包括：介词、连词、助词、语气词，以及副词、量词、代词、方位词、准助词(虚化的趋向动词)。这些词语基本上需要符合三个标准：(1) 高频出现；(2) 语义多解虚灵、难以把握；(3) 理解和表达汉语、学习与运用汉语时最有实用价值。简而言之：高频、多解、实用。至于习惯用语(例如“意思意思”)以及框式结构(例如“非X不Y”)，原则上另行处理。

(二) 编撰方法的改进

在具体编撰方法上，改进的是三点：即在建立若干“框架”的基础上，设立“比较”“注意”“总结”等项目，强化类义比较；添加注意事项；适当总结规则。

1. 虚词的“类义比较”是非常重要的，因为相当多的虚词，尤其是大量副词语义接近、相对或者相反，单个分析很难彰显其特点，只有在比较中才能凸显。例如：副词“毅然”与“决然”，语义相近，都含有“坚决、毫不犹豫”义。《现代汉语词典》(第6版)的解释是：“毅然：坚决地；毫不犹疑地。”(p1619)“决然：表示很坚决；毅然决然。”(p745)显然，这一解释是不到位的。尤其是用“毅然决然”来解释“决然”，属于同义诠释，为注释的大忌。解决的唯一的办法就是比较。第一观察语义倾向，第二鉴别

互换条件。

例如“毅然”与“决然”词义相近，就需要专门进行比较。【比较】“毅然”表示果断、勇敢而坚决，义无反顾地，褒义。例如：～投笔从戎；～解职归田。“决然”表示坚决地，毫不犹疑地，语义中性。例如：～冒险；～得不到读者的喜爱。显然，“毅然”更强调果断，褒义，强调动作主体的主观性。“决然”强调坚决，中性，倾向于客观评价。一般情况下，“毅然”换为“决然”，没有问题。反之，“决然”少数情况下也可以换为“毅然”，语义基本不变或差别不大。例如：

(1) 圣马丁襟怀坦白，为了避免分裂，毅然(决然)隐退。

(2) 蒋碧薇为了追求爱情决然(毅然)抛弃富家小姐的生活，和徐悲鸿双双到法国去苦读。

因此，有时“决然”可以与“毅然”连续使用。例如：

(3) 毅然决然脱离家庭关系。

(4) 毅然决然选择了绿色军营。

但是，大部分情况，“决然”绝对不能换为“毅然”。最大的区别在于“毅然”的主体一定是人，具有自主意识。而“决然”则不一定，可以是人，也可以是物或者事件。这里有两种情况：

第一，主语虽然是人，如果只是客观评述，只能用“决然”，不能用“毅然”。

(5) 盖“傻大姐”早被邢夫人以“打死”相胁，决然(＊毅然)不会扩散“绝密”消息。

(6) 但是否真是作者本意和用心，依然不能决然(＊毅然)断定。

第二，主语不是人，只是某种情况，属于客观评述，只能用“决然”，不能用“毅然”。

(7) 两种爱情决然(＊毅然)不同，拼写岂能一样？

(8) 决然(＊毅然)得不到读者的喜爱。

2. 增加“注意”，着眼于该虚词内部的特点比较。例如副词“也”表示类同，既然是类同，就需要有比较前项，通常句子里也确有前项出现。但在实际话语里，常常没有这类类比前句出现，我们就需要对一些特殊情况加以说明：

【注意】在偏正复句以及框式结构里，相关的类比前项都只存在于语境或认知中：

(9) 他虽然不及格，也被录取了。（别人及格了，当然被录取了）

(10) 就是下雨，也要坚持锻炼。（不下雨，当然能够坚持锻炼）

(11) 无论什么天气，他也会去。（包括刮风、下雨、落雪、晴天等所有情况，他都会去）

(12) 连他也哭了。（一个人群序列里，所有的人都哭了，最不该哭的“他”也不例外）

(13) 吃也吃不饱。（其他的包括穿好、住好、学好、玩好等都没有，当然“吃”也达不到）

(14) 一口水也不喝。（既然一口水不喝，那么更多的水当然更不喝了）

3. 如果一个虚词的义项以及有关框架比较复杂，我们需要对此加以必要的概括、提炼以及总结，这将有助于使用者的理解、掌握和实际操作。例如否定副词“别”的情况就相当纷繁，不仅义项多、功能复杂，而且涉及重音、词类以及人称等，这样就需要加以总结：

【总结】“别”分别表示否定性阻拦、否定性告诫、否定性猜测、否定性评价和否定性警告，但是总的来说，都表示“否定性意愿”。影响“别”字句的因素很多，主要是句重音、谓语动词与形容词的语义特征是否可控、主语的人称。

1. 句重音落在谓语动词上还是否定副词“别”上面，可以区别“否定性阻拦”与“否定性猜测”。

2. 别字句的动词或形容词也很重要。关键是其语义是否属于可以控的。可控的主要构成“否定性阻拦”，但是也可以构成“否定性猜测”；而非可控的则只能构成“否定性猜测”。

3. “别”跟人称的关系是非常密切的，第二人称用“别”，通常是主观否定，可以用“不要”替换；第一人称通常是客观否定，可以用“不用”替换；第三人称则表示否定性评价。

(三) 本词典的特色

近30年来汉语虚词研究取得了前所未有的成就，我们必须充分吸收1978年以来汉语虚词学术研究的最新成果，综合吸取有关研究成果，运用我们严格的科学的方法进一步沙里淘金，提炼出若干个“框架”。重点借鉴有关结论，重新比较、甄别、筛选、提取、整合，根据我们的需求重新编写，为我所用。为此需要利用“中国知网”调查有关研究成果，并且根据三个原则进行下载(名家、名篇、高层次专业杂志)，并且根据需要进行综合分析。

我们还要借助大型语料库，主要是北京大学CCL语料库，不仅选用例句(尽量不再自拟)，而且最主要的还是利用语料库进行必要的检验，从而保证语言事实的可靠性以及结论的科学性。鉴于语言的变化，我们也会注意新兴的一些虚词，这就需要依赖于网络的搜索，主要是百度、搜狐等。

这一词典的价值目标是：科学、简明、好用。不但对母语为汉语的人极为有用，而且将极大地方便外国人学习汉语。

这部词典最主要的特色在于：

1. 研究型的词典，建立在深入研究的基础上再进行整合和升华。而非自省式的、例释性的、语感性的。

2. 框架式的定位，建立起各类不同层次的框架来对虚词义项进行制约，列举出条件，从而保证语义的确定无疑。

3. 可操作的检验，运用大型语料库来进行筛选，并且进行验证，以确保每个句子的虚词都可以对号入座。

参考文献

陆俭明、马真　1999　《现代汉语虚词散论(修订本)》，语文出版社。

吕叔湘主编　1999　《现代汉语八百词(增订本)》，商务印书馆。

马　真　2004　《现代汉语虚词研究方法论》，商务印书馆。

马　真　2006　谈谈《现代汉语词典》第5版虚词的注释，《语言文字应用》第1期。

徐　枢　1997　谈谈《现代汉语词典》(修订本)对虚词条目的处理，《语言文字应用》第2期。

本文获得中国国家社科基金“汉语虚词词典编撰的方法论探讨及其实践”(批准号 12BYY101)资助。

本文在“第九届全国汉语词汇学学术研讨会”(山东大学,2012 年 10 月)上宣读。

(原载《语言文字应用》2013 年第 3 期)

关于汉语虚词研究的几点新思考

一、重新审视虚词在汉语语法中的定位和作用

虚词在汉语整个语法体系中具有极为重要的作用，长期以来在中国语言学界应该是个主流观点，然而其重要性到底是什么，似乎没有一个准确的说法。到了 1985 年，朱德熙先生在《语法答问》一书中，就对“汉语的虚词特别重要”这一论断提出了质疑和挑战。他认为这不能算作汉语语法的特点，接着他推出了自己发现的两个主要特点：一是汉语词类跟句法成分之间不存在简单的一一对应关系，二是汉语句子的构造结构跟词组的构造原则基本上是一致的。我们不能不佩服朱先生独到而敏锐的眼光，他提出的这两个特点确实让我们耳目一新，发人深省。我们由衷地赞同，并且已经写入我们编写的教材《现代汉语通论》（上海教育出版社，2001、2007、2016）。但是，随着我们对虚词研究的逐步深入，慢慢发现朱先生否认虚词是汉语的主要特点之一这一结论可能是个误解，必须表示质疑并且进行争辩。当然这也说明，学界对虚词在汉语中的定位和作用还缺乏足够的深刻的认识，以至于至今也没有看到理直气壮的反批评意见。

1. 朱先生否认虚词在汉语里的重要性，理由是“印欧语里该用虚词的地方不能不用”，而汉语的“虚词倒是常常可以省略，特别是在口语里”。他举的例子实际上仅限于复句中流水句的连词，这实际上就是“只见树木不见森林了”。口语里连词的省略确实常见，但是因此而否定绝大多数汉语虚词的不可或缺性以及不可替代性，这显然是不妥的。而且事实上，汉语虚词还有其他语言虚词没有的特点，这主要表现在四个方面：

第一，虚词数量特别多。在典型实词与典型虚词之间，存在一个中间过渡地带，特点是封闭可数，而且往往定位，有些偏实，有些偏虚，在词汇

意义之外，还表示种种语法意义。例如：

站起来；坐起来（真的起来了）

爬起来；跳起来（可能起来了，也可能表示动作开始）

开始说起来；开始写起来（只表示动作开始）

热起来了；胖起来了（不仅表示开始，还表示度量增加）

说起来还是老乡；写起来不太顺手（不仅表示开始，还表示尝试义）

第二，虚词使用频率非常高，尤其是一些重点虚词，是句法结构组成的不可或缺的成分。如：

修理机器/修理的机器（不能缺省“的”）

外面下着雨/外面下过雨（“着”和“过”分别表示进行时与过去时）

第三，虚词所蕴含的语法意义极为精细、丰富、有趣。试比较以下例句里的语气词：

你明天去哦！（提醒、催促，口气温和）

你明天去呗！（建议，无所谓，有点随意）

你明天去吧！（应允，提醒）

第四，也是最为重要的是，形态变化在汉语里不仅少，而且并不起主导作用，多数语法意义主要依赖于虚词来承担。换言之，汉语的语法意义主要是词语附加型的，而不是词语变化型的。这几个特点，特别是最后一点，显然是印欧语的虚词所不具备的。

2. 汉语的虚词研究，在中国语言研究历史上是享有盛名的。我们中国学者首先提出实词（实字）与虚词（虚字/助字/语助）的区别，正是因为前人早就深刻认识到汉语虚词的重要性。显然，仅仅只有实词，往往无法组合成合法的适宜的句子。

汉语虚词研究的历史源远流长，南北朝的刘勰在《文心雕龙》中就把“语助”分为三类：一发端之首唱，即发语词；二劄句之旧体，即句中的常用介词、连词；三送末之常科，即句尾的语气助词。这种结合句法给虚字分类的方法是相当高明的。唐朝柳宗元的《复杜温夫书》（《柳河东集》）把“助字”分为“疑辞”和“决辞”两类，也颇有创见；南宋陈骙的《文则》列举了“或法”“者法”“之谓法”“谓之法”“之法”“可法”“可以法”“为法”等四十五种虚字的用法，这是第一本对虚字作比较具体分类描写的专著。元代的卢以纬《语助》对虚字也进行了集中的比较、归纳、整理，开创了虚字专论的新风。清代对虚字的研究更是硕果累累，形成传统小学的鼎盛时期。其中成就最高，影响最大，最有代表性的虚字专著是袁仁林《虚字说》、刘淇《助字辨略》以及王引之《经传释词》三种。尤其是袁氏更是有独到见解，他认为："构文之道，不过实字虚字两端，实字其体骨，而虚字其性情也。"换言之，实词主要承载句子的主体结构及词汇意义，虚字则主要显示其内在的语法意义。

3. 有些人一直顽固地认为汉语只有修辞，没有语法。这从本质上讲，是以印欧语作为模板来看待汉语。他们认为，汉语没有严格意义的形态变化，所以推导出一个极为荒谬的结论——汉语没有语法。当然，我们确实没有那种以形态变化为标记的语法，但是问题在于，语法并不简单地等同于形态变化。汉语当然有语法，但是它并不依赖于形态变化，而主要使用虚词、语序、构式、重叠等其他语法手段，尤其是虚词特别重要。我们认为：形态和虚词，两者异曲同工，殊途同归，在不同语言里分别是语法意义的主要承担者。

汉语的语法意义，主要由虚词及句子结构两者来承担。我们可以分别称之为"虚词意义"和"结构意义"。因此，虚词在汉语语法体系里充当着极为重要的角色，对此我们必须重新认识和评估，任何低估汉语虚词作用的看法都是致命的。

4. 汉语语法学，主流观点认为是从1898年《马氏文通》问世开始的。那么，为什么汉语既然有语法，但语法学诞生如此之晚？难道汉语真的不需要语法？或者像某些人所说的汉语根本就没有语法？这一难题困扰了我们很久很久，一直找不出合理的解释。现在，根据以上分析，我们发现，原来汉语的语法意义主要是由虚词来承载的，虚词的作用在汉语中极为重要，其作用相当于印欧语里的形态变化。古人的研究往往拘泥于汉字，认为汉字是形、音、义的综合体，这也就是为什么中国长期以来音韵学、文字学、训诂学如此兴旺发达的原因，换言之，我们的老祖宗把虚词纳入了训诂学的范畴，同时也一定程度忽略了句法结构的特点和意义，这不能不说是严重的失误，但是从另一角度恰恰也证明了虚词对汉语的重要性。

一个句子的表述，几乎都由客观事实和主观认识两方面的因素构成。客观事实是第一位的，主观认识是建立在客观事实上面的，而语法意义，主要就是表现说话人的主观认识，特别是情态（内在的感情和对外的态度）。因此众多虚词的存在就能够极大地丰富语法意义的表达，这也是高度发达语言的一种必然具有的属性。因此，我们必须重新审视汉语虚词的定位和作用。由于印欧语的形态变化相对比较简明，客观性比较突出；而汉语的虚词丰富多彩，主观性更加鲜明、细腻、多彩，从而形成了两类语言不同的趋势：一个是客观性强势语言（主观性弱势），一个是主观性强势语言（客观性弱势）。汉语的特点决定了其应该属于后者的类型。

二、“广义虚词”说及其理论意义

如何区分实词和虚词，历来争议颇大，判定的标准也是众说纷纭。目前主流看法是采用结构主义的观点：凡是能够充当六大句子成分（主、谓、宾、定、状、补）的是实词，反之，不能充当句子成分的则为虚词。这一标准的好处是比较严格而且容易执行，但是问题也是显而易见的：

第一，作为语法意义重要载体的副词被开除出虚词了，而副词主要承载的就是语法意义，如果不看作虚词，那所谓的虚词仅只剩下介词、连词、助词和语气词，不仅数量太少，也无视汉语的特点，不符合汉语研究的历史传统，实际上也放弃了对语法意义的深入探讨。

第二，虚化的趋向动词、虚化的方位词，乃至起特殊作用的助动词、代词、量词等一些非常重要的封闭类词，似乎既非实词也非虚词，或者说既有实词的要素，也有虚词的特点，让人左右为难。还有一些新兴的跨层结构、话语标记等，例如“的话”“非……不可”“看样子”等，不仅虚实难辨，甚至连是词还是非词都难以定论。

第三，这种只按照单一形式标准区分出来的虚词实词，在语法研究和句法分析时，几乎没有太大作用，似乎是为分而分，仅仅贴上一个标签，并无实质性的作用。

有关虚词的界定大体上有三类：

一以胡裕树（1995）为代表，坚决执行形式标准，即不能单独充当句法成分的是虚词。标准比较严格。（连词、介词、助词、语气词、叹词、象声词。）

二是黄伯荣、廖序东(2002),除了“不能单独成句,不能单独作句法成分”之外,还指出“依附于实词或语句,表示语法意义”,“不能重叠”。标准相对宽松。

三以钱乃荣(2001)为代表,凡是封闭类的词叫作虚词。除了“不能充当句子成分”之外,“一般是黏着的,是定位的,语义信息量小,发音往往比较含混,或读轻声”。虚词范围最宽。(包括能愿词、趋向词、唯补词、量词、副词、代词、介词、连词、助词、叹词。)

近年来,汉语词类“三分”的新主张开始抬头了。具体处理意见大致有三种:

(1) 实词、准虚词、虚词;

(2) 实词、半实半虚词、虚词;

(3) 主体词、辅助词、功能词。

目前看来,虚实二分尽管一时还难以完全破局,但是已经开始松动,发展趋势很可能是三分,或者二二切分(实词/虚词[典型虚词/准虚词]),甚至于四分(虚词/准虚词/准实词/实词)。这一思路就催生了“广义虚词”新概念的问世。

我们觉得在典型实词(主体词:名词、动词、形容词,包括区别词)与典型虚词(介词、连词、助词、语气词)之间,实际上存在着一个中间过渡地带,这是一个连续统,即从最实到最虚。以实在性相比较,典型实词依次排列可能是:名词>动词>形容词。以虚灵性相比较,典型虚词依次排列可能是:介词>连词>助词>语气词。至于中间状态的词语,其共同特点是:第一,可充当句法成分,尤其是主谓宾以外的次要句法成分;第二,内部成员是可数的、封闭的;第三,句法位置相对固定。而且,更为关键的是,它们既有一定的词汇意义,往往还表现出一定的语法意义。当然其中有些偏向于实词一些,有些偏向于虚词一些,因此也许可以分为两类:(1) 准实词;(2) 准虚词。至于具体这些封闭类词如何归类,则还需要深入探讨。这些都可以称之为“广义虚词”,这就为虚词研究提供了一个新的范围,也为国际汉语教学打开了一个新思路,因为这些正是国际汉语教学中的重点、亮点和难点。如果说印欧语的形态变化是其语法表现的主要手段,虚词只是其辅助手段,那么广义虚词就是显示汉语语法意义的最重要的载体，形态变化只是其语法表现的辅助手段。

三、虚词研究理论与方法的创新

现代汉语语法研究一直走在汉语研究各个分支领域的最前头，关键是它的研究理论与方法不断在更新，在变化。一方面注意吸取海外最新的理论与方法，另一方面也特别注重从汉语事实出发，挖掘出具有中国特色的研究理论和方法，显示出中国学者的独立性和创造性。

进入21世纪，汉语虚词研究的步伐像高铁一样，显然提速了。无论研究的广度、深度，还是力度、锐度都有了长足的进步。北京主要是以语言研究所和北京大学两个团队的虚词研究为主，代表了20世纪八九十年代的最高研究水平。特别是陆俭明与马真两位先生几十年如一日专心于虚词的研究，带动了整个虚词的研究向纵深发展。此外，吕叔湘主编的《现代汉语八百词》因其释义的准确到位也产生了极大的影响。

新旧世纪的交接点上，上海形成了以张斌与范开泰、齐沪扬牵头的上海师范大学虚词研究团队，出版了《现代汉语虚词研究丛书》(安徽教育出版社，2003)，其中尤以张谊生的副词研究独步天下。

21世纪以来，广州则开始形成以暨南大学为主的研究团队，围绕着编写《汉语虚词框架词典》，发表数十篇论文，致力于为虚词释义建立不同角度的"框架"(语言条件)，在广义虚词研究方面有所建树，并在理论与方法上作了大胆的探讨。

显然，目前已经形成了北京、上海和广州三个汉语虚词研究中心，他们的经验是：既要有自己的带头人，也要有自己的研究团队；既要有自己的拳头产品，也要有理论方法的突破；既要有深入的个案研究，也要有各种类别的深入研究与比较研究、词典编撰等多方面的突破，这样才能花开满园，硕果累累。

我们认为，在汉语虚词研究方面还有许许多多的工作需要做。在理论和方法上也有许多可以总结和进一步发掘的地方：

1. 虚词的多角度比较研究

"比较"是语法研究最基本的方法之一，特别是在虚词研究方面，比较的应用可以说达到了出神入化的地步。马真最新的研究成果《现代汉语虚词研究方法论》(修订本,商务印书馆,2016),提出了"多角度的比较",包括以下十个方面:句类、词类、音节、轻重音、肯定与否定、简单与复杂、位置、跟其他词语的配搭、语义指向、社会心理。其中不少是经验之谈,很有哲理。比如:语义和用法并重;不要把格式义误认为是虚词义;注意虚词对句类的选择;关注单双音节、轻音重音、肯定否定等要素对虚词义的影响和制约;等等。显然,比较是个非常有效的方法,并且还有许多值得探讨的余地。

2. 虚词的语法化与词汇化研究

虚词研究不仅仅是当时当地的单维研究,还涉及历时和地域的立体三维研究。尤其是历史的演变,包括语法化和词汇化,以及方言的虚词研究及其比较。这是把现代汉语语法跟汉语史,尤其是跟近代汉语,以及汉语方言语法的研究结合起来了,体现了历史纵轴与地域横轴的互动,显然,这是一个新的亮点。这样,一头是由当代或现代向上追溯,一头则由古代特别是近代向下延伸。两方面的合流,形成了虚词语法化研究的热潮,从而引起了包括汉语史学者和汉语方言语法研究学者广泛的兴趣和关注。在这方面,江蓝生、吴福祥、李宗江等做出了出色成绩。这方面的突破就是要跟方言虚词研究的多角度结合。

3. 虚词的主观性与主观化研究

所谓"主观性"就是指当说话者用语言表达自己内心的或对外界的看法时,在客观性基础上凸显自己的主观意图和情感。包括:主体特定的视角、客体特别的背景、主体对客体特殊的情感。共时平面的主观化,通常是通过语音、词语、句法这三条常规途径。当然,对汉语来说,词语途径大概是最主要的。显然,虚词是彰显主观性的极为重要的手段。从主观性和主观化的新角度切入,这就为虚词研究打开了一扇新的窗口,人们将更多关注语义,尤其是情态对虚词选择的制约。

4. 虚词应用性研究的强化

虚词,尤其是常用虚词,义项细腻隐蔽,用法复杂多变,无论对本国人还是外国人,都是学习和运用的重点和难点。因此,编撰虚词词典成为一个艰巨而重要的任务。近年来主要出版了张斌《现代汉语虚词词典》(商务印书馆,2001)、朱景松《现代汉语虚词词典》(语文出版社,2007)等,都取得了不俗的成绩。这方面的研究还有几个特点：

第一，关注新型虚词，最有影响的当推李宗江的有关研究，他和王慧兰合著的《汉语新虚词》（上海教育出版社，2011）颇有影响，当然其中涉及的词语是否都是虚词，还是可以讨论的，但是他敏锐的视角，为我们打开了一扇新的窗口。

第二，采用新的角度或工具，例如刘云《汉语虚词知识库的建设》（华中师范大学出版社，2009）、王欣《蒙太古语法与现代汉语虚词研究：以"的"为例》（北京语言大学出版社，2012）、任海波《基于语料库的现代汉语近义虚词对比研究》（学林出版社，2013）、张旺熹《现代汉语虚词的认知与功能研究》（中国书籍出版社，2015）等。

第三，国际汉语教学与虚词研究。虚词的应用性研究，密切结合对外汉语教学、国际汉语教学以及华文教学的需求。这主要表现在两个方面：一是举办虚词研究与对外汉语及教学研讨会。在有关的语法研讨会上，有许多结合汉语教学的虚词研究，特别是历年举办的世界汉语教学研讨会上，有关各类虚词研究的论文层出不穷，多有新见。上海师范大学对外汉语学院自 2003 年起连续每两年举办"现代汉语虚词研究与对外汉语教学研讨会"，上海师范大学文学院从 2011 年起还连续举办了四次"汉语副词研讨会"，这些都产生了重要的影响。二是出版了一批有关专著和教材，其中，周小兵、彭小川、李晓琪的有关研究，由于来自教学实践，作者对虚词本身又有独到的研究，所以颇受欢迎，影响广泛。这些研究密切结合汉语教学中的问题，针对外国人或汉语非母语的学生学习中的难点，有的放矢，针对性强，实用性突出，因此深受国际汉语学界欢迎。

四、汉语虚词研究前景展望

汉语虚词研究势头很猛，研究的主战场从 20 世纪 80 年代的北京，发展到 20 世纪与 21 世纪交叉时期的上海，近年又蔓延到了南粤广州，逐步形成了全国开花、"北上广"为核心的格局。由于人们对汉语虚词作用有了新的认识，研究的理论与方法出现了更新，因此，21 世纪汉语虚词研究必将日新月异，更上一层楼。我们预测，在以下六个方面，将会有更加灿烂的明天：

(1) 重新认识虚词在汉语语法体系中无可替代的主导地位，这将使得汉语虚词的研究踏上一个全新的台阶。尤其是“广义虚词”说的提出，在原有小范围的虚词基础上，包容了那些兼有虚词功能和实词作用的词语，不仅扩大了虚词研究的范围，而且将为虚词研究注入新鲜的动力。因为虚词研究的目的不只是为了学术上分类的需求，更是汉语教学和汉语应用的需求，说到底，是适应社会时代发展的需求，这才是学术发展的真正动力。

(2) 虚词研究的重点不只是语法意义分析，关键在于形式上给予验证。因为语义往往会“公说公有理，婆说婆有理”，我们必须扩大对语法形式内涵的理解，对验证手段需要进一步的开拓。最重要的就在于要为每个虚词义项建立“定位框架”，即尽可能地给出每个义项具体的语言制约条件，包括语音、词汇、句法、语境、认知、情态六大框架。并且在义项之间尽可能地建立联系，从而建立虚词分析系统，包括立体三维：横的义项比较、竖的语义演变，纵的运用模式。并根据语义聚合的类型(包括近义、反义、类义、同族等，结合句法分布、语义范畴、次范畴小类等)进行集中扫描。要根据词语的同现或不能同现，跟实词组合的可能性及其频率，语气语调乃至韵律，还包括句类、句式、句型，甚至于构式(框式结构)等的制约条件，在结构组合中进行分析。

(3) 虚词研究必须引进“语境”(上下文)的概念，不要把它仅仅看作是一种语法概念。其实语法的规则本身就是在语言使用中才得以实现和发展变化的。语境的制约是虚词词义变化的极为重要的条件，这不仅涉及句子前半截和后半截，也不仅涉及前后分句，更可能涉及前后语段，甚至于句群、语篇之外的知识背景。语境将开拓我们新的视野，引进新的制约要素，激发我们新的联想。

(4) 虚词研究的深化，必须在时间(历时)的纵轴和空间(地域)的横轴结合上下功夫。可以说，虚词的前身基本上都是实词，语言交际的需求经过历史的发展，才逐步产生了种种虚词。而虚词在发展道路上，由于不同地区的差异，展现出不同的进程，这就不仅需要引进方言虚词的交叉研究，还需要进行方言虚词之间的比较研究，乃至于跟普通话虚词的比较研究。其中，特别需要重视虚词的主观性和主观化，考察虚词发展进程中，主观性是如何起作用的，主观化的进程有哪些变化和规律。因此，横向的比较研究和纵向的语法化词汇化研究将使得虚词研究更为丰满和充实。

（5）重要虚词的个案深入研究和语义类别的范畴虚词的比较研究，将有机地结合起来。重要的高频的而且意义复杂而精细的虚词，当然需要借助于新的理论与方法进行深入精准的分析，同时，同一语义范畴（比如：程度、预测、疑惑、否定、虚拟、递进等）的虚词群体的类聚扫描也是极为重要的。两者相辅相成的结合将促使虚词研究的深化，也有助于语义范畴的研究。

（6）虚词研究，必须在方法和工具方面现代化、网络化。我们必须借助于大型语料库，只有在大量真实的生动的语言事实的检测下，我们的虚词研究才能够揭示汉语真正的规律。语料库，不仅是我们虚词研究的出发点，也是虚词研究结论的监测站。此外，我们还进行大数据的云计算，运用可靠的数据来进行必要的解释，必须进一步跟人工智能结合，还包括跟逻辑研究、心理研究、神经研究相结合。我们坚信，对虚词在汉语语法系统中的定位和重大作用有了新认识的基础上，有关研究必将获得新的动力和方向，必将出现新的突破，取得灿烂的硕果。虚词研究不仅是汉语语法研究不可或缺的一个有机组成部分，而且可以断言，这正是汉语语法的精华所在，是汉语语法特色的载体之一。无论怎么估计虚词在汉语中的特色和作用都是不会过分的。汉语虚词研究的春天已经到来。

参考文献

李凌梅　2017　2000年以来汉语虚词研究综述，《现代语文》第11期。

邵敬敏　2003　汉语虚词研究的一个新起点——评《现代汉语虚词研究丛书》，《汉语学习》第4期。

邵敬敏　2006　汉语语法学史稿（修订本），商务印书馆。

邵敬敏　2013　《汉语虚词框架词典》编撰的创新思路，《语言文字应用》第3期。

邵敬敏　2018　2000—2018年中国汉语虚词研究的回顾与前瞻，日本：《中国语学》年刊。

张春秀，李长春　2007　20世纪90年代以来现代汉语虚词研究综述，《齐齐哈尔师范高等专科学校学报》第 5 期。

张谊生 2016 30 年来汉语虚词研究的发展趋势与当前课题,《语言教学与研究》第 3 期。

本文获得中国国家社科基金重大课题"境外汉语语法学史及数据库建设"(16ZDA209)资助;国家社科基金项目"汉语虚词词典编撰的方法论探讨及其实践"(12BYY101)资助。

本文在"第八届现代汉语虚词研究与对外汉语教学国际研讨会"(泉州,2018 年 7 月)大会上宣读。

(原载《华文教学与研究》2019 年第 1 期)

副词释义的精准度及其方法论探讨
——以描摹情状副词群"X然"为例

一、《汉语虚词框架词典》的创新思路

掌握虚词的意义和用法，对现代汉语教学的意义是不言而喻的。1978以来，出版了多种各具特色的虚词词典，比如北京大学中文系1955、1957级语言班编《现代汉语虚词例释》（商务印书馆，1982）、王自强《现代汉语虚词词典》（上海辞书出版社，1998）、侯学超《现代汉语虚词词典》（北京大学出版社，1999）、朱景松《现代汉语虚词词典》（语文出版社，1999）以及张斌主编《现代汉语虚词词典》（商务印书馆，2003）等，口碑最好的当推吕叔湘主编的《现代汉语八百词》（商务印书馆，1980，第一版；增订本，2010）。

这些虚词词典在义项诠释等方面取得了很大的成功，但不可避免地也还存在一些问题，考虑到我国语文教学以及国际汉语教学向纵深发展的迫切需求，我们试图编撰一部新颖的《汉语虚词框架词典》①。为此希望对虚词释义的方法论的创新进行探索，并且提出"定位框架"的新理念，具体来说力图在四个方面有所突破：

(1) 建立"定位框架"。所谓"框架"，只是个比喻，意思就是"制约条件"，或者说是"识别标记"。在某种框架中，该词就一定表现出某种语义和功能。所以，我们只要把这个框架描写清楚了，该虚词的词义与功能也就豁然显示了。

所谓"框架"，不能简单理解为形式标记，必须做广义的理解，包括多个层次的：语音的、语义的、词汇的、句法的、语用的、认知的，关键在于是否能够准确而简便地揭示该虚词义项的制约条件，以及与其他虚词或其

---

① 邵敬敏　2013　《汉语虚词框架词典》编撰的新思路，《语言文字应用》第3期。

他义项区别的鉴别手段。所以建立“虚词定位框架”是我们这部研究型虚词词典编撰的核心思想。

(2) 依据大型语料库。我们不能仅仅靠内省法,仅仅依赖语感来编写词典。所谓依据大型语料库,主要是三点: a. 特别注意上下文语境,对准确理解词义往往起到关键性作用。b. 观察与该虚词组合共现的成分特点,尤其是语义特征。c. 重点分析高频组合,这决定了该虚词义项的主要倾向。这样我们就能够据此获取精准的义项、精选的例句,并进行可靠的验证。

(3) 进行类聚扫描、多元比较。避免孤立的就词论词,而是根据语义聚合的类型(结合句法分布、语义范畴、次范畴小类等)进行集中扫描,在近义、反义、类义、同族的类聚比较中彰显其特点,这样才能凸显其共性与个性,找到鉴别的方法和途径,发现相近虚词不能互换的条件,以及能够互换的差异。

(4) 吸取 1978 年以来有关虚词研究的优秀成果,并加以“框架化”。词典的编撰必须建立在深入研究的基础上,我们要集思广益,尽可能吸取前人所有的虚词研究成果,我们现在完全有可能借助“中国知网”等网络手段,广泛学习,筛除论证过程,只取最后结论,重在组织框架。我们需要把这些精神财富继承发扬,绝对不能视而不见,什么都从头开始。关键是把这些成果去伪存真,沙里淘金,并且进行“框架化”。

这一新理念的虚词词典的价值取向是: 科学、简明、好用。不但对母语为汉语的使用者有重要参考价值,而且将极大地方便外国人学习汉语。

本文将从虚词词典编撰这一特定的应用角度,以描摹情状副词群“X然”为例,讨论副词释义的精准度及其方法论原则。

副词首先分为描摹性与限制性两大类[①]。描摹性副词,以描写、摹状为主。其特点是: 语义相对比较实在,跟形容词有着千丝万缕的联系,有些还是兼类。其内部又分为四小类: a. 方式; b. 状态; c. 情状; d. 比况。第三小类情状描摹副词中,“X 然”数量达到 61 个,属于最庞大的同族词群。这类副词,词义比较实在,不少还可以充当定语甚至于谓语,X 多数

① 张谊生 2000 《现代汉语副词研究》,学林出版社。

可以重叠,而且更麻烦的是,其内涵与外延都比较模糊,或者内部可能有几种语义相近的义项,或者跟相邻副词在词义上有交叉重叠,这就给词典释义带来不少麻烦,甚至于常常出现同义相释、隔靴搔痒的尴尬情况。本文希望通过解剖描摹副词“X 然”,来探讨副词语义的制约要素,以提高释义的精准度。

“X 然”在古代汉语和近代汉语里,基本上是形容词,后来由于句法功能从主要充当谓语、定语,慢慢地转化为作状语,其语义重点是描摹人采取某种动作行为的表情与心态,并发展到描写事物或事件的情状。状语这一句法位置的固化,促使该词的形容词性向副词性转化。

本文借助北京大学 CCL 大型语料库的真实文本,通过穷尽性的实例及其高频组合来探索副词释义的方法论及其原则,这显然对准确解释虚词词义以及虚词词典编撰有一定帮助。

二、提高副词释义的精准度,必须借助大型语料库

虚词词典的释义要有明显进步,副词研究要想朝纵深发展,就需要提升释义的“精准度”。为此,最重要的是不能仅仅依靠传统的方法,参照现成的辞书,单凭个人的语感,采取“内省法”来揣摩该词的词义,用“拍脑袋”随意举例来说明。我们现在完全有条件借助于大型语料库的语料,尽可能地进行穷尽性的考察,从中我们会发现挖掘出许多以前无法发现的词义内涵。

(一) 真实文本提供的上下文语境给我们的深刻启示

副词的释义最忌孤立进行,如果我们借助于大型语料库的语料,密切联系上下文语境,就会获得意想不到的重要启示。

比如“悻然”,“北京大学 CCL 语料库”显示“悻悻然”66 条,“悻然”只有 13 条,说明该词文言色彩比较强,现代书面语里常写作“悻悻然”。《现代汉语词典》(以下有关注释引文均为第六版,不再一一标明)的解释是“怨恨愤怒的样子”。先观察有关例句:

(1) 慑于纪委、监察局的保护牌的威力,来人只好悻然离去。

(2) 刘黑七顿时变色,想了想悻悻然笑道……

(3) 劳森悻悻然冲着自己的画发愣。

(4) 竟被当地市管人员以假冒为由，统统没收，连收条都不打给。何振湘悻然归家后，与老人计议，决定到法院申冤报屈。

例(1)“来人”虽然愤怒，但是显然“慑于纪委、监察局的保护伞的威力”没有发作，只是“悻然离去”；例(2)“悻悻然”却还能够“笑道”，说明虽愤恨却没发作。例(3)尽管“悻悻然”，但也只是“发愣”；例(4)亦然，所以才会去告状。这些上下文提示我们：某人虽然内心很愤怒，但是关键是没有爆发出来，即属于“敢怒而不敢言”。可见《现汉》的释义是不准确的。该副词的释义应该修正为：“描写愤怒但没有发作的神态，书面用语。”

我们比较意义相近的“愤然”，就更清楚了。《现代汉语词典》注释该词是“形容气愤发怒的样子”，这一注释基本不错，但是跟“悻然”的解释“怨恨愤怒的样子”一比较，就发现区别度很小。请对比“愤然”的例句：

(1) 他趁剃发的机会，愤然用剃刀割断自己的喉咙，用死来表示对明朝封建统治者的最后抗议。

(2) 老吕愤然拍案而起，立即借了自行车，直奔离村 15 公里的县医院。

(3) 大约 120 名改革派议员愤然辞职。

(4) 联赛中，九太队以裁判水平太低为由，在比赛还剩 1 分 10 秒之时，愤然罢赛。

这些例句都显示，主体采取了表达愤怒的激烈行为，显然都不能改用“悻然”。因为一个是“愤怒而没发作”，另一个是“愤怒而且发作”。这两个副词有时候互换则不能成立。例如：

(1) 他悻然默默离去/＊他愤然默默离去。

(2) 他愤然甩门离去/＊他悻然甩门离去。

即使有时两者可以互换，但是给人的感受明显是有区别的。试比较：

(3) 来人只好悻然离去。

(4) 说完愤然离去。

可见，我们仅仅依赖于自身的语感，孤立地进行分析，是无法揭示其本质意义的。某个副词的核心意义只有在上下文真实语境中才能得以彰显，这样才有可能提高释义的精准度。

(二) 关注“高频组合”，挖掘“核心意义”

在副词的众多用例中，我们特别关注“高频组合”，这是个极为重要的概念。因为只有高频的组合才能凸显该副词的“核心意义”。副词语义往往区分为表层义与深层义、外围义与核心义，基本义与引申义。我们需要在释义时注意双向的解释，其关键就在于必须特别关注它的“高频组合”，从中体会词义的深层内涵，因为在历史发展过程中，有的语义特征淡化了，或者隐藏得比较深，不易觉察到了，这就需要我们借助于高频组合来唤醒这一语义要素。

1. 表层义与深层义

我们不仅要揭示其表层的容易感觉出来的意义，而且还要仔细体会潜在的、隐藏着的而且往往是更为重要的深层义，否则释义就会似是而非，说不到点子上。

例如副词“泰然”，《现代汉语词典》的解释是“形容心情安定”。我们观察“泰然”的高频组合主要是：“泰然自若”，“泰然”一共 660 例中有 167 例，其次是“泰然处之”87 例，其他还有“泰然表示、泰然成为、泰然承诺”等。什么叫作“自若”？那就是自如、自信，遇到危难或问题，不以为意，从而显得很安定从容。显然仅仅解释为“安定”是不完整的，外形的安定出自内心的自信，该词应该表述为：“形容安定自信的样子。”

再比如“焕然”，《现代汉语词典》的解释是“形容有光彩”。其高频组合是“焕然一新”，“焕然”537 例句中占有 492 例，汉语中，这种前后互文相映的情况比比皆是，“一新”强调的是动态变化，是进一步说明“焕然”的。可见，“焕然”还有“新鲜”的语义特征。观察其他组合实例也是如此。例如：

(1) 延吉工农业生产迅速发展，经济实力显著增强，城市面貌焕然改观。

(2) 轮到她上台发言时，她仿佛焕然变了一匹生马驹。

(3) 他的幸福也以无可形容的光辉焕然再现了。

“焕然”的释义应该是：“形容变得有光彩的样子。”换言之，不仅光亮，而且新鲜。

2. 外围义与核心义

释义要求到位，不仅指出外围义，还要揭示关键意义、核心意义。

例如“岿然”，《现代汉语词典》的解释是：“高大独立的样子”，我们观察到其高频组合是“岿然不动”，北京大学语料库 139 例句中有 101 例；释义为“高大”没错，但是“独立”就显得不够到位了，因为还可以修饰“矗立、挺立、树立、屹立”等。可见，这不是该词的核心意义。实际上“岿然”就是不动的意思，那么为什么不动呢？那不是因为“高大”，而是因为“稳固”。因此合理的诠释应该是：“高大而稳固的样子。”

释义还特别要求兼顾外形情态与内心的感受，通常容易感觉到的是外在义，而对内在核心义反而容易忽略。

例如“悠然”，《现代汉语词典》的解释是“悠闲的样子”，用“悠闲”解释“悠然”，属于同义诠释，并不妥帖。其组合情况主要有四类：a. 悠然自得，这是高频组合，865 例句中有 161 例；“自得”就是自若、自信。b. 悠然＋动词短语：悠然神往、悠然享用、悠然退隐。c. 悠然地＋动词短语：悠然地躺下、悠然地抬腿。d. 悠然而 V(单音节动词)：悠然而行、悠然而眠。可见“悠然”兼顾外形的无拘无束与内心的随心所欲，其意义可以描写为“自由自在、休闲舒心的样子”。

3. 基本义与引申义

词义往往有多个义项，区别基本义与引申义以及本义，也是很重要的。这样，我们就可以勾画出词义地图，对该虚词词义的理解有比较明显的帮助。

例如“翩然”，《现代汉语词典》的解释是“形容动作轻快的样子”。我们观察实例，发现“翩然”主要有三种组合：

A. 形容上下移动的轻快情状：起飞、升起、下降。

B. 形容来去移动的轻快情状：归来、降临、离去、入怀、逃脱、而至、而去。

C. 形容人或物的姿态轻盈动人：翩然一笑、翩然出众、翩然起舞、翩然转动。

其中 A 与 B“形容移动的轻快”是高频组合，属于基本义，与“翩”的本义“很快地飞”密切相关。这三类组合之间存在一个引申、泛化的过程关系，即从飞快地移动引申为动作轻快。比较准确的释义应该是：“翩然”形容轻快地移动或动作轻盈动人。

再如“油然”，《现代汉语词典》的释义有两个义项：(1) 形容思想感情自然而然地产生，比如“敬慕之心，油然而生”；(2) 形容云气上升，比如“油然作云”。第一个义项虽然不错，但不够准确。凡是人的思想、感觉、观念、情绪等精神世界的东西下意识地不知不觉地产生都可以用“油然”。例如：

(1) 看大家都平平安安、健健康康，一种快乐和信心油然而生。

(2) 人们对编者精妙的设计、机巧的匠心、创造的才思，油然涌起钦佩之情。

(3) 这使我从内心油然产生一种感情，觉得他既可亲又可敬。

(4) 呼吸着泥土的阵阵清香，油然想起远古传说精卫填海。

第二个义项的解释则是犯了以偏概全的错误。因为，根据语料库的实例，这类组合不仅是“云气”，还包括“效应”“哭声”“日子”等。例如：

(1) 随着市场的考验往往身价倍增，名牌效应油然而生。

(2) 他的耳边油然响起故乡胡笳的呜咽。

(3) 哦，成年的日子！当油然而生。

(4) 使人感觉到无数柔嫩的叶片油然伸展生绿。

(5) 国庆的节日气氛油然而生。

(6) 天油然作云，沛然作雨，则苗勃然兴之矣。

可见“油然”应该有两个义项：用于人的精神世界与外界的自然世界，其义项是有区别的：前者基本义是“不知不觉地产生”，后者引申义是“自然而然地形成”。

三、在组合框架中凸显副词语义的特色

副词的释义常常碰到两个方面的难题：一是相近副词的辨析比较困难。因为副词是依类相聚的，近义、类义、反义、同族等，语义上往往有交叉、重合，也有区别、分工；二是常用副词往往有好几个义项，这些义项之间存在着某种联系，而且并非截然不同，其界限很难区分。

这样，我们就必须借助组合框架来进行区分，这就涉及副词组合的对象，包括与之组合的谓语动词的语义特征、评述视角的主观情态与客观状态、静态与动态的差异，以及语义的褒贬倾向及其主体的属性，等等。换言之，副词语义特征只有在一定的组合框架中才能凸显。

（一）借助修饰对象的语义特征进行鉴别

不少副词的若干义项，单独很难区别，其差异只有在与中心谓语动词的组合框架中，才能清晰地显示。换言之，离开了组合框架中它所修饰的对象，我们就很难区分其义项的不同。例如“慨然”，《现代汉语词典》没收。“百度”的解释是：

（1）感慨的样子：陶渊明《有会而作》：“岁月夕矣，慨然咏怀。”

（2）激愤的样子：《宋史·王安石传》：“慨然有矫世变俗之志。”

（3）豪爽的样子：《杨家将演义》三十五回：“孟良慨然允诺。”

这一释义，应该说基本上是正确的，问题在于没有显示义项判定的条件，即凭什么判定例句里的“慨然”是这一义项而不是其他义项？其实，“慨然”这三个义项密切相关，多表示褒义，区别关键要看与之搭配的动词的类别。

1. 表示感慨

指内心有所触动，感情因而波动，多与话语行为动词相配。换言之，只有通过言辞才能显示其内心感情的起伏变化。例如：

（1）果然，谈起近况，李进慨然长叹。

（2）对于近来流传日甚的“从艺”之说，刘翔慨然回答。

（3）谈到这里，一位老编辑慨然回答。

2. 表示激昂

显示激动、气愤的样子，多与采取激烈行为的动词组合。而且这些动作行为都是比较厉害的，非同小可的，常常性命攸关。事实上，从感慨到激昂，是很自然的，主要是程度的提升。例如：

（1）田横慨然横刀自刎，让门客将头速送刘邦。

（2）何家庆把这一行当作慨然赴死。

（3）我无不在思考这本书，为之而流泪，将拳头慨然击向落地大座钟。

3. 表示慷慨

表示一副豪爽、痛快的样子，多与应允、捐款等施与类行为动词有关。可见，只有某人实施了某些特定的付出型的动作行为，才能揭示出副词“慨然”的含义。例如：

（1）既有墨海巨擘的慨然挥毫，也有画坛新杰的热情泼墨。

(2) 为“修我长城”,他们慨然捐出自己的工资、退休金、零花钱甚至抚恤金。

(3) 张志让先生闻讯,慨然应允与张耀曾、江庸等20名律师一起,为“七君子”出庭辩护。

这样,我们就可以从所组合的动词的语义特征推断出该副词的准确含义。其实,从语义联系来看,这三者也是密切相关的。内心往往只是有感而发,倾向于感慨;态度激烈到相当高的程度,就变成激昂了;在施与别人时则往往表现为慷慨与豪爽。

(二) 借助主观情态与客观状态的不同视角

副词的义项不仅跟修饰的谓语动词密切相关,而且也跟主语的是否具有主观意识密切有关。比如“断然”与“截然”语义相近,但是实际是很不一样。《现代汉语词典》(第六版)的注释是:

“断然”:(1) 形容词,坚决、果断;(2) 副词,断乎(绝对,多用于否定式)。

“截然”:副词,界限分明地。

首先,义项(1)的“断然”是不是形容词?查阅北京大学语料库,共得到1 374条例句,其中真正作定语的,主要是“断然措施”118条,“断然手段”1条,“断然的”作定语(修饰“态度、措施、手段、口气”等)46条,作谓语2条,合计147条。而作状语则有1 127条,占总数的82%。形容词主要是作定语和谓语,也可以作状语。在作状语占压倒优势这样的情况下,我们应该把“断然”看作是副词,同时还承认有形容词兼类的存在。这是由使用概率决定的。反之,如果一个词,主要作定语和谓语,作状语只是少数,那就应该看作形容词,比如“漂亮”,也可以作状语,例如“漂亮地转身”,但那毕竟是少数,所以应该只看作形容词。此外,“截然”主要作状语,应该是副词,其实它也可以作定语,例如:截然的区别、截然的对错、截然的界限,等等,共14条。显然首先也应该看作副词,少数是兼类形容词。

其次,我们发现“断然”与“截然”语义上有明显的对立。前者跟人的主观性有关,表示态度坚决,再引申为显示某种“必然属性”。

1. 表示主观态度坚决、果断

修饰的动词主要有三类:

a. 表态性动词：拒绝、否认、放弃、反对、驳斥、回答、表示、决定、做主、选择、认为、中止；

b. 行动性动词：采取、行动、起义、处置；

c. 分离性动词：离开、分开、拆开、隔开。

主语通常是人或人组成的社团。例如：

（1）陈独秀认为他当过旧军官，断然拒绝。

（2）哈塔米总统此前在达沃斯断然否认伊朗拥有核武器。

（3）叫我们断然处置。

（4）不过，疯牛病重现的威胁还是促使英国政府断然采取了这种“一刀切”的做法。

（5）我咬牙断然离开了这里。

（6）他断然把我们两人拆开。

有时主语不是人，是物，则往往属于拟人手法，好像有意志似的。例如：

（7）一道混凝土高墙将东耶路撒冷的阿布迪斯镇断然隔开，形成两个世界。

（8）所谓悲剧与喜剧在生活本来是一回事，无法断然割开。

2. 表示必然性

表示“一定、必定”的必然性，经常跟判断动词或者形式动词组合；用于否定式表示“绝对”。同义词还有“断断、断断然、断乎、断断乎”，主要用于主观评论与判断（应归属于“评注性副词”）。例如：

（1）这种刚建立起来的新型关系，如果得不到很好的维护，断然难以长久。

（2）要想阻止外流断然是不可能的。

（3）一包方便面断然是吃不饱的。

（4）这期限断然不能改变。

“截然”在北京大学语料库里有 1 572 条例句，其中高频组合：截然不同 1 019 条，截然相反 267 条，截然分开 94 条，截然对立 54 条，合计 1 434 条，总计约为 91%，剩下的组合主要是“分成、划开”等还不到 100 条。可见该词的语义倾向是显示“不同”与“对立”。

“截然”主要用于客观判断性的句子，与“断然”区别在于后者倾向于主观性判断，所以没有“断然相反”“断然不同”的组合。有少数词语，两个副词似乎都可以与之组合，但是语义倾向显然有别。例如都可以修饰“分开”，“断然 VP”强调主观性的“坚决、果断”，“截然 VP”强调客观的“不同、无关”。例如：

(5) 语言研究区分共时、历时是必要的，但二者实际上难以截然分开。

(6) 我丝毫不主张要把所谓严肃文学和通俗文学截然分开。

(7) 不过他们在艺术表现上却过分强调视觉反映和效果，将所见与所思断然分开。

(8) 现代化与非现代化不是一对断然分开的一项变量。

(三) 借助静态描述与动态变化的差异

我们对副词的释义往往比较关注静态的情况，而对动态的变化则缺乏一种敏感，这就需要我们进行多元比较，在比较中寻找其差异与特点。① 比如“悄然”，《现代汉语词典》的释义是“形容寂静无声”。先观察实例：

(1) 有的被歌声打动悄然放慢了脚步。

(2) 当场付清钱款，带着这枚珍品悄然离去。

(3) 凌晨 2 点，寒气逼人，不少转移群众已经悄然入睡。

(4) 张庆伟悄然坐在后排。

例(1)的“放慢了脚步”与例(2)的“离去”不可能完全的寂静无声，显然，这里不是静态的描写，而是动态的自控，是主体人为的，有意识的控制，尽力不发出什么声响。“悄”的本义是指没有声音或者声音很低，可见不是真的“寂静无声”，而是人主观上有意掌控，尽量不发出声音。准确的解释应该是：“有意识地控制自己的举止行为，尽量避免发出响声，或者把声音控制得很低。”

如果用近义副词“静静地”进行替换，例(1)明显不行，例(2)—(4)似乎可以，但是这只是静态的描写，缺少了“悄然”的动态，两者的区别关键是一个描写“客观状态”，一个彰显“主观控制”。至于“默然”侧重于不说话、不发表意见。高频组合是“默然不语”“默然无语”。例如：

---

① 邵敬敏 2013 《汉语语法的动态研究》，商务印书馆。

(5) 总理听了,默然良久。

(6) 罗昌仁默然戴好安全帽。

(7) 陈正兴默然离去。

因此,例(1)(2)(3)都不能换为"默然"。即使例(1)可以换成"默然",意思也是不同的。试跟例(7)比较,就还会发现,同样是"离去",一个强调不发出声响,一个侧重不发表意见。

"悄然"进一步引申为"低调地,不声张,不惊动他人,不造成影响",也作"悄悄然"。例如:

(8) 18 年前,我曾经以私人身份悄然踏上中国土地。

(9) 中国队外籍主教练——"银狐"哈里斯悄然现身晋江祖昌体育馆。

还可以移用到事物上,采用的是拟人手法,表示"不声不响、不造声势、没产生影响"。例如:

(10) 冬去春来,一九九二年悄然而至。

(11) 万千雨点也从空中悄然飘下。

(12) 每年将约有 200 亿元的财富从存款者手中悄然流失。

(13) 中国高校悄然出现不想就业一族。

对一些社会活动则侧重于"低调地、不声张地进行"。例如:

(14) 一个海纳百川的国际人才港正在悄然形成。

(15) 学术休假制在部分高校悄然推行。

(16) 社会万象网络悄然进入中国年轻人的恋爱空间。

(17) 宠物美容等"另类美容"也悄然走俏。

以上这些引申义的"悄然"当然更不能用"静静(地)""默然"来替换了。

(四) 借助语义褒贬倾向及其主体的属性

副词的语义常常有鲜明的褒贬感情倾向,但是,这里的情况相当复杂,往往跟描述对象的社会属性或自然属性相关。

其一,有时一个副词无论搭配什么对象,语义倾向是一致的。例如"昂然",又作昂昂然,主要是描写人的精神状态,挺胸抬头、信心百倍、无所畏惧的模样,明显褒义。最常用的搭配是:昂然屹立、昂然挺立、昂然矗立、昂然耸立,以及走向、行进等动词。例如:

(1) 孙福明昂然走向了铜牌决战场。

(2) 在深化改革的道路上昂然奋进。

也常常采用拟人手法,形容事物、草木等,也是褒义。例如:

(3) 秋到草枯木凋,而松柏却昂然挺拔。

(4) 姹紫嫣红的花草树木昂然走进千家万户,点缀着人间春色。

(5) 东海经济圈昂然崛起。

(6) 海南的冬季瓜菜已昂然走上北方居民的餐桌。

其二,也有些副词始终是贬义的,如"颓然",形容无精打采、萎靡不振的样子。例如:

(1) 黄昏以后,她心情沉重地颓然回家。

(2) 这样轰轰烈烈地挥洒生命,终究也会有颓然败落。

即使形容对象是事物,也是拟人手法。表现出一副败落、衰亡的样子。例如:

(3) 一面墙就这样颓然倒下。

(4) 今年以来长江最大的一次洪峰挟着余威颓然东逝。

其三,更多的情况是同一个副词,搭配对象不同就可能产生不同的语义倾向。比如"淡然",表示不在意,不热衷,不放在心上;不当作一回事。也有重叠式"淡淡然"。在跟人的行为组合时,主要倾向褒义,形容人处理事情的一种比较超脱、不在意的神态。例如:

(1) 于名于利,他就是这般淡然处之。

(2) 他给人的是淡然一笑,但却是足以叩动心扉的。

(3) 她平静而淡然地面对着这一切,默默地为着自己的目标而努力。

(4) 那些能够淡然面对死亡的老人是幸福的。

但是在修饰事件、情况时,引申为平平淡淡、不起波澜、没有引发热烈反响的情况,则倾向于贬义。例如:

(5) 这项活动淡然告终实在令人遗憾。

(6) 到 80 年代后半期,可乐型饮料已在饮料市场上淡然褪色。

淡然,当然也可以是形容词,作谓语或者定语,可以接受副词修饰。倾向于褒义或者中性,但是往往只是形容人的情态,没有贬义,这跟副词的用法是保持一致的。

(7) 面对荣誉,她仍淡然平静。

(8) 淡然的眸光如冰清的水,流向远方。

(9) 浓烈的激愤之情化作了淡然的纯朴的叙述。

(10) 病中的邓妈妈对个人生死看得十分淡然。

其四,这样的区别大多表现在是修饰人还是修饰事物上面。但是,有的时候即使修饰的都是人,也因为其社会属性的不同而产生褒贬的对立。例如"傲然"是个多义副词,可能有三种语义倾向:多数是褒义的,也可能是中性的,少数是贬义的。这主要由语境,特别是由描述对象的社会属性决定。

a. 褒义。形容人的坚强不屈、无所畏惧、独立不羁、挺拔自立的神态,这类用法是强势用法,出现频率最高。主要组合的动词是"挺立""屹立""独立""宣布"等。例如:

(1) 一群青年,傲然独立于思考者的行列之中。

(2) 拥有这种精神的民族,才能傲然屹立于世界民族之林。

(3) 他每次走过外白渡桥都要傲然四顾,深深感到现在这片土地才是中国的。

(4) 你大概就会像阿基米德那样,傲然向世人宣布:给我一个方法,我就能解释整个世界!

如果修饰事物,尤其是植物或动物,往往倾向于褒义。这里显然也是拟人化的手法。例如:

(5) 仅有几段城墙,依然耸立,傲然不动。

(6) 102 米高的铁塔在晨曦中傲然挺立。

(7) 数九寒冬,青松翠竹,傲然挺立。

(8) 神雕却退开两步,傲然昂立,侧首斜睨。

b. 中性:骄傲地、不屑地、鹤立鸡群似的。往往用于客观描写,褒贬语义不明的情况。例如:

(1) 罗马最有名望的年轻贵人们来求婚,她还是傲然拒绝了。

(2) 那蓝衣少年皱了皱眉,背负着双手,傲然转过了头,他显然不屑和这些人为伍,是以也不愿争先。

(3) 一位十分精干的、看上去还有些傲然的中年人首先站了起来。

c. 贬义:形容自以为是,不可一世的丑态。这显然是描写敌人或者说话者鄙视的人,跟人与事物区别无关,而跟人的社会属性密切相关。例如:

(1) 奥夫雷沙明明知道自己难逃一死，却仍然是一副傲然不可一世的模样。

(2) 在舍利弗和目犍连的心中，就傲然地以为世界上没有比他们再聪明的人。

四、揭示意义相近用法相仿副词互换的制约条件

几个副词即使语义接近相仿，而且常常可以替换，其实还是有区别的。关键是需要仔细观察互换的条件制约。

例如“毅然”与“决然”。毅然，表示果断、勇敢而坚决，义无反顾地，褒义：～投笔从戎；～解职归田。决然，坚决地，毫不犹疑地，主要用于中性甚至于贬义：～冒险；～得不到读者的喜爱。然而《现代汉语词典》的解释却不尽如人意，而且还用了最犯忌的同义相释。

毅然：坚决地；毫不犹疑地。(《现代汉语词典》)

决然：表示很坚决；毅然决然。(《现代汉语词典》)

毅然与决然，语义相近，都含有“坚决、毫不犹豫”义。毅然，更强调果断，体现动作主体的主观性，褒义。决然，强调坚决，中性，倾向于客观评价。所以，一般情况下，“毅然”似乎可以跟“决然”换用，语义差别不大。但是“毅然”有大义凛然的意味，主观褒义评价明显；而“决然”则只是表示坚决，没有这样明显的褒义，倾向于客观判断。例如(括号里的是可以替换的同义词)：

(1) 圣马丁襟怀坦白，为了避免分裂，毅然(决然)隐退。

(2) 蒋碧薇为了追求爱情决然(毅然)抛弃富家小姐的生活，和徐悲鸿双双到法国去苦读。

两词因为基本意义相近，“毅然”可以与“决然”一起连用。例如：

(3) 毅然决然(*决然毅然)脱离家庭关系。

(4) 毅然决然(*决然毅然)选择了绿色军营。

有趣的是，我们在北京大学 CCL 语料库里发现“毅然决然”214 条，但是找不到一条“决然毅然”的句例。这不仅说明，“毅然”是高频词语(2 560 条)，而“决然”是个低频词语(仅仅 373 条)；而且还显示，前者强调“心态”，后者突出“行为”，当然是心态决定行为，所以绝对不能颠倒使用

“决然毅然”。

但是，大部分情况，“决然”不能换为“毅然”。这里有两种情况：

第一，主语不是人，只是某种情况，属于客观评述，只能用“决然”，不能用“毅然”。

(5) 两种爱情决然（*毅然）不同，拼写岂能一样？

(6) 决然（*毅然）得不到读者的喜爱。

第二，主语即使是人，如果那只是说话者的客观评述，只能用“决然”，不能用“毅然”。

(7) 盖“傻大姐”早被邢夫人以“打死”相胁，决然（*毅然）不会扩散“绝密”消息。

(8) 但是否真是作者本意和用心，依然不能决然（*毅然）断定。

(9) 突然弯下腰，抓起一个女生吐在地上的麸子窝头，决然地（*毅然）吞下去。

(10) 对于这样的采访目标决然（*毅然）不能放过。

反之，如果明显带有褒义的情况，一般应该使用“毅然”，而不宜用“决然”，或者起码说很少用“决然”。例如：

(1)工人代表毅然(决然?)冲进会场，宣布京汉铁路总工会成立。

(2) 爱国学生毅然(决然?)开始绝食，并向军政府提交抗议书。

至于跟“决定”“决议”“决心”等的组合，更只能是“毅然”，不能是“决然”。这不仅跟主观客观有关，还可能因为前后都出现“决”，因为音韵相同而相冲。例如：

(3) 后来不顾父母反对毅然（*决然）决定学习汉语。

(4) 他毅然（*决然）下定决心，为群众兴教办学。

可见，“毅然”有大义凛然的意味，褒义明显；而“决然”则只是表示坚决，没有这样明显的褒义，只是中性，甚至于有时偏向贬义。

总之，要提升副词释义的精准度，在原则与方法上特别需要关注以下几点：

第一，研究手段的现代化，必须借助于大型语料库的语料，并进行穷尽性的考察，尤其要高度关注副词的“高频组合”，借以揭示表层义与深层义、外围义与核心义、引申义与基本义的关系。

第二，研究方法的科学化，在区别近义副词或者对若干义项进行辨析时，需要特别重视组合框架的功能，借助于组合成分的语义特征、主观情态与客观状态的不同视角、静态描述与动态变化的差异，以及褒贬倾向及其对象的属性，以提升释义的精准度。

第三，重点揭示语义相近用法相仿的副词可替换与不可替换的条件制约，特别是近义词群有时似乎可以替换，但是这绝对不是随意的，揭示其制约条件是关键问题。

第四，比较是一种最基本的方法，要特别注意多元比较，涉及近义比较、同类比较、搭配比较、语境比较、功能比较以及认知比较等。

本文获得国家社会科学基金资助项目《汉语虚词词典编撰的方法论探讨及其实践》(批准号 12BYY101)资助。

(原载《暨南学报》2016 年第 1 期)

估测副词群的功能比较

"估测"是现代汉语中极为重要的语义范畴，带有很强的主观判断性。表示估测这一语法意义，可以是动词、名词、副词、语气词，也可以是这些个词语的配合使用。使用频率最高的当数副词，而且这些估测副词还形成一个"群"，呈现出不同的特色和不同的功能，为估测的表达提供了形形色色的选择。当然，在对外汉语教学过程中，这也可能给汉语学习者带来了一些麻烦，因为可能出现差错或者不妥之处。本文试图对估测副词群进行集体扫描，一方面进行相近副词的横向比较，另一方面进行分层次的定性分析，从而揭示估测副词的共性与个性。这一研究摆脱了以往原子主义的孤立分析，对虚词，包括副词的定性定位具有重要意义。

现代汉语的估测副词主要有：也许、或许、兴许、可能、大概、大约、约摸、恐怕、只怕、充其量、说不定、别不是、莫非、多半儿等。我们根据北京大学 CCL 语料库的统计，从使用的频率来看，数据大致如下：

也许	或许	兴许	可能	大概	大约	约摸	恐怕	只怕
30 732	9 784	439	9 221	14 154	12 584	201	10 554	1 687

充其量	说不定	别不是	莫非	多半儿
580	3 561	48	1 263	4

我们最关心的是使用频率高，或者有特色的词语。使用频率最高的是四个：也许、可能、大概、大约。有特色的副词也是四个：恐怕、充其量、说不定、别不是。

一、两个不同而交叉的语义范畴："或然"与"估测"

我们先来看看《现代汉语词典》（第五版）对"或者、或许、也许、可能"这四个副词的解释：

或者：（副）或许。

或许：（副）也许。

也许：（副）表示不很肯定。

可能：（副）也许；或许。

这里采取的方法几乎都是互释，按照这些解释，这些词语的意义和功能似乎是等同的，即：或者＝或许＝也许＝可能。这四个副词应该可以互换，而且语义一致。但是事实上并非如此。例如：

（1）今晚也许（可能）下雨，也许（可能）不下雨。

（2）＊今晚或者下雨，或者不下雨。

（3）今晚也许可能下雨。

（4）＊今晚也许或者下雨。

可见，"或者"跟"也许、可能"形成对立。

我们首先需要区分"或然"与"估测"，这是两个有联系但是并不等同的概念。吕叔湘早就指出："很显然，测度语气和或然的语意有密切关系，但是这两者并不是二而一的。"（《中国文法要略》）可惜他只是点到为止，没有进一步解释两者的区别。

表示"或然"的词语最主要的是"或者"，表示估测的最典型的词语是"也许"。至于"可能"比较复杂，兼属几个词类（形容词、名词、副词），作为副词，兼有"或然"和"估测"两层含义，不过更加接近表示估测的"也许"。

所谓的"或然"是指一种客观存在的可能性，其语义特征包括【可能】【客观】【选择】。而"也许"则指一种主观判断的可能性，其语义特征包括【可能】【主观】【预测】。两者在"可能性"这一点上是相通的，但是又有明显的区别。

仔细来说，"或者"表示的是一种"或然性"，"有可能而不一定"（《现代汉语词典》第五版），说话人觉得可能但是又不能确定，而且必然存在两种以上的可能性，换言之，"或者"倾向于两种以上可供选择的可能性。例如（本文例句全部摘自北京大学 CCL 语料库）：

(1) 大厂子人都是四十多块，或者是三十八块。

(2) 比如说“shui”，可以是水、睡或者谁，就看你的声调。

例(1)是两种可能性，例(2)是三种可能性，正因为有几种可能性，所以，常常连续使用几个“或者”。例如：

(3) 它们或者是行星，或者是行星的卫星。

(4) 在我的有生之年中，甚至在这一代，或者下一代，或者下下代，中国的运动员总是会有一些负担。

显然，“或然”不是估测，是客观存在的可供选择的可能性；它跟“估测”有交叉和吻合的地方，即所有的估测词语，都必须有一个前提：那就是存在某种可能性。换言之，有了可能性，才有估测，可能性是估测范畴的语义基础。不过估测不仅仅有可能性，还在于人的主观的判断、估计和预测，而“或然”则不具备这样的估计和预测。

我们比较下面两句：

(1) 出现这样的问题，上级机关或者没有想到。

(2) 出现这样的问题，上级机关也许没有想到。

例(1)凸显的是一种客观的可能性，没有估测的因素；例(2)则仅仅是一种主观猜测的可能性。

在估测副词里，“也许”是最常用的，也是最普通的。其语义当然也包括某种可能性，但是它强调的只是一种单纯的主观估计，没有什么特殊的语义倾向。例如：

(1) 这里卖的水也许是世界上最贵的。

(2) 美国的报纸也许是世界上页数最多的。

特别要注意，这里没有时间的限制，可能是超前的预测(下文例1—2)，也可能是滞后的估计(下文例3—4)，总之，估测跟时间没有必然的关系。例如：

(1) 我想火箭[也许]第二天就把我送回中国。(姚明《我的世界我的梦》)

(2) [也许]我该割下自己的一只耳朵，永远记住这一天。(《中国北漂艺人生存实录》)

(3) [也许]为了讨好我，有一次马晓军买了一张电影票，偷偷地塞给我。(《中国北漂艺人生存实录》)

(4) [也许]正是这次经历，让雅丹和蝉结下了不解之缘。(新华社2004年新闻报道)

也可以是多种不同的估测(例5—6)。这大概也就是为什么“也许”使用频率最高的原因了。例如：

(5) 有人告诉我里根可能不久就会去世，[也许]在几个星期里，[也许]在几个月内。(新华社2004年新闻报道)

(6) 我与赵振南最终还是分手了，说不清为什么，[也许]是因为他已是个有两个子女的父亲，[也许]是因为他的年龄，[也许]什么……(《中国北漂艺人生存实录》)

“可能”的词义，包含或然性，也包含估测性。既然只是可能，当然是无法确定的，当然只能是主观判断。例如：

(1) 我们家在北京住哪我可说不清楚，爷爷可能就是北京人。

(2) 如果你也生活在这座城市，相信你可能遇见过我。

(3) 治疗艾滋病的药物可能是世界上最贵的药。

(4) 中国未来的通信系统可能是世界最先进的。

如果认为有几种可能性，就需要多次使用“可能”。例如：

(1) 有的感觉既可能是外部感觉，又可能是内部感觉。

(2) 可能我会改变，可能我会变得更美国化，可能有一天我会对类似奥尼尔做……

(3) 在广漠无垠的宇宙空间，可能存在由反物质构成的天体，甚至很可能存在反物质世界。

(4) 这之后，太阳可能完全爆炸消失，也可能余下的一部分残骸演化为白矮星和中子星，直至最后熄灭。

“可能性”有程度的差异，所以可以接受其他程度副词或者否定副词的修饰，比如“很可能、非常可能、完全可能”，甚至于“不可能”。例如：

(1) 科学是无止境的，今天的真理，明天很可能变成谬误。

(2) 研究人员认为这一天体非常可能是黑洞。

(3) 今年中国经济增长率完全可能降到9%左右。

(4) 当然，这个幻想不可能实现。

副词“可能”本身强调的是可能性，对这种可能性，还可以进行估测，所以“可能”还可以接受估测副词“也许”以及“也”“还”“就”等副词的修饰。例如：

(1) 人们设想有朝一日，也许可能改变台风的大小和行走路线，把雨水引向干旱地区。

(2) 单细胞蛋白中核酸含量偏高，从培养基质中还可能带来一些致癌因子。

(3) 外界刺激(如声音、光线、气味等)作用于我们的感觉器官时，也可能引起做梦。

(4) 人吃了施用这种肥料的蔬菜、瓜果，就可能得传染病。

二、“大概”与“大约”的分工与交合

“也许/可能”表示纯然的估测，不带倾向。因此可以说：

(1) 也许去，也许不去。/也许成功，也许失败。

(2) 可能去，可能不去。/可能成功，可能失败。

但是不能说：

(3) * 大概去，大概不去。/ * 大概成功，大概失败。

可见，“也许(或许、兴许、可能)”比较中性，跟“大概(大约)”相比较，显得比较纯然，仅仅是一种估测，不带语义的倾向性。而“大概(大约)”则有明显的语义倾向，它们不仅具有语义特征【可能】【主观】【预测】，而且还有【±肯定倾向】【宽容度】。

“大概”在北京大学 CCL 语料库例一共 14 154 条，“大约”一共 12 584 条，略微少于“大概”。考虑到“大概”还有名词和形容词的用法，两者使用的数目应该差不太多。我们随机抽查前面 500 条目，清晰地显示，“大概”主要用于对情况的估测，例如：

(1) 姐妹们[大概]是出于同情她的遭遇，就都争着学这种怪字。(《中国儿童百科全书》)

(2) 美国[大概]不希望有朝一日，看到一支与欧洲一样现代化的中国军队吧！(新华社 2004 年新闻报道)

“大概”也可以针对数量，也包括程度、时间和空间，比如年代、面积等。这里的“大概”相当于“接近于”，原则上大多可以用“大约”来替代。

例如：

(1) 到周岁时体重大概是出生时的3倍。

(2) 另有一种说法，认为汉字是转道朝鲜再传入日本的，时间大概在公元3世纪左右。

(3) 调查报告说他只有325磅，[大概]比我重30磅。(姚明《我的世界我的梦》)

(4) 目前，来往大陆的台商[大概]有100万，他们跟我一样将成为最大的受益者。(新华社2004年新闻报道)

“大概”表示肯定性倾向的估测，应该有50%以上的可能性，换言之，说话人心中的估测是比较有把握的。比如下面所举例句，后文出现的确认情况跟前文的估测是完全一致的。可见，“大概”的估测不仅主要针对某种情况，而且顾名思义，表示比较大的可能性。例如：

(1) 交点儿书费，也交点儿杂费，[大概]交的很少，就我念书的时候，交的少。(傅婉真《1982年北京话调查资料》)

(2) 不过，[大概]由于读书不多，她在气质上根本无法和郭静比。(《中国北漂艺人生存实录》)

(3) [大概]每一家要送送四个，都送四个。(刘芳《1982年北京话调查资料》)

(4) 回民的这个葬礼哪，跟汉民不一样，啊，这[大概]，你们也都清楚。(马增志《1982年北京话调查资料》)

由于估测副词表示实际上知道了有关情况，只是不能绝对肯定。所以常常跟“吧”配合使用。“……吧”则表示一种不敢肯定，而且带有商榷、征求对方意见的语气。比较：

(1) 这里离中山公园大概有五里地。

(2) 这里离中山公园有五里地吧。

(3) 这里离中山公园大概有五里地吧。

这三句的基本意思是相同的，但是有细微差别。我们发现：例(1)口气比较率直，显示说话人自己对某种可能性的主观判断；例(2)是就自己的某种看法征求对方意见，口吻比较委婉，带有咨询、商讨的口气。例(3)强调自己的估测，但是口气也很委婉。换言之兼有例(1)(2)的特色。

大约：也属于肯定性倾向的估测，也应该有50%以上的可能性，换言之，说话人心中的估测也是比较有把握的。但是这一估测，主要针对数量，所以后文往往同现数量词语。例如：

(1) 我大概搜集了大约200个不同国家不同运动的队徽。

(2) 表面温度大约为7 000摄氏度，与天狼星相比，颜色有些发黄。

(3) 那时我不会投篮或进攻，只是在每场球都能盖大约12个帽。

(4) 它距离地球大约200万光年。

这样的估测，有时候尽管没有出现具体的数量词，但是蕴含着数量，也可以这样使用。例如：

(1) 这个回民里头大约多数工作吧。

(2) 它在冬夜天空中所占的面积大约有“满月”那么大。

(3) 周恩来直接抓粮食工作，是从1959年开始的，大约一直抓到“文革”开始。

(4) 大约在周恭王以后，铜贝币的使用就逐渐增多起来。

(5) 最早的铁钱，大约是在西汉初期出现的。

这样的估测，后面跟随的数量往往可以是一个跨度，一个区域，说明只是一个大概的估测，并不准确。例如：

(1) 从幼体到成体大约需要四五年。

(2) 地下室本来就不大，只有大约七八平方。

(3) 星团的直径大约为6光年到50光年。

(4) 到本世纪末，大约有50—100万个物种将要灭绝。

只有少数例句，本应该使用“大概”，但是用了“大约”，估计有7—8条跟年代、时代有关，还有7—8条跟官职有关，这些条目全部出自同一本书《中国古代文化史》，可能带有浓厚的个人语言色彩。例如：

(1) 戍大约是从事戍守的武官。

(2) 最初的红色颜料大约便是血液，其后则多用赭土。

通常情况下，两者的分工是比较明确的。我们再进一步观察“大概”跟“大约”在一句中同时出现的情况，可以清楚地看出两者的差异及其分工：

第一，在情况估测与数量估测同现时，“大概”与“大约”的分工比较明

确,"大概"估测的是情况,"大约"估测的是数量。几乎没有两者倒过来的句例。例如:

(1) 他大概也觉得生活很苦就离开了,那大约是1952年左右。

(2) 有个中年妇女坐在船首,大概是个犹太女人,怀中抱着一个大约三岁的小男孩。

(3) 大概是瓦利斯东方大约三天路程的距离吧。

(4) 较深处的一个小门打开了,大约有五六个大概是最基层,或者是还正在修业当中的圣职人员。

(5) 根据我的判断,干粮的量大概还可以让我们持续大约三星期左右。

第二,同一句内部,前后都有对数量的估测,可能是为了词语的不重复使用,选用"大约"和"大概"同现,通常是"大约"在前面,"大概"在后面。但是这并不严格,也有"大概"在前面,"大约"在后面的,只是数量比较少。例如:

(1) 他们发现的这一区域叫做"银河可居住区",形成于大约80亿年前,距离银河系中央大概2.5万光年。

(2) 中国驻以使馆登记在案的大约是七八千人;而据以色列内政部官员估计,中国劳工大概有两三万人。

(3) 这样的所大约有1/3,另外1/3大概只能是求生存,还有1/3比较困难。

(4) 这里的中国人大约有20 000个,而西班牙人大概只有10 000个。

(5) 一名病人一天的费用大概是8元钱,一年的治疗费大约是3 000元。

(6) 这些丘陵一路往北大概有二三十里,然后,过了树沐河还有大约四五十里的空地才到森林那边。

三、特色估测副词:"恐怕""说不定""充其量"与"别不是"

"恐怕""说不定""充其量"与"别不是"都表示估测,但是各有特色。跟"也许""可能""大概""大约"不同,有自己特殊的语义倾向,可以称之为"特色估测副词"。

1. 恐怕：带有对估测情况的担心，这可能是由“恐”与“怕”的语素义决定的。例如：

(1) 该出手时就出手吧哥们儿，晚了[恐怕]就被别人抢去了。(《中国北漂艺人生存实录》)

(2) 如果现在不说，我[恐怕]就再也没有机会和你说了。(《中国北漂艺人生存实录》)

(3) 如果说有人从高变矮，返老还童，[恐怕]人们难以相信。(《中国儿童百科全书》)

(4) 这样的解释恰当与否且不论，但在围棋界“本色”的男人[恐怕]难成“大英雄”。(新华社2004年新闻报道)

不过由于语义的泛化，这一担心的心理倾向已经淡化。语义开始泛化，表示有所估测，但是不敢作最后的判断，近似于“也许”。这类估测，有时只是委婉的说法，实际上说话者早有定见。例如：

(1) 我总觉得，这类事光怪下面也未必，恐怕主要还得从上面找原因。(《中国农民调查》)

(2) 那究竟是什么阻碍小巨人为球队作出更大贡献呢？队友支持不够恐怕是问题的核心。(新华社2004年新闻报道)

(3) 当时的中国，恐怕是世界上最重视政治的国家。

(4) 如以鸟的体重和鸟蛋的比例而论，几维鸟蛋恐怕是世界所有鸟类中最大的蛋。(《中国儿童百科全书》)

“恐怕”，在古代汉语里是动词连用，“恐”就是“怕”，表示“担心”“担忧”，后项跟的是宾语，而且都属于说话者不愿意发生的事情。例如：

(1) [恐怕]泥涂污马蹄。(白居易《官牛》)

(2) 于是白庄语诸徒党，莫向人说，[恐怕]人知，来日斋时，劫此寺去。(《敦煌变文选》)

(3) 贪多不济事，如此用工夫，[恐怕]轻费了时月。(《朱子语类》)

(4) 不是老身有始无终，其实寸步难移，[恐怕]反拖累奶奶。(《话本选集：苏知县罗衫再合》)

“恐怕”后面所带的宾语，语义上都表示说话人担心的事情或情况。由于“担心”跟心理活动密切相关，所以演化为“估测”语义也是很自然的，区别在于后面所带的事项，不一定是说话人担心的事情，而转化为仅仅是一种估测。检测的办法是看能否用“担心”去替代“恐怕”。例如：

(1) 外面说几句话转来，你就跑得无影无踪了。这时候由得你不承认吗？[恐怕]我姓周的没这么好欺负。

(2) 你若不是发现了里面有一大卷钞票，[恐怕]未必走得那么快。

(3) [恐怕]孩子呢，落到哎不正当的地方。（慈秀清《1982年北京话调查资料》）

(4) 要不是有人担心赶走了我们，房子没人租，断了他们的财路，[恐怕]这个提议就得以实现了。（《中国北漂艺人生存实录》）

(5) 该出手时就出手吧哥们儿，晚了[恐怕]就被别人抢去了。（《中国北漂艺人生存实录》）

(6) 你还怎么退，想被踩死？那滋味[恐怕]比被淹死还难受吧。（《中国北漂艺人生存实录》）

“担心”其实就存在一种可能性，“恐怕”语义泛化的结果就是后项不再是担心的对象了。这时“恐怕”往往可以用“大概”“也许”“可能”来替代。例如：

(1) 巴黎人干别的事[恐怕]不行，但跟搞艺术沾边的，他们便有极高的天赋。（《中国北漂艺人生存实录》）

(2) [恐怕]得住几天旅馆了。（《中国北漂艺人生存实录》）

(3) 如果现在不说，我[恐怕]就再也没有机会和你说了。（《中国北漂艺人生存实录》）

(4) 母鸡为什么也能像母亲爱护自己的孩子一样地爱护小鸡？[恐怕]没有人能正确回答。（《中国儿童百科全书》）

(5) 那字母儿也是那个那个，不过跟蒙文不一样，他[恐怕]跟蒙文是也是有些个瓜葛。（桑凌志《1982年北京话调查资料》）

(6) 抻面，你知道吗？这个外地人[恐怕]也不知道。（侯崇忠《1982年北京话调查资料》）

不过，从例句实际情况来看，使用“恐怕”的后项多数还是说话人不希望发生的事情，这说明“恐怕”的语义还是在起作用，但是随着语义的泛化，现在也开始大量出现无所谓担心的后项，说明“恐怕”的语义开始虚化，从原先的心理动词转化为估测副词了。即使如此，凡是有担忧的后项，往往优先选择“恐怕”，而很少使用“也许”“可能”。如果后项无所谓担心，则“可能”“也许”与“恐怕”可以互换。

2. 说不定：把握不大的估测，往往只是展示说话人的一种愿望，换言之，估测的情况往往是不那么容易实现的，有的实际上根本是无法实现的，或者起码现在不可能实现的，比如例(4)(5)(6)。例如：

(1) 如果美国坚持一意孤行，势必导致中东局势进一步恶化。到那时，美国[说不定]还得请欧洲帮忙！(新华社2004年新闻报道)

(2) 把英语学好了，[说不定]哪天还能赚上老外的钱呢。(新华社2004年新闻报道)

(3) 我现在状态很好，我相信自己能够夺取冠军。[说不定]我还能再次打破世界纪录呢！(新华社2004年新闻报道)

(4) [说不定]哪天我们人类会建立起“飞船货运公司”，每天从月球上往回拉东西。(《报刊精选》1994年)

(5) 如果典子活着，也应该这样高了，而且[说不定]她俩还是同班呢。(新华社2004年新闻报道)

(6) 要不是我拄着双拐，[说不定]都跳起来了。(新华社2004年新闻报道)

3. 充其量：对某种情况作出低程度的估测。表面上尽可能往大处、高处估测，但是事实上说话人认为这是很不起眼的，没有什么了不起的，是低程度的评价和估测。所以常常跟“不过”“只是”等转折性的评价偏低的话语标记；或者后续句出现没能够实现的更加高级的目标，如例(6)(7)。例如：

(1) 按说他在这件事情上所能承担的[充其量]不过是“领导责任”。(《中国农民调查》)

(2) 如果需要拆除约旦河西岸犹太人定居点的话，[充其量]也只是一小部分。(新华社2004年新闻报道)

(3) 然而，入大学以前[充其量]也只是社会化的初级阶段。(《大学生心理卫生与咨询》)

(4) 我们不应使用全面质量管理，因为这种管理[充其量]只能让缺

点减至10%。(《哈佛管理培训系列全集》)

(5) 如果全部用以安置移民,[充其量]也不过解决五十万人的温饱问题。(《报刊精选》1994年)

(6) 海尔[充其量]是一个中国名牌,而不会是世界名牌。(新华社2004年新闻报道)

(7) 因此热火队这个赛季[充其量]最远走到东部决赛,而与总决赛尚无缘分。(新华社2004年新闻报道)

4. 别不是(别是):表示一种否定倾向的估测,主观上不希望出现某种情况。例如:

(1) 什么急事要我马上离开,这样晚的时光,到哪里去,[别不是]她听错了!这个女乡下佬!(李英儒《野火春风斗古城》)

(2) 久居此地的朋友便说:"[别不是]两个司机又聊上了吧?"(新华社2004年新闻报道)

(3) 严奇一看,不由地暗暗吃惊道:"好大身量!我[别不是]他的个儿罢。"(《七侠五义(上)》)

(4) 这么积极,[别不是],这里有什么交易吧?(《编辑部的故事》)

我们曾经对否定副词"别"做过分析(邵敬敏、罗晓英,2004),指出:非可控动词 V_2 如果要进入"别"字句,就必须是一个短语,或至少必须在动词后面带上个"了"。例如:

(1) (房子晃得那么厉害,)别(是/不是)地震了。

(2) (你再要抽砖头,)别(是/不是)倒塌了。

(3) (小李好几天没来,)别(是/不是)病了。

(4) (那个人一动也不动,)别(是/不是)死了。

这类由 V_2 构成的"别"字句表示猜测自己不愿意发生的事情可能已经发生,或者说更加重要的是显示说话人不希望发生某件事情的意愿。显然是"否定性猜测"。这类例句大多可以用"恐怕"来替换。不过使用"别不是"否定的程度似乎更加强烈一些,这可能跟"恐怕"语义的泛化有关。

四、方法论的思考

若干个估测副词构成一个"群",它们的共性都表示对某种情况的一种估计或预测，主观性比较强，并且具有信息的宽容度、不肯定性，语气的委婉性，以及潜在的可变性。通常情况下，很多估测副词可以互换，而且基本意义大致相同。但是它们也有自身的特点。在某些上下文以及语境制约的情况下，它们不能互换，或者说有一定的使用倾向性。归纳起来：

可能：中性，介于主客观之间的估测，而且有轻重不等的程度区别，最接近"或然"的估测副词。

也许(或许、兴许)：中性，最普通最常用的估测副词，主观性比较明显。

大概：对某种情况或数量肯定性倾向的估测。

大约(约摸)：偏重于对数量的肯定性倾向的估测。

恐怕(只怕)：带有担心的估测。估测的情况往往是说话人不希望发生的。

说不定：把握不大的估测，往往只是展示说话人的一种愿望。

充其量：对某种情况低程度的估测。

别不是(别是、不要是、莫非)：表示一种否定倾向的委婉估测，主观上不希望出现某种情况。

我们应该明白，语言不是数学，不是非此即彼那么刚性，不是有了你就不允许我的存在，同类词语、同类格式之间往往存在一定的可容度，有一定的交叉域，因此某种情况下可以互换，但是在一定的上下文或语境中则不能互换，呈现出某些互斥的个性特点。这是共性与个性在起作用。我们的研究必须对此有足够的清醒的认识，不要因为共性而忽略了他们的个性，也不要因为他们的个性而不承认其共性，重要的是找出能够互换以及不能互换的条件和制约因素。

我们在词典编撰或者对外汉语教学时，应该注意对这些估测副词群的比较，这样才能真正掌握它们可以互换的共性用法以及不能替换的个性用法。以往副词研究往往孤立进行，这样就可能忽略了它的某个个性。我们的研究采取"群体扫描""聚合比较"，有利于近义与反义的比较和鉴别，对共性与个性的关系能够得到比较妥善的处理。

参考文献

刘宁生 1985 “大约”的语义、语法分析,《语文研究》第3期。

盛丽春 2008 “大概”“也许”和“恐怕”的语义、语用分析,《汉语学习》第1期。

(原载《汉藏语学报》第六期,商务印书馆2012年)

国际汉语教学中的近义虚词辨析的方法与理据

在国际汉语教学中，近义虚词的辨析是难点，也是重点。当年，陆俭明与马真两位先生在《虚词研究浅论》(1982)中就“把握虚词的意义和考察虚词的用法”做过相当精彩的论述，举例中也涉及某些近义虚词的辨析，例如“往往”与“刚刚”“千万”与“万万”等，给我们有益的启迪。本文准备在此基础上，专门探讨近义虚词辨析的方法，并且进一步探究其区别的理据。

虚词的意义与用法本来就比较难掌握，特别是区分意义与用法都相似的虚词，更是一个老大难问题。对母语是汉语的中国人来说，首先当然需要依赖于我们良好的语感，但仅凭这一点是很难做到精准性和解释性；如果作为汉语教师，要把语感教给外国学生，不仅困难了，更谈不上科学。因此，我们必须讲究辨析的方法，不仅知其然而且知其所以然。

进行近义虚词的辨析，最基本的方法是比较，但是，根据近义虚词的不同类型，应该采取不同的方法；对于比较复杂的情况，还可能需要采取不同角度、不同层次、不同内涵的比较，换言之，需要进行多元比较和综合比较；此外，我们还要特别注意，比较的结果最好能够找出可以验证的标记或途径，不能一味地依赖于自己的语感。最后还需要在理论上归纳出若干重要的原则和理据。总而言之，我们需要强调释义的三性：精准性、解释性、科学性。比较的方法则需要注意：多元比较和综合比较。

进行近义虚词辨析，必须注意一个前提，那就是要控制住其他条件，包括其他相关词语的多少、类型、次序以及句型、句式、句类等应该完全一致，仅仅只有被比较的近义虚词 X 与 Y 不同，这样才能够对平行的两个句子 A 与 A′进行测试。如果 A 句成立而 A′句不成立，那就可以将原因归结为这对近义虚词 X 与 Y 的差异。

本文涉及的虚词是广义的，泛指名动形三类主体实词之外的所有功能词，除了语法虚词“介词、助词、语气词、叹词”，也包括副词、量词、代词。本文语料与统计数据除标明出处的，均摘自北京大学 CCL 语料库以及北京语言大学 BCC 语料库，少数自拟。我们先介绍七种比较的方法：一、词语组合分化法；二、词语同现验证法；三、语素异同对比法；四、主观客观情态法；五、数据差异对比法；六、词源原型追溯法；七、多元综合比较法。最后再就理据的解释做一些说明。

一、词语组合分化法

近义虚词的区分主要体现在跟不同词语（尤其是实词）的搭配上，这往往显示出虚词各自的组合特点。即使都能够搭配，也有一个概率大小的问题。

1. 我们要特别关注语义相近的词语，实际上在组合时可能有不同的选择倾向，其背后是否存在深刻的理据。

比如“无故”与“无端”，两者语义似乎差不多，其实不然。前者倾向于事件的“没理由、没道理”，常常组合成“无缘无故”“平白无故”，含有一定的贬义。例如：

（1）无故缺席/无故请假/无故解除其职务。

后者更强调事件的“不合理、非常规”，不仅仅贬义，而且指责意味颇强。例如：

（2）无端指责/无端生事/无端伤害别人。

“无端”通常与强贬斥义动词组合，带有明显批评指责口吻，“无故”则通常与弱贬斥义动词组合。反之，“无故”尽管常常修饰一些不太好的动作行为，但是没有强烈的贬斥义，这时改用“无端”则大体上不行。反之，“无端”带有强烈的贬斥义，改用“无故”，指责义减弱了，但是可以成立，只是贬义的程度明显下降。请参看下列跟 AB 两类不同动词组合的频率（根据 BCC 语料库数据）：

表 1 “无故/无端”的使用情况(单位：例)

A	无 故	无 端	B	无 故	无 端
拖欠	73	0	指责	3	181
缺席	73	0	怀疑	0	25
解除	17	0	挑衅	2	10
骂人	6	1	诽谤	0	7

A 类动词有的略有贬义，有的倾向中性；而 B 类的贬义却很明显，两者的组合倾向还是清楚的。但是“骂人”与“无端”组合也有 1 例，“指责”“挑衅”与“无故”组合分别有 3 例和 2 例，这说明两者还有一定的互通性，都能够修饰贬义动词，只是概率比较低，几乎不可能，不过实际语言事实完全可能出现。我们搜查“百度”，“无端拖欠”“无端解除”都有发现，只是“无端缺席”真的没有，而“无故怀疑”“无故诽谤”是可以的。这说明：组合的选择性不是绝对的，而是表现为一种倾向、一种概率。因此我们在区分时千万不要绝对化，非 A 即 B。我们在指出区别时，还要有一定的弹性处理。此外，“无故”还可以修饰一般动作动词，“无端”则不可以。例如：

(3) 无故解聘/借钱/不上班/出门

(4) * 无端解聘/借钱/不上班/出门

2. 两个近义副词有时尽管可以互换，但是各自表现出来的语义趋势是有差异的。如副词“绝”与“决”，如与否定词语组合，表示完全绝对的否定，没有回旋余地。这时“绝”就可以与“决”互换，都包含有“一定”的意志力。例如：

(5) 他对部下管理甚严，绝(决)不准自己的部队侵扰百姓。

(6) 他说我另有图谋，其实绝(决)无此事。

要注意的是，“绝”的语义显示的是程度的绝对，“决”显示的是态度的坚决。两者的语义特点和倾向是不同的。更为重要的是，当“绝”与“妙/佳/好/高/早/少”等单音节性质形容词组合，或与“大多数/大部分 N”等表数量的名词性成分组合，表示程度极高，这时就不能换成“决”了。例如：

(7) 这是个绝(* 决)好的机会，千万不要错过。

(8) 魔术师技艺绝(*决)高,观众叹为观止。

(9) 为了去钓鱼,爷爷今天起了个绝(*决)早。

(10) 绝(*决)大多数干部是好的。

虽然"绝""决"同音,但是从来源上推测,可能分别来自形容词"绝对"与"坚决"。当否定时,分别显示程度之高与态度之强,因此,语义趋势都是向"高、强"发展的,可以互换,尽管意义还是有所区别。但是一旦与形容词组合,"绝对"显示程度,语义匹配吻合,而"坚决"显示的信念、意志,通常只能修饰助动词、趋向动词或表态动词,但无法修饰形容词。

3. 有时两个虚词确实可以经常互换,语义上常常发生交叉。但是,第一,要注意它们在不同场合组合的概率;第二,要注意两者如果在一个句子中同现,到底是如何分工的。比如"大概"与"大约",都表示估测。估测的对象有两类:一是对情况的推测;二是对数量的估测。"大概"主要用于前者,而且倾向于整体全局的推测。例如:

(11) 这大概是老天在另一方面对我的补偿吧。

(12) 我想大概因为我长得太漂亮了,他们都不敢向我求爱。

当然,"大概"也可以用于对数量(包括时间、年龄、程度)不很精细的估测。例如:

(13) 离县城大概十里左右。

(14) 大概十年前,中国的大学毕业生没有一个人自己找工作,他们会接受分配。

"大约"主要用于对数量(包括时间、年龄、程度)不很精细的估计。例如:

(15) 离市区大约有十六七里地。

(16) 最壮观的狮子座流星雨大约每隔 33 年一次。

当然"大约"也可以用于对情况的推测,但主要倾向于对属性程度的估计。例如:

(17) 不签字!大约是对这份报告不满意吧!

(18) 大约他自己也没有信心,所以他不肯回答我的问题。

表面上看,两者都可以表示对情况的推测以及对数量的估测,区别在于使用范围以及使用频率上:"大概"主要用于对情况整体推测;"大约"主要用于对数量范畴的估计。尤其在两者同时出现时,这一分工就更为明确,很少例外。例如：

(19) 全球大概有5亿人受到乙肝和丙肝的危害，每年由于乙肝和丙肝感染造成肝脏损伤而死亡的人数大约有100万人。(中国新闻网，2013-07-25)

(20) 我大概算算，大约30年。(《文汇报》2011-08-30)

(21) 全国范围内大概1/5企业搬迁场地都存在污染，污染场地大约在50万块以上。(人民政协网，2013-10-31)

此外，有些特殊类型的估测，往往选择“大概”，不能用“大约”：

第一，修饰动词重叠句。例如：

(22) 我们只能从表面大概(*大约)看看，但化妆品盒有可能是真的，而里面的东西是假的。(《辽宁日报》2013-06-19)

(23) 我也不清楚这个到底怎么用，干嘛用，大概(*大约)做做就得了呗。(《人民日报》2013-08-02)

第二，修饰动量结构。例如：

(24) 我们不用完全统计，大概(*大约)感觉一下，平常耳濡目染，网上，别人说的，全国各地被偷过、被抢过、被骗过、被蒙过，太普遍了。(手机看新闻，2012-07-16)

(25) 记者大概(*大约)算一下，枯死的绿化树大约有30多棵。

这是因为“大概”还有个引申义，表示粗略、随意、简单，而“大约”主要只是表示对数量的估测，没有“粗略、随意、简单”这一语义，因此不能进入这一格式。因此，“大概”使用频率明显高于“大约”。(根据BCC语料库统计：“大概”74 142个，“大约”44 490个)

4. 这种组合关系，有时需要放在更大的语境里去检验。比如“又”和“也”，常常可以互用：

(26) 他又看了我一眼。/他也看了我一眼。(自拟)

(27) 说了一会儿，弟弟又睡着了。/说了一会儿，弟弟也睡着了。(自拟)

当然，这两个副词的语义是不同的，“又”注重在前项基础上加上后项，构成时间的加合关系；“也”强调前后项的类同特点，是空间的比较性的。因此“又”的前后项动词可以相同而叠加，而“也”是类同关系，前后项必须有相同点也有不同点，这样才能比较。换言之，不同的动作才有类似性，相同的动词只有重复性：

(28) 他看了一遍又看了一遍。(自拟)

(29) 他看了一遍又读了一遍。(自拟)

(30) *他看了一遍也看了一遍。(自拟)

(31) 他看了一遍也读了一遍。(自拟)

这一差异，不仅动词有关系，主语也有关系。当主语不同时，谓语相同，多用“也”，强调类同一致性；而谓语不同，则多用“又”，强调加合累积性：

(32) 我吃了，他也吃了。(自拟)

(33) 他吃了，又喝了。(自拟)

如果组成构式“也 A 也 B”“又 A 又 B”，前一构式的 AB 多数是动词，很少是形容词，表示既这样也那样：

(34) 也吃也喝/也看电影，也跳舞。(自拟)

后一构式的 AB 可以是动词或形容词，表示两个动作相叠加，或者兼具两样属性：

(35) 又吃又喝。/又高又大。(自拟)

A 与 B 多数是近义或同类的。如果形容词是反义的，则具有特殊的矛盾统一的含义：

(36) 又聪明又狡猾/又漂亮又丑陋。(自拟)

二、词语同现验证法

如果汉语是母语，说话人通常都具有良好的语感，一般也能够大致说出近义虚词的差异。难点在于如何证明这一认识，并且还要让别人信服、理解。缺乏证明的看法，即使是正确的，也是没有说服力的。语言分析作为一种科学的研究手段，必须进行论证，这样得出的结论才是可靠的，才是我们需要的。“词语同现”就是一种行之有效的验证方法，能不能同现一目了然。

1. 近义虚词有时可以互换，但是我们要特别注意互换的条件制约，不可能是无条件的。比较副词“总”与“老”，当表示动作行为或事件发生的频率高或重复出现，两者可以互换。例如：

(1) 你不要总(老)想着这件事,我不着急。

(2) 妈是气糊涂了！总(老)说爸爸已经被他们弄死了！

即使可以互换,两者语义内涵还是有区别的。这就需要我们来证明:“总”强调动作或状态的结果性、无例外性;“老”强调的是动作的不变性、持续性。“总”常与“每”“无论/不管”等遍指性成分共现,而“老”不能与这样的遍指性成分共现。例如:

(3) 每次去总(*老)不会空着手回来。

(4) 无论是字句、段落、篇章,总(*老)要经过再三斟酌、推敲。

此外,在“名+总是/有+名”或与“要、会”等助动词连用时,都表示无论情况如何、归根结底、结果不出所料、必然如此、总共合计,这时“总”也不能换成“老”。例如:

(5) 校园总(*老)是校园,不能把校园当成市场。

(6) 就算见不着人,这牲畜总(*老)还在吧?

(7) 离开祖国,来到异国,总(*老)有二十多年了。

(8) 来回一趟总(*老)得七八天吧!

2. 有时,两个不同的虚词,明显存在差异,一般情况很容易区分。但是有时可以互换,而且语义似乎也很接近,尽管我们可以感觉出来两者的区别,问题在于很难证明。这时就需要看哪些词语能够同现,还要看哪些词语不能同现。

比如时态助词“了”与“着”,“了”表示动作的完成或实现,“着”表示动作的进行或状态的持续。但是在有些句子里,这一对立就不明显了。例如:

(9) 墙上贴了新生的照片。(自拟)

(10) 墙上贴着新生的照片。(自拟)

我们可以感觉到(9)与(10)有点不同,但是又觉得两句的意思好像差不多,都表示新生的照片已经贴在那里了。差别当然是有的:“了”表示“贴”这一动作已经完成,并转化为持续状态;“着”则并没有显示动作的完成,只是显示“贴”这一状态在持续。那么我们是不是有办法来证明呢?我们可以插入副词“一直(长期/始终)”这样表示持续意义的副词来进行测试:

(11) *墙上一直(长期/始终)贴了新生的照片。(自拟)

(12) 墙上一直(长期/始终)贴着新生的照片。(自拟)

显然,例(11)不能成立,而例(12)却成立。因为例(12)的“着”跟“一直”的持续义是吻合的,因此可以同现;而“了”主要是表示动作完成,“持续”只是它的派生意义,换言之,“一直”与“完成”义是相悖的,两者无法同现。

3. 仅仅证明近义虚词两者的不同,还是不够的,最好能够进一步解释两者区别的内涵及其制约因素。比如在比较疑问语气词“吗”与“吧”的时候,我们发现这两个语气词都可以出现在是非问句里,但是疑惑度明显不同。例如:

(13) 今天是星期天吗?

(14) 今天是星期天吧?

显然,“吗”字疑问句的疑惑度大于“吧”字疑问句,如果用数据表示,大体如下:

“吗”字是非问句【信≈25%;疑≈75%】/“吧”字是非问句【信≈75%;疑≈25%】,我们可以采用添加不同的同现词语来进行检测,从正反两个角度来证明:

第一,插入副词“难道”,看能不能把这两个疑问句转换为反问句:

(15) 难道今天是星期天吗?(自拟)

(16) *难道今天是星期天吧?(自拟)

“吗”字句可以变为反问句,“吧”字句却不能转换。其关键就在于“吗”字句的疑惑程度比较强,而反问句的本质是否定,从确信到疑惑,再从疑惑到否定,是语义上的连续统,疑惑程度越强,就越容易转化为否定。换言之,高程度的疑惑与“否定”只是一墙之隔。“吗”字句就很容易借助于反诘副词“难道”转换为反问句,“吧”字句由于疑惑度相当低,因此即使借助于反问语气副词“难道”也不允许转化为反问句。

第二,插入副词“八成”“也许”,看能不能把这两个疑问句变换为肯定倾向强的估测句:

(17) *今天八成/也许是星期天吗?(自拟)

(18) 今天八成/也许是星期天吧?(自拟)

“吗”字句无法转换为估测句,而“吧”字句却可以。这是因为“吧”字疑问句的可信度比较强,在语义上跟副词“八成”“也许”的肯定性估测基本倾向一致,而“吗”字疑问句疑惑度比较强,在语义上跟“八成”“也许”相悖。从本质上说，这是语义一致性原则在句法上起作用。

4. 这种同现词语检测法对同一个虚词的语义分化也是很有用的。比如“太＋褒义形容词性成分或动词性成分”，有时候会产生歧义，因为“太”既可以表示“超量”，显示感叹和满意，也可以表示“过量”，显示过分和不满意。两者的区别方法是：看“太”和后边的被修饰成分间能否插入“过”，能插入，表过分义；不能插入，表感叹义。例如：

(19) 秦干事觉得王景的想法很丰富很全面，就是太浪漫(太过浪漫)。

(20) 在海边举行婚礼太浪漫(＊太过浪漫)了！

5. 这一方法对词语的辨析并且解释背后的原因有显著作用。比如“正”“在”“正在”，这三个词语在表示动作进行、状态持续上有相通之处，所以有时候似乎可以替换。例如：

(21) 他正看着那张照片。(自拟)

(22) 他在看着那张照片。(自拟)

(23) 他正在看着那张照片。(自拟)

其实，这三个词还是有区别的。“正”着重指时间进行，而“在”着重指空间状态，虚化指动作进行态时，实际上隐含着某个空间地域，比如“他在看书”，实际上可能是“他在(某处)看书”的隐含式。“正在”既指时间进行态又指空间存在态。区分的办法有三个：

第一，“正”后接动作动词时，往往必须跟表示动作或情况继续的“着”或“呢”呼应，“正在”和“在”则不必这样。例如：

(24) ＊外面正下雨。/外面正下着雨。/外面正下雨呢。(自拟)

(25) 外面在下雨。/外面在下着雨。/外面在下雨呢。(自拟)

(26) 外面正在下雨。/外面正在下着雨。/外面正在下雨呢。(自拟)

第二，“在”主要显示方位，表时间是派生的，次要的，因此单独不能与表示方向的介词“从”同现，“正”“正在”则可以与之同现，因为主要表示时间的持续。例如：

(27) 他正从家里赶过来。(自拟)

(28) 他正在从家里赶过来。(自拟)

(29) ＊他在从家里赶过来。(自拟)

第三，“在”可与“又”同现，表示反复进行或长期持续，“正”“正在”不能。例如：

(30) 他又在玩游戏。(自拟)

(31) ＊他又正玩游戏。(自拟)

(32) ＊他又正在玩游戏。(自拟)

三、语素异同对比法

不少近义虚词往往属于同一词族，即其中一个语素相同，另外一个语素不同。区分时最简便的方法就是采用“语素异同对比法”。

1. 比如副词“私下”与“私自”，都表示暗地里瞒着别人去做某事。例如：

(1) 他私下给了对方一笔钱。

(2) 他私自给了对方一笔钱。

两个副词都有“私”这个语素，说明这是“不公开”“私底下”的，不同点就在于另外一个语素：“下”指的是“下面”，从方位义虚化为社会性的“暗地里”，即侧重于“封锁消息，不让别人知道，保密”，往往倾向于中性，不存在明显的贬义；即使有点不以为然，其语义倾向也是不明显的。“自”强调的是个人意见，有“自作主张”“自以为是”的意思，往往隐含“没得到批准或同意”，甚至可能是“违法乱纪”，指责义比较明显。比较例(3)与例(4)，就能够发现“私自”与“私下”尽管能够替换，其实语义的倾向是不同的。例如：

(3) 私自(私下)签署协议。

(4) 近些年因私自(私下)堕胎而出人命的事并不鲜见。

因此当句义中性甚至褒义时，就只能用“私下”而不能用“私自”；反之，如果有贬义而行为其实是公开的，则只能用“私自”不能用“私下”。例如：

(5) 父亲私下(＊私自)给我一笔钱表示支持。

(6) 成员国的大使们是私下(＊私自)取得一致的。

(7) 雁鹅未经同意私自(＊私下)闯进主人的卧室。

(8) 你们没有权利私自(＊私下)上门调查。

2. “逐步”与“逐渐”。前者表示主观上有意识地一步一步地(有步骤地)，有条不紊地进行。主体是自主的，客体是可控的，全部工作是有计划性的，并且所有过程具有明显的阶段性。例如：

(9) 只有这样，我们才能逐步把我国人口出生率降下来。

(10) 现在回族在衣饰、姓名、习惯等方面都逐步汉化。

"逐步"也可以表示客观上一步一步地实现,主体不是自主的,或客体是不可控的,变化过程有明显的阶段性,但无计划性。例如:

(11) 长年累月,百万年过去了,这块不可思议的"黄地毯"也就逐步形成了。

(12) 每一个细胞经过发育逐步成为胚胎。

(13) 影响到 1973 年,恶果逐步暴露出来了。

而"逐渐"则表示事物的变化不是突然发生,而是有个比较长的变化过程,通常没有明显的计划性和阶段性。例如:

(14) 大家发现炒房子、炒股票好像来钱容易,于是就逐渐(? 逐步)不务正业了。

(15) 日全食时,月球边缘逐渐(? 逐步)"切割"太阳圆面。

(16) 满月过后,随着日、月位置逐渐(? 逐步)靠近,月亮逐渐(? 逐步)"消瘦"起来。

(17) 这说明几块大陆曾经连在一起,后来才逐渐(? 逐步)分开。

比较"逐步"与"逐渐",都表示变化不是一步到位的,有个过程,因此两者在客观性上可以互换而且意义相近,但是如果跟表示主观性的词语组合,由于语义特点不同,组合的合法性就不同了。

3. 再如"即兴"与"即席",语义也非常接近。都表示事先毫无准备,临时实施某种表演性行为,主要修饰技艺性动词"创作、表演、演讲、发挥"等。例如:

(18) 怒族人的诗歌大部分是即兴(即席)编唱。

(19) 在首映式上,史密斯即兴(即席)演唱了几首说唱歌曲,受到影迷的热烈欢迎。

(20) 哪有什么金口玉言,即席(即兴)讲几句话就句句准确?

(21) 刘海粟应邀即兴(即席)作了《中国绘画上的南北宗》的讲演,并即席(即兴)挥毫示范。

表面上看,两者似乎差不多,而且以上四例中,这两个副词也确实可以互换。但是,关键是前者凸显的是"兴趣",凭感觉随兴发挥;后者强调时间和地点上的即时就地(席位)。因此,后者因为往往受到场地的限制,通常只能修饰"演讲、挥毫、绘画"等较小空间的活动;前者的活动范围就不太受到限制,还可以修饰文艺、武术、体育等表演类动词。例如:

(22) 这里,本报采访组走出会场来次即兴(*即席)采访。

(23) 觉得语言不足以表达情绪时,便即兴(*即席)亦歌亦舞。

当然,如果我们用语义特征来加以分析,也会达到异曲同工的效果。两者的使用频率也呈现分化局面,"即兴"明显高于"即席",有关数据统计如下:

虚　词	北京大学 CCL 语料库	北京语言大学 BCC 语料库
即　兴	876	3 524
即　席	371	831

四、主观客观情态法

副词的语法功能之一,就是表现说话人的"主观情态"。客观事态与主观情态相对,前者往往就事论事,通常不明显涉及感情色彩;后者则彰显个人的喜怒哀乐的感情态度。从这一角度进行辨析也是很有意思的。

1. 副词"总算""终于"与"终究":"总算"表示经历周折或努力后,终于实现某种愿望,因此往往带有某种庆幸义。例如:

(1) 经过一番折腾,后来我总算找到了一份比较适合我的工作。

(2) 一连下了六七天的雨,今天总算晴了。

(3) 他很满意,总算死了。

即使表示周折、过程的言语片段没有在文中出现,实际上也暗示有这一过程。例如:

(4) 今年春节总算没下雨,大家过得更高兴。

(5) 这部书我总算买到了。

(6) 啊! 可好了! 总算没有走错,没有走错!

"总算"还可以表示事情虽不是很好,但勉强还过得去,比上不足比下有余,也有庆幸义,也显示出某种主观情态:

(7) 比起那些人,小李总算识几个字。

(8) 能见你一面,这一趟总算没白跑。

(9) 今天没被大雨浇着，总算不错了。

可见，用了“总算”，不论是对事实的认定还是表态，总是带有强烈主观评判而且有比较庆幸的意味。

“终于”则表示事情经历一定过程后，最后出现了某种希望或达到了某种结果。其所修饰的是动词或动词短语都具有变化义或结果义，常跟“已经”“了”“下来”等词语同现。例如：

(10) 我们爬了两个小时，终于爬到了山顶。

(11) 经过医生的精心治疗，他终于活了下来。

如果所修饰的是形容词或形容词短语，也表示动态变化义，常常与“了”“起来”“下来”等体貌词同现。例如：

(12) 坚持锻炼了半年多，她的身体终于强壮起来了。

(13) 经过一年的努力，实验终于成功了。

“终究”表强调语气，强调事物本质或终极的一面，多用于具有评价意义的陈述句。常与“从本质上来看”“从根本上说来”同现，或者与“最后”“迟早”“以后”“X 以后”“总有一天”等预测义词语同现。例如：

(14) (从本质上来看，)历史事实终究是任何谣言代替或掩盖不了的。

(15) (从根本上说来，)他终究只学了半年汉语。

(16) 长大以后，你终究会明白做父亲的这一片苦心的。

(17) 他们相信，总有一天，真理终究要战胜谬误。

可见，“终于”与“总算”都表示事情经历一段时间，后者还强调经历了某些周折后，才最后出现了某种结果，区别在于：“总算”只能是说话人主观上希望达到的结果，而“终于”虽然也可以是说话人希望达到的结果，但也可以是不希望的，或无所谓希望不希望的，换言之，主客观都可以。因此凡是不希望达到的，就不能用“总算”。例如：

(18) 在北京碰了无数次壁后，我也没推出自己的歌。最后，我终于(＊总算)绝望了。

(19) 她几次想说，但终于(＊总算)没说出口。

另外，“总算”可以修饰否定式的庆幸义，“终于”不行。例如：

(20) 啊！可好了！总算(＊终于)没有走错，没有走错！

(21) 日子总算(＊终于)不会太难过。

“终究”和“终于”，虽然都具有终极义，即可用于表示事物最终达到某一结果。但“终究”常常用于对将来的预测，而“终于”多用于现实的叙述，不能用于将来时。例如：

(22) 问题终究(＊终于)会水落石出的。(将来时)

(23) 期望有一天终究(＊终于)能做得好。(将来时)

2. 再如“终于”与“到底”，都可以表示经过较长过程最后没能出现某种结果。因此，常常可以互换使用，语义大致相同：

(24) 十年到底(终于)没有白过。

(25) 到底(终于)不是长久之计。

(26) 我到底(终于)还是没有胆量贸然造访。

(27) 魏太武帝到底(终于)没有饶过崔浩，把崔浩和他的几家亲戚满门抄斩。

但是“终于”尽管可以用于不希望达到的结果，但是主要用于希望达到的结果；而“到底”则只能用于疑问句，或者表示不希望达到的结果，两者有明确分工。因此，当用于肯定式的陈述句，强调经过较长过程最后出现了某种预期的结果，则不能使用“到底”，只能是“终于”或“总算”：

(28) 牵着敌人走了十几天，终于(总算/＊到底)抓住了机会。

(29) 终于(总算/＊到底)有了自己的画廊。

3. 再比如“简直”与“几乎”，都表示无限接近于某种情况，可以互换，尤其是用于夸张性的比喻。例如：

(30) 简直(几乎)比登天还难。(自拟)

(31) 简直(几乎)是家常便饭。(自拟)

但是语义倾向不同，前者主观夸张意味浓，后者客观评价色彩强。更为重要的是“简直”还有两个义项，表示“类似性”与“一致性”，这时就不能跟“几乎”互换。例如：

(32) 简直(＊几乎)是小小的图书馆。

(33) 北京的秋天简直(＊几乎)美极了。

反之，“几乎”表示将近发生或实现却没发生或实现的，也不能换为“简直”。例如：

(34) 生了场大病，几乎(＊简直)瘫痪。

(35) 事情几乎(＊简直)办成了。

五、数据差异对比法

现在进行研究可以利用不少语料库,不必像从前那样一本一本书地去寻找需要的语料,更为可喜的是还可以进行数据的比较。不过,在利用这些数据时,我们需要特别注意三点:

1. 高频组合,这往往可以解释这类词的核心意义,而且显示它们匹配的主要对象范围。

比如"快速/飞速/急速/全速"属于近义词群,都是表示前进的速度很快,有时确实可以替换。比如:

(1) 开着车(快速/飞速/急速/全速)前进。

尽管如此,它们还是有差别的,呈现出速度程度的不同。我们可以利用不同语素的对比看出它们的差异:

"快速"泛指速度很快,跟"慢速""中速"相对,搭配范围普遍。

"飞速"比喻速度像飞一样快,形象生动,程度上比"快速"似乎更胜一筹,因此使用频率比较高。

"急速"强调快而且猛,侧重于急忙,多跟表人名词组合,但在速度上很难跟"快速"比出高低来。

"全速"强调能够达到的最快速度,只是相对的"快",而非绝对的"快"。而且关键是有限制,即必须在某个固定速度范围之内才可以"全速",多跟机械移动物组合,如飞机、火车、轮船、汽车等。

我们来观察这四个词语的数据:

表 2 "快速/飞速/急速/全速"的使用情况(单位:例)

词　语	北京大学 CCL 语料库	北京语言大学 BCC 语料库
快　速	28 365	144 577
飞　速	2 568	11 544
急　速	1 704	7 972
全　速	337	1 393

其中,“快速”使用概率最高,大大超过其他近义词使用的总和,而且修饰的动作动词比较普遍,组合对象可以指人,也可以指动物或机器等。剩下的依次为“飞速”“急速”“全速”,“全速”使用概率最低,而且不能跟“增长”“提升”“膨胀”等非移动动词组合。

2. 数据差异,如果使用例句的类型差别很大,就说明它们不同的功能取向。

比如“不仅/不但/不光/不单/不独”:

a. “不仅”等前项都强调这不是唯一的情况,隐含后项还有其他类似情况。

b. “不仅”“不但”使用频率最高,兼用于书面语与口语;“不独”多用于书面语。“不仅”“不光”与“不单”口语性更强,而且还有口语强调形式“不仅仅”“不光光”“不单单”,然而无“不但但”“不独独”。

c. “不仅”“不但”与“反而”照应可构成反递进,另外三个没有反递进。

d. “不光”“不单”“不独”多与“也/都/连”照应,递进意味比较淡,强调还有类似情况。

e. “不但”“不仅”只能做连词,“不单”“不光”“不独”还有其他动词性用法。

根据北京大学与北京语言大学两个语料库的有关数据统计:

表 3 “不仅/不但/不光/不单/不独”的使用情况(单位:例)

例　词	北京大学 CCL 语料库	北京语言大学 BCC 语料库
不　仅	93 467	367 007
不　但	24 008	100 476
不　光	3 531	13 984
不　单	2 594	11 081
不　独	440	2 829

从使用的概率来看,“不仅”“不但”依次是最高频的,其次是“不光”与“不单”,最少的是“不独”。语音相同的“不但”与“不单”,显然“不单”的使用频率远远低于“不但”。在语义方面,如果就总体情况显示递进,往往选择

“不但”；如果强调“兼有”，则多选用“不单”，而且它还有口语化的重叠形式“不单单”。例如：

(2) 他不但(不单/不单单)是个童星，也当过许多广告的模特儿。

(3) 他不单(不但)是个歌手，更是在整个华语界都非常有影响力的艺人。

如果反递进，则一般选用“不但”：

(4) 人多势众，不但于事无补，反倒引起县委更大的反感。

3. 同一词语在古代汉语与现代汉语里使用数据的比较，可以看出某些变化的历史线索。

比如“索性”与“干脆”，语义相近，两者常常可以互换。根据北京大学CCL语料库，古代汉语里，索性 1 451 条，干脆 93 条；现代汉语里，索性 1 683条，干脆 4 589 条。可见“干脆”比较晚起，更加口语化，现在的应用比“索性”更广泛。

六、词源原型追溯法

虚词，可以说大多是从实词虚化而来的，所以为了说明问题，我们往往需要从词源上追溯其语法化的进程，从而加深对现代汉语里虚词差异的认识。

汉语中，量词相当丰富，也是外国人学习的一个难点，他们往往很难理解中国人怎么那么喜欢在数词与名词之间加上个量词，而且还形形色色，不加不行，加错了更加可笑。比如“条”“根”与“道”这三个近义量词，就经常用错。

这三者有时可以互换，有时却不行，比如“一条黄瓜”可以说成“一根黄瓜”，“一条指令”可以说成“一道指令”，但是不能说成“一道黄瓜”或“一根指令”。而且，即使可以互换，也往往呈现出不同的语义倾向。这是为什么？这就需要从词源的原型上加以追溯与虚化分析。

根据周芍、邵敬敏(2014)的研究，“条”是“枝条”(树枝)虚化而来的，“根”是从“草根/树根”虚化来的，“道”是从“道路”虚化来的。作为摹形量词，【＋长条性】【＋延伸性】是“条”“根”“道”共同的语义特征。区别在于：“条”强调“一维单线延伸”，“道”显示“二维平面延伸”，“根”凸显“三维立体延伸”。同时，由于认知加工选择时，视角远近的不同，三个量词的语义抽象程度也不同：“条”抽象程度较高，甚至可以在一维方向上无限延伸。“道”抽象程度不如“条”，但它也可以抽象为“水平”和“垂直”两方向的平面。“根”抽象程度较前二者低，指向三维“柱形”，同时长度一般也有限，还保留了较多原型“树根”在质地上的特征，如【＋硬度】。

“条”与“根”在语义来源和形状上相似度较高，经常可以互换，比如：“树枝、苦瓜、丝瓜、黄瓜、莲藕、眉毛、绳子、电线、穗子、飘带”以及“神经、筋脉、血管”等，而与“道”的互换率则相对低一些。但是“条”凸显的是细长型，“根”凸显的是立体型；前者柔软，后者坚硬。有时即使是同一个名词，不同的量词组合时，其语义实际上也不同，例如：

（1）她的笑只是一条眉毛挑逗地猛跳一下。

（2）张队长果然把左眼上最长的一根眉毛拔了下来，用嘴一吹，说滚吧！

“一条眉毛”尽管是由“无数根眉毛”组成的，但是整体上给人的感觉是一维的“细长形”而“一根眉毛”是“细长的圆柱形”，是三维立体的。因此，“条”很容易抽象，“根”则比较具体。比如：

（3）一次，酒桌上一位朋友讲，鱼这东西是走一条线的。

（4）再也没有一根线在温暖时把我放飞，在风雨时把我收回。

“条”最容易抽象，因此可以与抽象名词组合，如“指令、规则、新闻、消息”等。“道”的抽象性其次，也可以与“命令、习题”组合，“根”虚化程度最低，很难抽象，无法产生抽象性联想。

与“根”组合的名词类型相对比较简单，多数是有根系的植物，例如“草、菜、树枝、竹子”，与本义关系密切，显得相当自然、贴切。它们都具有【细长条】【圆柱状】【有根须】这样的语义特征，大部分情况下虽然能与“条”互换，却倾向于“根”。以下是根据 CCL 语料库的数据统计：

表 4 “根”与“条”的使用情况(一)

量＋名	树枝	黄瓜	芦苇	大葱	莲藕
根	134 例	30 例	18 例	12 例	1 例
条	9 例	16 例	1 例	0 例	0 例

其次是带有根系、圆柱形的其他物件，这些名词仍然符合【长条】【圆柱形】这两个语义特征，但失去了【硬度】这一特征。这类词语中，有【延伸性】的事物可以与“条”互换而语义差别不大，但较短小的事物则一般仅与“根”组合。以下是根据CCL语料库数据统计：

表5 “根”与“条”的使用情况(二)

量+名	羽 毛	头 发	睫 毛	丝	绳 子
根	90例	199例	7例	159例	317例
条	0例	1例	0例	10例	138例

“道”凸显的是有一定宽度的长平面，例如“水流、鲜血、小溪、河流、江河、激流、瀑布、彩虹、皱纹、眉毛、伤痕、口子、窄缝、花边”，由于“道”强调的二维性与“根”表达的三维性不相容，因此基本上两者在使用上不存在可互换的情况，即使能够替换的，也存在语义的差异，例如“一道菜”不等于“一根菜”，“一道眉毛”不是“一根眉毛”。

七、多元综合比较法

虚词的比较必须是多角度的，这里有两层含义：一是不同的近义虚词可能需要采用不同的方法；二是同一类近义虚词也可能需要采取不同的方法辨析。因此，我们主张采用“多元综合比较法”。

1. 比如“日趋/日渐/日见/日臻”，都表示一天比一天更加接近于某种状态，但是由于有多个虚词，某一种特定的方法可能不够用了，就需要综合采取多角度的比较：

a. 感情色彩比较：前三者基本可以互换，褒贬义都适用，“日臻”只是褒义。

b. 语体色彩比较：前两个词语为一般书面语，后两个词有文言色彩。

c. 使用频率比较：“日趋”最高，“日渐”其次，“日见”再次，“日臻”最低。

d. 语素异同比较：“日趋”表示一天比一天接近于某种状态，所修饰的动词或形容词也都表示数量或程度的变化，强调变化的趋向性。例如：

(1) 当今世界，资源日趋减少。

(2) 农民收入来源日趋多元化。

(3) 内地与香港经贸关系日趋密切。

“日渐”表示一天比一天、逐渐地变为某种情状，所修饰的动词或形容词都表示数量或程度变化的，强调变化是“逐渐地、慢慢地”而非突然的，例如：

(4) 帖木儿死后，帝国四分五裂，日渐衰落。

(5) 美国市场对中国的重要性日渐加大。

(6) 当地华人社会节日气氛日渐浓厚。

“日见”表示一天比一天更显示出某种状态，强调变化给人的感觉，凸显变化的紧迫性，文言色彩。例如：

(7) 技术人员以技术入股的形式参与经营亦日见增多。

(8) 敌南北增兵，大举再犯徐州的企图日见明显。

(9) 股市虽日见下跌，但尚处于广大股民可承受的范围之内。

“日臻”表示一天比一天变得更达到某种状态(臻：达到)，修饰表“完美、完善、成熟”等程度饱和的动词或形容词。褒义，文言色彩。例如：

(10) 两国关系日臻成熟和牢固。

(11) 这项工作是会日臻完善起来的。

2. 再如动量词“场”，可能有两个读音：chǎng(场$_1$)/cháng(场$_2$)，这两个量词经常发生混淆，而且往往不知道它们的准确读音。其实，“数词+场$_1$”，计量须凭借一定的空间场所而进行的动作行为，主要指：

A. 竞技类：打、赛、比、斗、战、比武、角逐、交战、出战、踢(球)、进行、交锋、搏击、厮杀、赌、比试等。例如：

(12) 他们还将同中国队再赛两场。

(13) 六天之内出战四场，创造了奥运史上的一个奇迹。

B. 文教类：演、表演、公演、上演、演出、演唱、唱、举办、举行、配戏、放、放映、播放、开、开拍、拍、舞、举行、做、作、考、考试、报告等。例如：

(14) 演出队为了解决主家之间的矛盾，只好一天跑两个点，演出三四场。

(15) 在全国各地巡回报告二十三场，直接听众近六万人。

“数词+场$_2$”，也作补语，主要计量吃喝、言语、心理等活动。

a. 计量言语行为：说了一场/骂了两场/讪笑了一场/羞辱了一场/吵了一场。

b. 计量吃喝行为：喝了一场/欢宴一场/饱尝一场/畅饮一场。

c. 计量心理行为：虚惊一场/心疼你一场/辛苦一场/白高兴了一场。

d. 计量综合行为：干了两场/忙了一场/爱了一场/玩了一场/周旋了一场。

可见，场$_1$与场$_2$，后者是从前者引申发展而来的，“场$_1$”用于计量须凭借一定的空间场所而进行的活动或事件，而“场$_2$”则摆脱了对空间场所的依赖，主要用于计量开始点与结束点具有时间性的现象或事件。从空间到时间，这完全符合人类的思维抽象过程。

八、背后理据的解释性

进行比较分析，不仅仅是指出比较对象的区别，更为重要的是揭示其背后的理据，这才是研究的最终目的。但是真正要做到这一点还是很困难的。例如《现代汉语量词词典》（郭先珍，2002）在比较动量词“通”与“番”时，指出：计量言语行为时，有时可以替换，如“批评一通、表扬一通、训斥一通”，可以说成“批评一番、表扬一番、训斥一番”。但“大哭一通、狂笑一通、胡吹一通”等，习惯上不能用“番”替换，不说“大哭一番、狂笑一番、胡吹一番”。另外，在计量动作行为时，“通”一般不可以用“番”替换。例如“发了一通火、砍了一通树、跑了一通”等都不能用“番”替换。同样“思考一番、研究一番、经历几番风雨”中的“番”也不可用“通”替换。

这样的比较，仅仅限于简单替换层面，只是一般的描写，显然是远远不够的，我们必须指出其理由。我们早就指出“通”和“番”都属情态量词之列（邵敬敏，1996），“通”表示的是动作的“混乱”情态（即动作过程不是层次分明，而是浑然一体的情态）；“番”表示的是动作的“繁复”情态（即动作过程不是机械简单，而是繁多复杂的情态）。正因为“通”与“番”情态义的差异，才决定了其组合上的差异：“通”的“混乱”情态决定了它可以跟“哭、（胡）吹”等杂乱义动词组配而不可以跟“思考、研究”等条理义动词组配，“番”的“繁复”情态决定了它可以跟“研究”“经历”等复杂义动词组配而不可以跟“砍（树）、哭”等简单义动词组配。

至于这两个词为什么都可以跟“批评”“表扬”“训斥”这一类动词组配，关键是这些词所表示的动作，既可以有混乱性，也可以有复杂性。（周娟，2012）总之，量词比较时如能既注重横向的替换比较，又注重纵向的缘由比较，那不仅可增强释义的操作性，还可增强释义的理据性。

其实比较的方法并不限于以上若干种。我们的眼界要放宽一些，可以引进语音比较、句法比较。例如“既 A 又 B/既 A 也 B”：

前一构式侧重于叠加，但以 A 为基础、为主体：

（1）他既懂英语，又懂日语。/他既懂日语，又懂英语。

（2）她既聪明又大方。/她既大方又聪明。

所以一定是前项“懂英语”“聪明”为主；A 与 B 如果互换，则意义就变了。后一构式侧重于平等兼备，A 与 B 可以互换而意义基本不变：

（3）他既懂英语，也懂日语。/他既懂日语，也懂英语。

（4）她既聪明也大方。/她既大方也聪明。

比较也可以利用句法分析来鉴定。例如“把（名量）”与“把（动量）”：

（5）打（一把雨伞）。

（6）（推一把）小车。

名量词的“把”跟中心语名词语义特征有相似之处，动量词的“把”跟动词的语义特征有相近之处；而且名量词的“一把”不能删除修饰的中心语“雨伞”，而后者“小车”可以删除。有时这一构式可能产生书面歧义：“摸一把扇子”，可能是“摸/一把扇子”，也可能是“摸一把/扇子”。

有时候还要利用语境来帮助鉴定。例如人称代词“别人”与“人家”，都泛指“说话人和听话人以外的人”，在与第一人称、第二人称相对时，二者可以互换：

（7）我不管人家（别人）说什么，我自己问心无愧，什么也不怕！

（8）别人（人家）说什么，你不用管。

区别在于：

1. 当跟第三人称区别指称时，则只能用“别人”，不能用“人家”：

（9）余家当时 7 口人，别人（*人家）陆续地搬走，最后，余幼芝的堂兄也搬走了。

（10）他需要别人（*人家）帮忙，同事也愿意帮忙别人（*人家）。

2. “人家”还可指物，“别人”不可以：

(11) 人家（＊别人）好好地飞着，你为什么一定要把它捉来关起？

(12) 狗狗，算了，人家（＊别人）是咏春猫……服输吧！！！

总之，近义虚词的辨析，需要不拘一格，进行多元比较和综合比较。其中，最重要的是四类观察：一是看组合功能，该虚词能够跟哪些词语进行组合；二是看词语同现，凡是语义特征一致则可以配合呼应一起使用；三是看构词差异，因为不同语素必定会造成不同的语义特点；四是看主观情态，感情态度的细微差异会导致语义的不同走向。其他方法则是辅助性的，因词而异，因句而变。最后，不管运用哪种方法，都需要特别注意两点：第一是尽可能找到简明的验证标记；第二是对差异或区别给出一些合理的解释或理据。

参考文献

陆俭明、马真　1999　《现代汉语虚词散论(修订本)》，语文出版社。

吕叔湘主编　1999　《现代汉语八百词(增订本)》，商务印书馆。

马　真　2004　《现代汉语虚词研究方法论》，商务印书馆。

邵敬敏　2013　《汉语虚词框架词典》编撰的创新思路，《语言文字应用》第3期。

周娟　2016　关于汉语量词释义的新思路，《语言文字应用》第1期。

周芍、邵敬敏　2014　近义量词“条、根、道”的三维解释与组合机制，《语言教学与研究》第1期。

本文获得中国国家社会科学基金资助项目《汉语虚词词典编撰的方法论探讨及其实践》(批准号12BYY101)资助。

（原载《语言文字应用》2018年第1期）

副词"大不了"的极性估测及其意志力

现代汉语里的"大不了"，通常认为应该有三个：a. 短语结构"大不了$_0$"，比如"她比你大不了几岁"。b. 形容词"大不了$_1$"，比如"有什么大不了的问题?"c. 副词"大不了$_2$"，比如"大不了去开刀!"。本文重点讨论"大不了$_1$"如何演变为"大不了$_2$"的，考察其整体语义固化进程，最后分析"大不了$_2$"的语义特色及其功能特点。

一、"A不了"的组合类型与语义倾向

性质形容词，主要是单音节的性质形容词，可以跟"不了"构成"A不了"动补短语，例如"大不了、少不了、好不了、长不了"等。其中的性质形容词A显示有两个特性："A_1"显示静态属性："A_2"显示动态变化。以"大不了"为例，第一种意思是客观上不可能大，其中的"大$_1$不了"是静态的，客观的，往往用在比较句里，而且还必须带着个比较的对象或者比较的结果，至少隐含着，否则不能成立。例如：

(1) 你比我大不了几岁，你何必要跟着陪葬呢！（琼瑶《聚散两依依》）

(2) 厂子比一个足球场大不了多少。(《人民日报》1995年2月)

(3) 我眼眶子也大不了哪里去，只是在东北搞过一次土改，积累了这么点经验！（刘震云《故乡天下黄花》）

例(1)(2)都是比字句，例(3)虽然没有"比"字，实际上也隐含着跟一般人的一种比较，而且都带有比较的结果。

第二种意思，"大$_2$不了"是不可能变大，跟"大得了"相对，属于一种动态变化义，句法特点是其后不能带任何的词语。例如：

(4) 按摩丰胸“大得了”还是“大不了”？（新华网 2010－11－18）

(5) 陈华姣也是从市场上选样品，流行什么就做什么，生意自然大不了。（《报刊精选》1994 年）

无论“$大_1$ 不了”，还是“$大_2$ 不了”，都属于一种临时性的短语组合，所以可以统称为“大不$了_0$”。换言之，其中的“大”可以替换成其他的性质形容词。

排除动补短语后，“A 不了”作为一个词，可能是形容词，也可能是副词。它们在组合中呈现出一种比较明显的倾向。利用北京大学 CCL 语料库，我们进行了一些语料对比性的调查，发现了一些相当有趣的现象，主要涉及“A 不了”的组合概率倾向。我们先看有关的数据：

表 1 “A 不了”“A 得了”的组合(一)

	少	多	好	坏	长	短	假	真
A 不了	873	12	150	6	64	36	32	10
A 得了	17	1	10	0	5	0	4	0
反　问	16	1	8		4		4	
否　定	1		1		1			
对　举			1					

表 2 “A 不了”“A 得了”的组合(二)

	快	慢	高	低	富	穷	近	远
A 不了	26	6	24	5	23	3	6	1
A 得了	0	0	1	0	0	0	1	0
反　问			1					
否　定							1	
对　举								

表3 “A不了”“A得了”的组合(三)

	冷	热	胖	瘦	白	黑	硬	软
A不了	6	0	4	2	4	1	3	0
A得了	0	0	1	1	0	0	1	0
反　问			1				1	
否　定								
对　举				1				

对比这些数据,可以发现短语结构“A不了”至少有三个倾向性特点:

第一,能够进入该框架的,主要是性质形容词,不能是状态形容词。而且这些形容词如果构成反义词,往往其中一个使用频率比较高,另外一个则比较低,甚至趋向于零。说明反义词在该构式里的使用概率不是均衡的,或者说是不对称的。比如:

使用频率比较高的:少、好、长、假、快、高、富、近、冷、胖、白、硬

使用频率比较低的:多、坏、短、真、慢、低、穷、远、热、瘦、黑、软

这说明,在现实生活中,常常蕴含着一种对属性变化趋势或倾向的评价机制,即涉及生活中的事实倾向于让我们认同“不少,不好,不长,不假,不快……”,这是常态;而不太认同“不多,不坏,不短,不真,不慢……”,这是非常态。这就导致了“少不了、好不了、长不了……”的可能性估测的出现概率远远大于“多不了、坏不了、短不了……”。

也有相当数量的形容词,我们在语料库里既没有发现这类短语的否定式也没有发现这类短语的肯定式:

粗、细、轻、重、正确、错误、细致、整齐、成熟、美好、重要、快乐、忧愁、高尚、卑鄙。

当然,我们在语料库里没有发现样例,并不等于说这些形容词绝对不可能构成该格式,只是说明出现的概率相当低。如果扩大搜索的范围,也许就有发现。例如:

(6) 这个处罚肯定轻不了。(网易体育频道,2004-10-20)

(7) 我顶着一张娃娃脸,怎么着都成熟不了。(安阳师范人文管理学院,2012-06-21)

第二,“A 得了”跟“A 不了”,一个是肯定式,一个是否定式,照理说,应该是匹配的,出现的概率也应该相近,可是事实上,否定式使用的频率远远超过肯定式,两者几乎不成比例。有不少肯定式几乎是零。这说明表示不可能的“A 不了”的频率大大超过表示可能的“A 得了”。“A 不了”由于使用频繁,有成词趋势,而“A 得了”则是一种临时性组合。例如:

(8) 几乎每个文艺晚会都少不了相声节目。

(9) 他看准隋朝的统治长不了,心里早有了自己的打算。

(10) 今年的首脑会议,情况似乎好不了多少。

(11) 没有基础、没有条件想快也快不了。

第三,凡是出现“A 得了”的,几乎全部出现在下面三种句式中:

a. 反问句式,反问的本质也就是否定。

b. 否定句式,本质还是否定。

c. 对举句式,“A 得了”跟“A 不了”配合同现。

我们看到的例句没有例外,而且以反问句最多,其次是否定句,最少是对举句。这说明人们的评判习惯于从否定的角度出发。因为作为否定范畴与肯定范畴,否定式是有标记的,肯定式是无标记的,否定格式给人的印象要比肯定式强烈得多,更能达到交际的预期效果。例如:

(12) 就拿环卫这行来说,哪个城市少得了呢?(《人民日报》1994 年)

(13) 看来你眼前也没别的地方躲,可兔子的尾巴能长得了吗?(冯苓植《雪驹》)

(14) 天下银行那么多,我就不信能少得了我的去处。(通州四中吧,2007-01-03)

(15) 黄饭和臭菜,蚊蝇和虱蚤,瘦得了我们的肉,瘦不了我们的骨。(杨沫《青春之歌》)

这三条使用的倾向性规律对于“A 不了”与“A 得了”来说是至关紧要的。

二、“大不了$_2$”修饰 VP 的语义倾向

相对于形容词“大不了$_1$”,副词“大不了$_2$”词汇化程度更高,它主要用

于谓语动词的前面，或者句子的前头作状语，语义表示最大限度的估计，往极端的程度说，言下之意是即使那么厉害也没放在心上，主观上不以为然。我们对这个副词“大不了$_2$”特别感兴趣。

“大不了$_2$＋VP”所紧跟的事件 VP 基本上是一种预测的可能性，而且是说话者主观认定最极端的可能性，程度最高，事态最严重。这一极端的情况，实际上可能有三类语义倾向：

第一，最坏的可能性，这是最为常见的，概率最高。例如：

(1) 别拿这个吓唬人。大不了破产。我们把机器都搬回家去。(《北京人在纽约》)

(2) 戴顶帽子，又有什么大不了的呢？大不了，到乡下去种田。(刘军《张伯驹和陈毅的交往》)

(3) 最坏的结果，大不了和从前一样不如意。(皮皮《比如女人》)

(4) 你厉害，你就赢，但我还是要跟你斗，大不了我不活了。(皮皮《比如女人》)

例(1)的“破产”、例(2)的“到乡下去种田”、例(3)的“和从前一样不如意”，以及例(4)的“我不活了”，都是选择的最坏的可能性，因此涉及“不活”“同归于尽”“死亡”这样极端性词语就特别频繁地出现。例如：

(5) 她想怎么样就怎么样好了，大不了两败俱伤同归于尽。(《中国式离婚》)

(6) 关大妈把眼一闭，心想：大不了是个死吧！他们年轻人都能死，我还有什么放不下的？(茹志鹃《关大妈》)

(7) 喝！喝！大不了直的进来，横的出去！(《报刊精选》1994 年)

第二，最好的可能性，往好里说，在同类情况中属于最好的，这类情况的概率最低。例如：

(8) 尤雅诗？她早就追求他，大不了通通电话，假期回来见见面。(岑凯伦《还你前生缘》)

(9) 无非农业、工业、乡镇企业，大不了还有精神文明，还能问到哪里去？(刘震云《官场》)

(10) 他的手段当然胜过台青学校里那些小男生多多，那干小青年懂什么，大不了一辆机车跑天下，顶多冰室里喝杯木瓜牛乳，西门

町抢张黄牛票。(亦舒《七姐妹》)

(11) 就是再干它十年八年,大不了还是个砖厂。(《报刊精选》1994年)

第三,在说话人看来,这种可能性无所谓好或坏,只是故意往大里说,实质上显示在说话人看来,这其实没有什么了不起的,有充其量、最多的味道。这类中性情况也比较多,概率中等。例如:

(12) 从下等人的观点来看,历史若有变化,大不了是主子名字改变而已。(《文学》1984)

(13) 他说妇女现在还不能谈友谊;她们仍旧是猫,或是鸟,或者大不了是母牛。(《西方哲学史》)

(14) 如果离得很近了,我发射导弹给你击得粉碎,大不了你来一场流星雨,我们还可以欣赏欣赏呢。(崔振华《太阳系中的怪异成员——彗星》)

(15) 白莲是顶温柔的,从来没有恶言恶语,和天培吵过一次,大不了为了白太太,两个人曾经闹得不大愉快。(岑凯伦《合家欢》)

值得注意的是,"大不了"还可以独立使用,表示对这个事件的看法。例如:

(16) 大不了,我把妈妈的麻雀台扛到我们新居来作饭桌,用一个短时期。(梁凤仪《激情三百日》)

(17) 其实,她可以光明正大地和她的旧情人复合。大不了,我给她一笔巨款,她为什么不肯放过我?(岑凯伦《合家欢》)

跟"大不了"用法相近,语义相似的副词还有"充其量""至不济""顶多""最多""至多"。说明"大不了$_2$"显示的是一种极性说法,具有强烈的主观色彩。

三、"大不了$_2$"的整体语义固化进程

《现代汉语词典》(第六版)把"大不了"分为两个:

1. 形容词:了不得(多用于否定式):这个病没有什么大不了,吃点儿药就会好的。

2. 副词:至多也不过:赶不上车,大不了走回去就是了。

那么,我们来看看,这到底是两个不同的词,还是一个词的不同用法。

“大不了”开始应该只是个形容词性短语。除了在比较句以及可能句里充当谓语成分之外，还能够出现在否定句以及反问句里，后面有被修饰的中心语，往往是“事情”“问题”等，前面还必须添加“什么”，表示轻蔑的否定义。由于这个否定的中心语总是“事情”或“问题”，在语用精简原则制约下，往往简化为“没有什么大不了”或“有什么大不了的”。而且在长期使用中进一步简化为“大不了”，其语义恰好就表示“没有什么了不起”的主观情态，而且主要充当状语，出现副词化趋势。这样，我们就把作状语的“大不了”叫作“大不了$_2$”。

“大不了”当用作定语，修饰“事”“问题”“病”等，应该看作形容词。例如：

(1) 在尤纳斯眼里，这并不是什么大不了的问题。(新华社 2004 年新闻报道)

(2) 我脑子清楚，手脚也灵便，没有什么大不了的病。(凯旋《许世友三次自杀真相》)

(3) 我只道甚么大不了事，原来就为这块砚台。(文康《儿女英雄传》)

需要注意的是，这类所谓“大不了”的事情，可能是好的，可能是坏的，也可能是中性的。但是都出现在否定句或者反问句里。例如：

(4) 我只不过有点儿喉咙痛和头痛，并没有什么大不了的毛病。(《傲慢与偏见》)

(5) 我觉得伦敦除了店铺和公共场所以外，比起乡下并没有什么大不了的好处。(《傲慢与偏见》)

(6) 这是校长他自己误会，其实没有什么大不了的事情。(冰心《斯人独憔悴》)

(7) 人们常说大不了干嘛干嘛，最大不了的事情是什么？最大不了的就是失恋。(SOSO 问问，2008－04－21)

例(4)“大不了”修饰的是“毛病”，贬义；例(5)修饰的是“好处”，褒义；例(6)(7)修饰的是“事情”，中性。不过后三例都是否定句，其语用目的主要是对对方或自己的一种安慰，表示无所谓，不必太在意的态度。

值得注意的是，该格式在跟“没有”“有”组合时，常常省略“事(情)”，只带上“的”后直接充当宾语。例如：

(8) 即便他们发现了，也没什么大不了的。

(9) 很多旅客表示，接受检查没什么大不了的。

(10) 几个铜钱有什么大不了的呢？

(11) 离婚有啥大不了的？又不是离情……（任艳春等《盆地里，那一桩传奇的姻缘》）

有时，干脆连“的”也省略，“大不了”直接作宾语。有趣的是省略了的成分往往可以补出来，而且句子通顺，语义不变。这显然可以看作是一种语用交际过程中的精简原则在起作用。例如：

(12) 去见一见医生，也没有什么大不了。（岑凯伦《合家欢》）

(13) 他的经纪人夏松表示，这没什么大不了。（新华社 2004 年 1 月 7 日体育专电）

(14) 他偷了那么多钱，多花一点又有什么大不了？（古龙《陆小凤》）

(15) 去见妈咪有什么大不了，我又不是第一次去。（岑凯伦《合家欢》）

更为有趣的是这类形容词“大不了”可以移位到前面，比如：

(14′) 他偷了那么多钱，大不了多花一点。

(15′) 大不了去见妈咪，我又不是第一次去。

其表达形式更为简略，语义则表示“最厉害、最极端”的情况，有虚化的趋势，其频率远远高于充当其他成分的情况，这一移位是形容词发生副词化的必然趋势，所以看作出现了两个“大不了”，即存在另外一个副词，也是有道理的。

我们再从历史发展变化上考察，根据北京大学 CCL 语料库，发现古代汉语语料一共出现 77 例“大不了”，除了 1 例属于短语，其余 76 例，其中有 2 例完全相同（大不了事！），属于五代的敦煌变文，其余 74 例全部是清代和民国早期的，63 例都是作定语，或者跟“的”组合后作宾语，这些显然是形容词。只有 7 例是作状语的，全部列举如下：

(16) 大不了藩台自己也自行检举起来，失察在先，正办在后，顶多不过一个罚俸。（吴趼人《二十年目睹之怪现状》）

(17) 大不了罚他几角洋钱就了不得了。（吴趼人《二十年目睹之怪现状》）

(18) 管他天神天将，前来殛我，大不了一死。（无垢道人《八仙得道》）

(19) 大不了的弃掉罗兀城，何必害怕哩？（蔡东藩《宋史演义》）

(20) 世上的事都是人办的，并不在男女之分，大不了，头颅坠。（齐秦野人《武宗逸史》）

(21) 其实这种事也很寻常，大不了我们即刻走路而已。（蔡东藩《民国演义》）

(22) 我教会你骑射，大不了你也是张飞、赵云之流，怎么能成为七擒六出的诸葛丞相？（《雍正剑侠图》）

其实形容词也可以做状语，不过常常需要有“的(地)”的帮助，我们发现例(19)“大不了”还真的有“的”跟着。我们认为，“大不了”早期确实只是形容词，主要作定语，慢慢可以带上“的”后作宾语，接着“的”也可能脱落直接作宾语。形容词也可以在谓语动词或句子前面作状语，开始也可能带着“的”，慢慢地“的”也脱落，直接修饰句子或者动词性短语，这就是“大不了”移位后，从形容词变为副词的发展过程。

即使如此，作为状语出现的概率还不是很高。但是我们发现到现代汉语近期，尤其是当代，“大不了”作状语的概率开始超过作定语的情况，而且语义也悄然发生了分化，显示形容词开始副词化了，并且慢慢地句法功能与语义全面分离，最后变成了副词。这一变化，我们根据目前的语料判断是从清代，即现代汉语早期开始的。

我们调查华中师范大学语料库检索系统，搜得“大不了”一共 115 例，属于形容词短语的“大不了$_1$”有 25 例；其他作状语的副词为 43 例，形容词则有 46 例(作定语 19 例，作宾语，包括带“的”或不带“的”27 例)。可见，现代汉语里，形容词与副词的“大不了”出现的概率基本持平。这跟清代与民国时期的数据(副词只有 7 例，形容词 63 例)比较有很大的变化。

问题在于即使看作副词的“大不了”也可以接受副词“最”的修饰：

(23) 一路想的都是车祸、急病，最大不了是被公司除名。（《作家文摘》1997 年）

(24) 最大不了，就算他们拍过拖，二哥如今都有芬姐姐！（岑凯伦《蜜糖儿》）

(25) 对假冒伪劣商品的曝光、打击都不够及时、彻底和经常，最大不了，将现有的假冒伪劣商品没收销毁。（《人民日报》1996 年 2 月）

可见，形容词“大不了”跟副词“大不了”还真的很难分开，或者说，“大不了”的副词化还在进行中，跟形容词的关系还似断非断。

四、“大不了$_2$”的功能特点

“大不了$_2$”最有趣的是其功能特点，凸显说话者“没关系、无所谓、不在乎”的主观性态度。所以在上下文的叙述里往往含有这类词语。例如：

(1) 关键是别的地方都好办，充其量都是些小蟊贼，大不了发兵镇压了事。(《无厘头水浒故事：完全强盗手册》)

(2) 不要紧，我顶得过去，大不了挨一顿打。(李晓明《平原枪声》)

(3) 他们说，没有关系，大不了明年再考一次。(张佐良《周恩来的最后十年》)

(4) 逮着就逮着吧。大不了我们晚会不搞了，一点儿其他的事儿都没有。(《编辑部的故事》)

这类句子前后还往往跟着“有什么了不起”“没什么了不起”之类表态的话语。例如：

(5) 喔唷，大不了是写情书吧，有什么了不起。(陆文夫《人之窝》)

(6) 看她神气活现，有什么了不起，大不了离婚！(陆锡铭《关于黄白薇》)

(7) 老头子，没什么了不起的，大不了是去要饭吧，你在家里，我去要！(《童年》)

(8) 大不了是出外国戏。要么就是出古装戏。什么了不起的！(刘心武《我可不怕十三岁》)

从说话人的主观情态来看，主要有三点特色：

第一，“大不了”后面的事件实际上并没有真正发生，只是一种强烈的主观预测。

(9) 大不了藩台自己也自行检举起来，失察在先，正办在后，顶多不过一个罚俸的处分罢了。(吴趼人《二十年目睹之怪现状》)

(10) 以后的事情以后再说，大不了把房子再还给银行。(新华社2004年2月新闻报道)

第二，该事件的语义倾向主要是预测不好的可能性，好的以及中性的比较少。

(11) 你去顶，大不了关个十天八天，这个我有数。（方方《一波三折》）

(12) 我年纪轻，没问题，大不了多喘几口粗气。（《人民日报》1995 年 4 月）

第三，充分显示说话人的一种不可动摇的坚强决心，意思是连最坏的打算都做好了，还有什么可怕的呢？例如：

(13) 我挺想得开的，大不了离开辽宁队。（新华社 2004 年 4 月新闻报道）

(14) 我本是农家子弟，大不了回家还是种田。（《报刊精选》1994 年）

归纳起来，三大功能特色是：事件只是预测；消极倾向为主；决心不可动摇。

在国际汉语教学中，区分“大不了”的各种类型，鉴别形容词“大不了”与副词“大不了”，进一步观察副词“大不了”的语义特色和功能特色，了解其修饰的 VP 的语义倾向，并进一步掌握副词的语法化进程，都有非常重要的应用价值。

参考文献

孙茂恒　2011　“大不了”的词汇化及其词典释义探究，《鲁东大学学报》第 4 期。

谢晓明、刘渝西　2013　“大不了”的语用功用与演化过程，《汉语学报》第 1 期。

周敏莉　2012　“大不了”的词汇化，《理论月刊》第 1 期。

本文获得中国国家社科基金项目“汉语虚词词典编撰的方法论探讨及其实践”(12BYY101)资助。

（原载《汉语学习》2016 年第 6 期，中国人民大学复印资料 2017 年第 4 期全文转载）

上海话句末助词“快勒”新说

苏南、浙北的吴语中有一种比较特殊的句式，将表示“接近、即将”的“快”放在动词后面，并且用“勒”煞句，例如上海话的“上海到快勒”“伊拉来快勒”。这两句话的意思相当于“上海快到了”“他们快来了”，所以汉语方言学界的主流观点是把这里的“快”分析为后置状语，而且同粤方言的“你饮汤先啦”（你先喝汤吧）里的“先”等同起来，作为南方方言的共同特点（游汝杰 1988，颜逸明 1994，徐烈炯、邵敬敏 1998，刘民钢 2001，张振兴 2003）。还有一种分析认为这种“快”是个表示“近将来的体助词”（钱乃荣 1997，李小凡 1998），近来冯力（2007）还进一步明确指出“快”是从中心谓语虚化而成为体助词的。

本文的观点比较接近第二种看法，不主张将“快”处理为后置状语，而是将其看作一种广义的谓语，而且已经虚化了。不过，虚化的结果并不只是“快”，而是一个双语素复合成分“快勒”。换言之，“快勒”不是两个词，而是一个词汇化并且语法化了的词，不是黏附在谓语动词上的体助词，而是出现在句子末尾的句末助词，句法地位类似于北方方言的“罢了”。

一、“快勒”的句法地位

句末“快勒”中的两个语素有着各自的意义和功能。“勒”可以像例(1)那样单独出现在句末，意义和功能都和北方话的“了$_2$”相类似。“快”表示“接近、即将”，但是当它像(2a)那样出现在谓语动词后面，或者像(3a)那样出现在宾语后面时，就必须跟“勒”搭配同现，如果像(2b)和(3b)那样单独出现在句末，句子就会变得不可接受。

(1) 车子到站勒。

(2) a. 上海到快勒。

b. ＊上海到快。

(3) a. 阿拉吃饭快勒。(我们就要吃饭了。)

b. ＊阿拉吃饭快。

显而易见,出现在句尾的“快勒”是个复合成分,总是整体发挥作用。从例(4)可以看到,“快勒”可以出现在各种谓词性成分后面。从(4b)和(4d)还可以看到,“快勒”并非黏附在谓语的中心成分上,而是位于整个谓语的后面。

(4) a. 光杆动词(及物或者不及物):吃快勒、到快勒、死快勒、来快勒。

b. 动宾短语:吃饭快勒、落雨快勒、去香港快勒、读大学快勒。

c. 动补短语:汰清爽快勒、做好快勒、爬进去快勒。

d. 连动短语:送拨伊快勒、到北京去快勒。

e. 变化义形容词:好快勒、热快勒、糊涂快勒、龌龊快勒。

f. 数量短语:十八岁快勒、100 斤快勒。

虽然“快勒”表示很快就要实现,或者实现时间已接近,似乎与副词“快”的意义相近,但两者的句法表现不尽相同。副词“快”通常充当状语,可以像例(5b)句那样受程度状语的修饰;而“快勒”却不能受程度状语修饰,所以(6b)和(7b)都不能说。

(5) a:火车哪能还呒没到?(火车怎么还没到?)

b. 邪气快就要到勒。(很快就要到了。)

(6) a. 车子到站快勒。

b. ＊车子到站邪气快勒。

(7) a. 落雨快勒。(快下雨了。)

b. ＊落雨老快勒。(老＝很)

同样形成对立的是,副词“快”可以像(8a)那样被“呒没(没有)”直接否定;也可以像(8b)那样跟在表否定的中缀后面而被间接否定。

(8) a. 公司呒没介快就倒脱。(公司没有这么快就倒掉。)

b. 侬要奈事体弄好,用勿着快去快来。(你要把事情做好,用不着快去快来。)

句末“快勒”同否定成分多数情况下互不相容。从例(9)中可以看到,“快勒”被直接否定的句子是无法接受的。

(9) a. *公司倒脱呒没快勒。

b. *火车到站勿快勒。

当然，上海话否定成分的正常位置在谓语动词前面，而不是在动词后面，所以例(9)中各句不可接受说不定另有原因。不过，即使否定成分出现在主要动词前面，“快勒”似乎仍然和否定成分不相容。新派上海话有两个否定成分，一个是表示普通体否定意义的“勿”，以及相关的“勿要”“勿好”等；还有一个是表示完成体或经历体否定意义的“呒没”（钱乃荣 1997）。如果像例(10)中各句那样，句末“快”前面的小句中出现了“呒没”，整个句子便不能接受。

(10) a. *公司呒没倒闭快勒。

b. *火车还呒没到站快勒。

c. *侬还呒没挨到快勒。（侬＝你，挨到＝轮到）

如果像(11a)那样，出现在谓语动词前的是否定成分“勿”，情况就会复杂一些。(11a)里的“快勒”处于“勿”的作用范围之外，因而是可以说的。“公司勿会倒脱（公司不会倒闭）”作为小句描述一种情况，“快勒”说明这种情况即将出现已是事实，全句的结构可以用(11b)表示。

(11) a. 公司勿会倒脱快勒。

b. [[公司勿会倒脱]快勒]

例(12)的情况与此类似。虽然(12a)可以说，而且“快勒”的线性顺序在“勿”的后面，但“快勒”并不能出现在“勿”的作用范围之内。只有当句子的结构为(12b)，表示“他们两个人要分手已经快要成为现实”时，(12a)才可能被接受。如果句子的结构是(12c)，“快勒”落入了“勿”的作用范围，(12a)还是不能说的。

(12) a. 伊拉两家头勿好快勒。

b. [[伊拉两家头勿好]快勒]

c. *伊拉两家头[勿[[好]快勒]]

例(13)的情形稍微有些不同。这里的“呒没”为实义动词“有”的否定形式。“呒没钞票”已经固化，表示和“有钱”相反的意思（褚半农 2006），所以例(13)的“阿拉呒没钞票”表述一个命题，而“快勒”则说明这一状况很快就会出现已是现实，“快勒”处于否定成分的作用范围之外。

(13) 阿拉呒没钞票快勒。(我们没钱的日子就快来了。)

当然,“呒没”和“快勒”并非绝对不能共现。虽然(14a)中“呒没”和“快勒”共现而导致句子不能说,但(14b)是能说的。两句话的区别在于(14b)的主要动词前出现了时间短语“差不多三天”,小句的命题是“他爸爸没吃饭已经达三天”,而“快勒”表示的是这一时间点确实很快就会到来。

(14) a. *伊拉爷呒没吃饭快勒。

b. 伊拉爷差勿多三天呒没吃饭快勒。(他爸爸差不多三天没吃饭了。)

很显然,“快勒”的句法地位相当接近北方话里的“了$_2$”,作用是对小句所表示的命题加以说明(石定栩、胡建华 2006),只不过“快勒”做出的是双重说明。“快”说明前面的命题“即将成真”,“勒”说明在选定的时间点上,前面的命题“已经成为现实”,合起来就是“[命题即将成真]这种情况已经成为现实”。既然如此,“快勒”就不能看作是黏附在谓语的中心成分上,甚至不是黏附在谓语上,而应该看作黏附在整个句子后面。用抽象的形式来标写的话,就不应该是“V 快勒”,也不是“VP 快勒”,而应该是“S 快勒”。类似的复合句末成分在方言中并不少见,粤语的“乜滞”“咁滞”,长沙话的“咖哒”,以及北方话里的“罢了”都属于这一类。

二、历史上的“快了”

“快勒”在现代吴语中总是一前一后黏在一起出现在句末,这种紧密结合在近代吴语里就已经有迹可循。外国传教士所记录的早期上海话(佚名 1889)以及明清小说中的苏州话里,与“快勒”相应的“快哉”曾经多次出现,说明这一成分当时已经相当常见。例如:

(1) 三刻**到快者**(哉),小李齐好拉末? 浩(好)快者(哉)。(Morrison 1883,转引自冯力 2007)

(2) **死快者(哉)**! 耐勒做啥?(《土话指南》)

(3) **就要来快哉**。我是勿曾看见,想来比双宝缥致点哚。(韩邦庆《海上花列传》)

(4) 台面是**要散快哉**,说请洪老爷带局过去,等来哚。(韩邦庆《海上

花列传》)

(5) 黎篆鸿说句闲话,教俚去一埭,**要转来快哉**。(韩邦庆《海上花列传》)

(6) 去仔一歇哉,**要转来快哉**。(韩邦庆《海上花列传》)

(7) 我说王老爷**要来快哉**,倒刚刚来哉。(韩邦庆《海上花列传》)

(8) 我碰着歇善卿,有一点小事体,教俚去跑一埭,**要来快哉**。(韩邦庆《海上花列传》)。

例(1)和例(2)中的“者”,其实就是“哉”。苏州话的“哉”是个虚词,表示“完成、实现”,意义上和另一个虚词“仔”相当接近。不过,“哉”只能出现在句子末尾,而“仔”则只能黏附在谓语动词上。“哉”和“仔”的这种对立相当于北方话里“了$_2$”和“了$_1$”的区别(赵元任 1926),这就为“快哉”的句法地位提供了可靠的参照点。相当于苏州话“快哉”的上海话“快勒”中,“勒”的地位也应该和“了$_2$”类似,“快”则表示“即将、接近”。不过,现代上海话中的“快”和“勒”已经成为一体,总是一起发挥作用。

其实,“快勒”(也写作“快了”)这一格式并不仅仅局限于近现代吴方言,而是在明末清初的文学作品中就已经频繁出现。通过对北京大学 CCL 语料库(古代汉语)以及古典名著的电子文本搜索,发现了不少这样的例句,而且类型众多,包括谓语是及物动词、不及物动词以及形容词的。

(9) 他暗想这个木钟撞哑了,然而句容的缺**也要出快了**,这个人总是要轮到的,不如且把些说话搪塞过去再说。(吴趼人《二十年目睹之怪现状》)

(10) 云岫道:“这么一把年纪,死期**也要到快了**,才闹出个朝不谋夕的景况来。不饿死就好了,还望翻身么!”(吴趼人《二十年目睹之怪现状》)

(11) 这里金员外晓得外甥**归来快了**,定了成婚吉日,先到冯家下那袍段钗环请期的大礼。(凌濛初《二刻拍案惊奇》)

(12) 他只这个时节**出来快了**。自实依言站着等候。果然不多一会,缪千户骑着马出来拜客。(凌濛初《二刻拍案惊奇》)

(13) 直寻到一间房里,单单一个老尼在床**将死快了**。(冯梦龙《醒世恒言》)

(14) 问了小和尚的话，却拿一个大和尚打起来，此刻**打的要死快了**！（吴趼人《二十年目睹之怪现状》）

(15) 外面祭席**可也完备快了**，你先出去。我也捺上些气，就起来了。（夏敬渠《野叟曝言》）

甚至谓语为动宾短语和动补短语的句子，后面也可以带着“快了”。

(16) 三万银子**到手快了**，怎么恁样没福，到熟睡了去，弄到这时候！（冯梦龙《醒世恒言》）

(17) 施大人穷的有腿没裤子，**差不多要盖锅快**了。（李伯元《文明小史》）

(18) 看看吃尽当光，要**沿门求乞快了**。（李伯元《文明小史》）

(19) 那有工夫向故纸堆中讨生活，我看讲究这门的**渐渐要变作绝学快了**。（李伯元《文明小史》）

(20) 此刻还不到八点半钟，这位寿星婆婆，**大概也要升帐快了**。（徐哲身《大清三杰》）

(21) 光阴如隙驹，陈秀才风花雪月了七八年，**将家私弄得干净快了**。（凌濛初《初刻拍案惊奇》）

这些小说的作者有两种情况，一是本身就是江浙一带的人，平时应该主要说吴语。如《初刻拍案惊奇》《二刻拍案惊奇》的作者凌濛初（1580—1644）是明末浙江乌程人。《醒世恒言》的作者冯梦龙（1574—1646）为明代江苏长洲人。《野叟曝言》的作者夏敬渠（1705—1787）是清代江苏江阴人。《文明小史》作者李伯元（李宝嘉）（1867—1906）是清末江苏武进人。《大清三杰》作者徐哲身，民初浙江嵊县人。二是像《二十年目睹之怪现状》作者吴趼人（1867—1910）那样，虽然是广东南海人，但长期在上海一带工作，作品也发表在上海。

最有意思的是明显的北方人，甚至是北京人，作品里居然也出现“快了”的这种用法：

(22) 袁天罡道：“**该你行雨快了**。就在三日后，玉皇有旨，差你午牌时分起云，未牌时分下雨。”（罗懋登《三宝太监西洋记》）

(23) 原来大少爷不上乌里雅苏台了，改放我们山东学台，即刻**就要到快了**。（文康《儿女英雄传》）

(24) 又提到姑娘**满服快了**,得给他张罗衣饰。(文康《儿女英雄传》)

《三宝太监西洋记》作者据说是罗懋登,明万历间陕西人。《儿女英雄传》作者文康,满族镶红旗人,则是地地道道的北京人。在这种以北京话写成的作品里也可以找到这种例子,起码说明这一用法当时可能比较流行。与此形成对立的是,在北京大学 CCL 语料库的现代汉语部分,只发现了一个此类句子,还是语言学论文的例句,似乎说明现代普通话里这一用法已经消失了。

(25) (梧桐)杭州到快了。

三、"快了"的虚化演变路径

"快"在现代汉语中是个多义词,主要义项包括(1) 速度高;(2) 赶快;(3) 将要;(4) 锋利;(5) 爽快等(《现代汉语词典》第五版),其中的第二个和第三个义项显然是从第一个义项发展出来的。"快"还有一个部分虚化而来的义项,可以用在谓语动词的前面充当状语,表示相关事件"即将出现或实现",在近代汉语中就已经出现:

(1) 迟了一刻,便见随缘儿先赶回来,回说:"老爷**快到了**。"(文康《儿女英雄传》)

(2) 下场的老爷们归号,**快收卷了**!(文康《儿女英雄传》)

(3) 天也**快亮了**,你们把那正房的门开开,再打扫一遍。(文康《儿女英雄传》)

(4) 此刻天**要快亮了**,外面寒气逼人,各位不如就在这里谈谈,等天亮了去。(吴趼人《二十年目睹之怪现状》)

意义开始虚化的"快"也可以跟"了"组合单独使用,表示"已经进入即将实现或出现的状态":

(5) 大家歇了没多时,早见随缘儿跑在头里来,说道:"**快了!**"(文康《儿女英雄传》)

(6) 公子走不多时,只听那边二次响房,舅太太道:"**快了**。"(文康《儿女英雄传》)

(7) 瑞香红着脸不答;螺蛳太太接口:"**快了**。"(文康《儿女英雄传》)

(8) 总之,**快了**,请他不要急。(文康《儿女英雄传》)

(9) **快了**,马上就到。(文康《儿女英雄传》)

这种"快了"还可以连用:

(10) 这半会一阵阵的动荡得紧,想是摧阵疼。**快了! 快了!**(吴承恩《西游记》)

(11) 等到了未末申初,两顶大媒老爷的轿子到了,说来了来了,**快了快了**,马上就登舆了。(吴趼人《二十年目睹之怪现状》)

表示这一意义的"快了"也可以直接充当谓语。我们找到的这类例句中最早的来自《金元曲》,《红楼梦》里也找到一例:

(12) (小生)甚么时候?(众)黄昏**快了**。(《金元曲》)

(13) 凤姐笑道:"你请我一请,包管**就快了**。"(曹雪芹《红楼梦》)

北京大学 CCL 语料库现代汉语部分中这类句子当然更多了。例如:

(14) 一到了政府手里,事体**就快了**。

(15) 她累得脸上都是汗,我几次催她快睡,她都喘着气摇头,说是**快了**。

(16) 得了那种病,只要全身一瘫**也就快了**。

当"快了"直接做谓语时,主语有三种类型,一是 NP,二是 VP,三是小句。我们特别感兴趣的就是第三类小句作为主语直接带"快了"。

我们假设,整个语法化的过程遵循的是这么一个轨迹,它可以分为三个阶段:

1. S,(状语)快了。例如:他们要到上海,也/就快了。
2. S,快了。　　　例如:他们要到上海,快了。
3. S 快了。　　　例如:他们要到上海快了。

有趣的是,这三个阶段的句子在文献里都可以找到。例如:

(17) 太太说:"这离三月里**也快了**,拿出来看看,该洗的缝的添的置的,早些收拾停当了,省得临时忙乱。"(文康《儿女英雄传》)

(18) 贼人没处掳掠,没处煽勾,自然扑灭的**就快了**。(《清朝秘史》)

(19) 林巨章道:"老袁要倒,**快了**。本定了今年元旦日登基的,四国的警告一来,吓得他不敢了。"(不肖生《留东外史续集》)

(20) "如今王振这样无礼,怕连皇帝**也要他做快了**。"英宗代辩道:"母亲莫错怪了人,那不是王振干政……"(《明代宫闱史》)

例(17)和(18)都是第一阶段的句子,如果省略掉其中的副词"也""就",就会变成第三阶段的句子:

(17′) 太太说:"这离三月里**快了**,拿出来看看,该洗的缝的添的置的,早些收拾停当了,省得临时忙乱。"(文康《儿女英雄传》)

(18′) 贼人没处掳掠,没处煽勾,自然扑灭的**快了**。(《清朝秘史》)

例(19)是第二阶段的句子,如果省略"老袁要倒"后面的逗号,就变成了"老袁要倒快了",成为第三阶段的句子,而例(20)则非常接近这里所讨论的"S快了"。

有的句子更有启发性。例如:

(21) 我悄悄问伙伕班长说:"开饭**快了**还是早哩?"(马烽《吕梁英雄传》)

(22) a. 开饭/快了还是早哩?

b. 开饭快了/还是早哩?

(22) 这个句子有两种可能的结构(22a)和(22b)。(22a)的结构符合北方话的说法,也显示了这里的"快了"和"早哩"一样,具有谓语的地位。(22b)的结构中,"快了"可以有两种解释,一是充当"开饭"的谓语,相当于第三阶段的句子;二是像上海话的"快勒"那样,充当句末助词。例(20)因而可以看作一种过渡型的句子。

可见,"快了"的发展路径很可能是这样的:先是"快了"做名词性主语的谓语,接着做主语小句的谓语,再接着"快了"的"快"由于"了"的作用,语义发生虚化,从"速度快"演变为"即将成真",两者的组合最终虚化演变为句末助词。

问题是"快了"在北方话里没有沿着这条路发展下去,但在上海话为代表的吴方言里一直发展成了句末助词,其原因值得进一步探讨。

四、余论

以前的分析多半只着眼于"快",本文的重点则在于"快勒"作为一个整体的作用。处于句末的"快勒"是一个词,两个语素共同发挥作用。这里的"快"既不是形容词,也不是副词,而是个形容词性黏着语素,跟"勒"一起构成一个已经词汇化了的助词,表示"该命题即将成真这种情况已经成为现实”。也许有人会说，上海话里还有“夜快、夜快头、年夜快”之类的说法，该意义的“快”似乎是可以充当谓语的。不过，这里的“快”也仍然只是黏着语素，这些是由“快”构成的合成词。至于“涨煞快、热煞快、冷煞快、气煞快、吓煞快、吃力煞快”之类的说法，有人把其中的“煞快”看作一个语素:“煞快(极度)用于动词后面。如：吃煞快，气煞快”张源潜(2003)。不过，这种结构也许应该分析为[[气煞]快]，即“气”加上“煞”，然后再加上“快”。这里的“煞”和“快”也都是只能构词的黏着语素。这些结构跟“快勒”完全不在一个层面上。

另外，本文最重要的观点在于“快勒”并非黏附在谓语动词的后面，不是补语，不是后置状语，也不是时态助词，而是黏附在句子的末尾，属于句末助词，已经语法化了。方言中出现在谓语后面的成分很多，句法地位也不尽相同。比如粤语的句末“先”，虽然有人将其分析为状语，但实际上并不妥当。“你哋交咗功课先”不等于“你们先交了作业”，而是相当于“你们先交了作业再说”，这个句末“先”实际上表示“先至讲”，即相当于北方话里的“然后再说”(邓思颖 2006、2009，石定栩 2007)，其句法地位接近谓语。

粤语句末“住”的情况稍有不同(石定栩 2007，邓思颖 2009)。“住”与所附着的小句形成广义的主谓关系，小句表示一个否定命题，“住”则表示在选定的参考时间点上，此否定状况必须加以维持(石定栩 2007，邓思颖 2009)。从这一点上说，“住”的句法地位类似于北方话里的句末“了$_2$”，只不过“了$_2$”的意义不同，其附着的小句描述一种状况，“了$_2$”则表明在选定的参考时间点上，已经进入了该状况(石定栩、胡建华 2006)。

“快勒”的功能和地位非常接近北方话的“了$_2$”，或者粤语的“住”，表示一种类似于体貌标记的意义，但并非附着在动词上，而是附着在小句上。小句表示一个命题，“快勒”则表示该命题即将为真，而且即将为真这一情况已经成为现实。由于“快勒”不是句内成分，所以既不能被否定，也不能受其他成分的修饰。

这种句末成分是个比较特殊的句法现象，可以从不同的角度去分析。现代语言学的基本信条之一是理论和分析很少有正确和错误之分，只有合理、不太合理或者更加合理之分。本文的分析基于“快勒”和相关成分的句法特性，更着重于对句法表现的解释，希望能够比原来的分析更贴近上海话的现实，也希望能够为方言之间的对比分析提供一条新的思路。

参考文献

邓思颖 2006 粤语疑问句“先”的句法特点，《中国语文》第2期。

邓思颖 2009 粤语句末“住”和框式虚词结构，《中国语文》第3期。

冯 力 2007 从北部吴语的“V快”看中心谓语虚化为助词的现象，《中国语文》第3期。

李小凡 1998 《苏州方言语法研究》，北京大学出版社。

刘民钢 2001 试论上海方言的形成，《上海师范大学学报》第1期。

吕叔湘主编 1999 《现代汉语八百词》，商务印书馆。

钱乃荣 1997 《上海话语法》，上海人民出版社。

石定栩 2007 粤语句末助词“先”和“住”的句法地位，张洪年、张双庆、陈雄根主编《第十届国际粤方言研讨会论文集》，中国社会科学出版社。

石定栩、胡建华 2006 “了$_2$”的句法语义地位，《语法研究和探索》第12期，商务印书馆。

佚 名 1889 《土话指南》，上海慈光堂。

徐烈炯、邵敬敏 1998 《上海方言语法研究》，华东师范大学出版社。

颜逸明 1994 《吴语概说》，华东师范大学出版社。

游汝杰 1988 文化语言学答疑，《汉语学习》第3期。

张源潜等 2003 《松江方言志》，上海辞书出版社。

张振兴 2003 广州话状语后置的现象，詹伯慧主编《第八届国际粤方言研讨会论文集》，中国社会科学出版社。

赵元任 1926 北京、苏州、常州语助词的研究，《清华学报》3卷2期。

褚半农 2006 《上海西南方言词典》，上海人民出版社。

（原载《南方语言学》2011年第3期，暨南大学出版社，与石定栩合作）

2000—2018年中国汉语虚词研究的回顾与前瞻

一、导论

汉语虚词的研究，在中国语言学研究历史上是享有盛名的。这一点也不奇怪，因为如果说印欧语的形态变化是其语法表现的主要手段，那么虚词的运用就是体现汉语语法意义的最重要的载体。我们不能说因为汉语和英语都有虚词，就断言虚词运用不是我们汉语的特点，问题不仅仅在于“有无”的区别，还在于其差异和特色，这主要表现在三个方面：(1) 虚词数量的多少；(2) 运用频率的高低；(3) 语法意义精细程度的深浅。

有些人一直不承认汉语有语法，认为汉语只有修辞，没有语法。这从本质上讲，是以印欧语作为模板来看待汉语，他们认为，汉语几乎没有严格意义的形态变化，所以推导出一个极为荒谬的结论：汉语没有语法。当然，我们确实没有那种以形态变化为标记的语法，但是问题在于：语法并不简单地等同于形态变化。汉语当然有语法，但是它并不依赖于形态变化，而主要使用虚词、语序、重叠等其他语法手段，尤其是虚词特别重要。形态和虚词，两者异曲同工，殊途同归，无所谓高低之分。

20世纪80年代到90年代，中国迎来了汉语语法研究的一波高潮，虚词研究同样也是硕果累累，其表现主要有五大特色：

第一，对重要的高频虚词展开了深入的卓有成效的探讨，描写相当精细、准确，达到了前所未有的高度，在语义诠释、近义反义比较、结合上下文语境等诸多方面都有所突破，并且涌现出一系列脍炙人口的论文。其中杰出的代表性人物就是陆俭明与马真伉俪，例如“‘还’和‘更’”(1980)、“‘更加’和‘越发’”(1981)、“说‘也’”(1982)、“说‘反而’”(1983)等。

第二，对虚词开展类别性集中扫描研究，这是虚词研究深入的一个非常突出的表现，因为类聚的比较研究才能真正解释各小类内部各自的共性与个性。比较引人注目的，有胡明扬对语气词的研究，傅雨贤及周小兵和李炜对介词的研究等。

第三，采用新的研究方法，开拓了虚词新的思路。其中，沈开木、胡树鲜、刘宁生、邵敬敏等关于副词"语义指向"的研究，就具有鲜明的中国特色，他们所揭示的规律与解释不仅对副词语法意义具有强大的解释力，而且对句法结构其他问题的解决也有启迪意义。

第四，在个案研究的基础上开展了虚词研究方法论的讨论，尤其对"比较"这一方法有深邃独到的见解。代表作是陆俭明和马真伉俪的《现代汉语虚词散论》(北京大学出版社，1985)，对虚词的意义和用法进行了独具慧眼的分析。

第五，出版了若干部集大成性质的虚词词典，其中最有影响的当数由吕叔湘主编的《现代汉语八百词》(商务印书馆，1980；增订本，1999)，至今仍被奉为经典之作。与之媲美的则为北京大学中文系 1955 级和 1957 级合编的《现代汉语虚词例释》(商务印书馆，1982)。此外，景士俊《现代汉语虚词》(内蒙古人民出版社，1980)、华南师范学院中文系《现代汉语虚词》(广东人民出版社，1981)、侯学超《现代汉语虚词词典》(北京大学出版社，1998)等也都具有一定特色。

20 世纪 90 年代中期后，虚词研究开始趋向平稳，人们似乎在回顾，在审视，在检讨，在总结以往近 20 年的有关研究，显然在寻找新的突破口，准备新的冲刺，实施新的攀登。

二、新探索与新起点

进入 21 世纪，汉语虚词研究的步伐像高铁一样，显然提速了。其推动力主要来自三个方面：

一是中国的国力开始强盛，中国在世界上的影响开始增强，随之而来的是汉语正在走向世界，对外汉语教学、华语教学、国际汉语教学蓬勃兴起。强劲的教学需求促使虚词研究开始加速，而且更加注重应用性和可验证性。

二是现代科技的迅猛发展，尤其是电脑、智能手机、互联网的普及，以及随之而来的大型语料库的建成和应用，一方面推动了当代汉语的崛起，催生了新兴虚词的诞生；另一方面，为虚词研究提供了便利的工具和最佳的机遇，即更加注重科学性。

三是语法研究理论和方法的更新，对虚词研究的理论和方法产生积极的影响。特别是语法化与词汇化、主观性与主观化、横向方言比较与纵向历史发展、框架制约和类聚扫描这些新观念新思路，为虚词研究带来前所未有的促进作用，体现了虚词研究的国际化和现代化。

1978 年以来这 40 年左右的汉语虚词研究可以大致分为前后两个 20 年：前期指 20 世纪 80 年代到 90 年代，可称之为“繁荣时期”；后期指 21 世纪前 20 年，可称之为“深入时期”。前后两个时期连绵不绝，息息相关，相得益彰。后期与前期相比较，这 20 年左右的汉语虚词研究，无论研究的广度、深度，还是力度、锐度都有了长足的进步。

(一) 汉语虚词的界定和类别

如何区分实词和虚词，历来争议颇大，判定的标准也是众说纷纭。目前主流的看法是采用结构主义的观点：凡是能够充当六大句子成分(主、谓、宾、定、状、补)的是实词，反之，不能充当句子成分的则为虚词。这一标准的好处是比较严格而且容易执行，但是问题也是显而易见的：(1) 作为语法意义重要载体的副词被开除出虚词了，而副词主要承载的就是语法意义，如果不看作虚词，那所谓的虚词仅只剩下介词、连词、助词和语气词，不仅数量太少，连虚词词典也无法编写了；而且不仅不符合汉语研究的历史传统，无视汉语的特点，实际上也放弃了对语法意义的深入探讨。(2) 虚化的趋向动词、虚化的方位词，乃至起特殊作用的代词、量词、助动词等一些非常重要的封闭类词，似乎既非实词也非虚词，让人左右为难，进退维谷，怎么办？还有一些新兴的跨层结构、话语标记等，例如“的话”“非……不可”“看样子”等，不仅虚实难辨，甚至连是词还是非词都难以定论，怎么办？(3)这种只按照单一形式标准区分出来的虚词实词，在语法研究和句法分析时，几乎没有太大作用，似乎是为分而分，仅仅贴上一个标签，并无实质性的作用。因此，近年来，汉语词类“三分”的新主张开始抬头了。具体处理意见大致有三种：(1) 实词、准虚词、虚词；(2) 实词、半实半虚词、虚词；(3) 主体词、功能词、辅助词。目前看来，虚实二分尽管一时还难以完全破局，但是已经开始松动，发展趋势很可能是一下三分，或者二二切分（实词/虚词（虚词/准虚词）），甚至四分（虚词/准虚词/准实词/实词）。这一分歧就催生了“广义虚词”新概念的问世。

（二）虚词研究的纵横互动

虚词研究不仅仅是当时当地的单维研究，更牵涉历时和地域的变化和影响。尤其是历史的演变，包括语法化和词汇化，以及方言的虚词研究及其比较。这是把现代汉语语法跟汉语史，尤其是跟近代汉语，以及汉语方言语法的研究结合起来了，体现了历史纵轴与地域横轴的互动，显然，这是一个新的亮点。这样，一头是由当代或现代向上追溯，一头则由古代特别是近代向下延伸。两方面的合流形成了虚词语法化研究的热潮，从而引起了包括汉语史学者和现代汉语语法研究的学者广泛的兴趣和关注。例如江蓝生撰写了不少考证虚词来源的论文，材料扎实，论证严谨，对语言事实给予尽可能科学的、实事求是的解释，代表作是《疑问语气词“呢”的来源》(1986)、《说“麽”与“们”同源》(1995)、《处所词的领格用法与结构助词“底”的由来》(1999)、《被动关系词“吃”的来源初探》(2000)、《跨层非短语结构“的话”的词汇化》(2004)、《汉语连—介词的来源以及语法化的路径与类型》(2012)、《连—介词表处所功能的来源及其非同质性》(2014)等，不仅从语义、句法的视角研究词语的语法化，而且还注意探讨音变与语法化之间的对应关系。她还出版了《近代汉语虚词研究》(语文出版社，1992)、《近代汉语探源》(商务印书馆，2000)、《近代汉语研究新论》(商务印书馆，2008)、《汉语语法化的诱因与路径》(学林出版社，2017)、《近代汉语指代词》(商务印书馆，2017)等著作，她的研究不拘泥于虚词的定义，格局比较恢弘，探讨相当深刻。再如吴福祥的研究也颇有特色，代表性论文有《汉语伴随介词语法化的类型学研究》(2003)、《关于接触引发的语言演变》(2007)等，他的研究思路比较开阔，往往具有全局观念，给人很大的启迪。他的代表作有《〈朱子语类辑略〉语法研究》(河南大学出版社，2004)、《语法化与汉语历史语法研究》(商务印书馆，2008)，并主编了《语法化与语法研究》系列丛书。此外影响较大的还有李宗江《汉语常用词演变研究》(汉语大词典出版社，1999)、《语法化与汉语实词虚化》(学林出版社，2017)，主要讨论了语法化的动因和机制、词汇化的概念以及语法化和词汇化的关系等理论问题，并且有对汉语语法化现象的个案分析，以实词语法化为主，言之成理，颇有启迪。张谊生《与汉语虚词相关的语法化现象研究》(学林出版社，2017)，除了讨论汉语虚词语法化机制和动因之外，也把一系列性质与功能各异的、正在发展中的实词及其相关的短语，归入虚词的语法化研究。史金生《语法化的语用机制与汉语虚词研究》(学林出版社，2017)则有意识地把语法化、词汇化理论运用于汉语历史语法研究的具体实践中，对汉语史上的实词虚化和结构式的语法化现象进行了深入细致的探索。高顺全《基于语法化理论的汉语兼类虚词习得顺序研究》(中国社会科学出版社，2015)追溯虚词的来源和演变义理，反映了汉语语法化与世界其他语言的共性，突出了汉语的特色，具有原创性。

汉语史的虚词研究，可分为古代与近代两大板块：

其一，古代汉语虚词研究，比较突出的有张玉金的系列研究，他主要致力于甲骨文包括出土文献的先秦语法研究，专著有《出土战国文献虚词研究》(人民出版社，2011)、《出土先秦文献虚词发展研究》(暨南大学出版社，2016)等，还编撰过《甲骨文虚词词典》(中华书局，1994)与《古今汉语虚词大辞典》(辽宁人民出版社，1996)。其他专著主要有：黄珊《〈荀子〉虚词研究》(河南大学出版社，2005)，裘燮君《商周虚词研究》(中华书局，2008)，张显成《简帛语言文字研究——简帛虚词研究专辑(第四辑)》(巴蜀书社，2010)，李明晓、胡波、张国艳《战国秦汉简牍虚词研究》(四川大学出版社，2011)，《出土战国文献虚词研究》(人民出版社，2011)，郭爱涛、黄南津《〈尚书孔传〉虚词研究》(社会科学文献出版社，2017)等。

其二，近代汉语虚词研究：引人注目的有曹炜的古典名著虚词系列专著：《〈水浒传〉虚词计量研究》(暨南大学出版社，2009)、《〈金瓶梅词话〉虚词计量研究》(暨南大学出版社，2011)以及《〈型世言〉虚词计量研究》(暨南大学出版社，2011)，特点是对专书进行量化统计和分析，很有特色。其他比较有影响的专著有：黄珊《荀子虚词研究》(河南大学出版社，2005)，裘燮君《商周虚词研究》(中华书局，2008)，解惠全等《古书虚词通解》(中华书局，2008)，雷冬平《近代汉语常用双音虚词演变研究及认知分析》(中国社会科学出版社，2008)，钟兆华《近代汉语虚词研究》(中国社科出版社，2011)，李明晓、胡波、张国艳等《战国秦汉简牍虚词研究》(四川大学出版社，2011），吴庆峰主编《〈论衡〉虚词通释》（齐鲁书社，2011），张国艳《居延汉简虚词通释》（中华书局，2012），谢纪峰《虚词诂林》（商务印书馆，2015），郭爱涛《〈尚书孔传〉虚词研究》（社会科学文献出版社，2017），彭松乔、吴艳《〈诗经〉虚词研究》（中国社会科学出版社，2018）等。

汉语方言虚词研究，也呈现出多点开花、交相辉映的格局。伍云姬主编的"湖南方言语法系列"（湖南师大出版社）特别引人注目，它包括：《湖南方言的时态助词》（1996）、《湖南方言的介词》（1998）、《湖南方言的语气词》（2006）、《湖南方言的副词》（2007），以及《湘方言动态助词的系统及其演变》（2006）。此外，郑伟《吴语虚词及其语法化研究》（上海教育出版社，2017）比较有特色，该书探索吴语虚词及其语法化进程，在方法论上，把方言和文献结合起来，试图打通历时与共时的通道，从语法化角度探研方言虚词及其演变，这是方言虚词研究与历时虚词研究结合起来的一个有益的尝试。比较有新意的还有许彬彬《清末以来闽南方言副词系统及其变化研究》（厦门大学出版社，2014），主要选取清末以来日本学者所编纂的闽南方言教科书以及同时文献，考察近100年来闽南方言副词的共时状态以及历史演变规律，以期全面研究清末以来闽南方言副词的系统，其中着眼点放在了划分闽南方言副词小类上，使其范畴明确，并细致描写各副词小类，归纳其特点，结合文献、现时闽南方言调查语料进行比较。结合历史演变专题研究，突出闽南方言副词的地区差异性以及历时的演变特征。有关专著还有胡云晚《湘西南洞口老湘语虚词研究》（江西人民出版社，2010）、李小华《闽西永定客家方言虚词研究》（华南理工大学出版社，2014）等。

（三）现代汉语虚词研究的新拓展

21世纪初对汉语虚词的研究进入一个集中力量组成团队的攻坚阶段，最出色的是由张斌与范开泰两位牵头的上海师范大学团队，出版了《现代汉语虚词研究丛书》（安徽教育出版社，2003）。该丛书一共有六本：《副词与限定描状功能》（张亚军）、《介词与介引功能》（陈昌来）、《连词与相关问题》（周刚）、《语气词与语气系统》（齐沪扬）、《助词与相关格式》（张谊生）以及《现代汉语虚词研究综述》（齐沪扬、张谊生、陈昌来合作）。研究对象除了传统的四类虚词，还增加了副词。该套丛书的出版，因其鲜明的特色引起了语法学界积极的反响：第一，具有鲜明的时代特色，即反映了 20 世纪 80 年代到 90 年代以来汉语虚词研究的最新成果，尽可能地吸收了近年来虚词研究中已有定论的最新观点；第二，具有南北交融的互补特色，即体现出既有海派容纳百川、熔为一炉的特点，又有京派扎扎实实、辛勤耕耘的特点；第三，具有研究理论和方法上的创新特色，即以三个平面理论为指导，强调句法与语义的结合、静态与动态的结合、共时与历时的结合、描写与解释的结合，在挖掘汉语事实的基础上致力于理论上的创新。当然，这六本书，由于作者、研究对象、侧重点和切入角度的不同，各有自己的长处和短处。

进入 21 世纪第二个十年，邵敬敏为首以暨南大学为核心的广州虚词研究团队开始异军突起。邵敬敏自 20 世纪 80 年代初就开始涉足虚词研究，特点是涉及面比较宽，往往结合结构或句式句类开展研究，有自己独特的理论见解。不仅发表了数十篇专题论文，如《语气词“呢”在疑问句中的作用》(1989)、《“吧”字疑问句及其相关句式比较研究》(1995)、《“也”字句与相似性原则》(2004)、《“幸亏”类副词的句法语义、虚化轨迹以及历史层次》(2011)、《论语气词“啊”在疑问句中的作用暨方法论的反思》(2012)等，而且在研究方法论上也进行了探索，例如《说“又”——兼论副词研究的方法》(1985)、《副词在句法结构中的语义指向》(1990)、《从“才”看语义与语法的相互制约关系》(1997)、《“宁可”格式研究及方法论意义》(2003)。近年来，该研究团队围绕着编撰《汉语虚词框架词典》，提出一系列新的构想，最重要的突破就在于为每个虚词义项建立“定位框架”，即尽可能地给出每个义项具体的语言制约条件，包括语音、词汇、句法、语境、认知、情态六大框架。并且在义项之间尽可能地建立联系，从而建立虚词分析系统，包括立体三维：横的义项比较、竖的语义演变，纵的运用模式。并根据语义聚合的类型(包括近义、反义、类义、同族等，结合句法分布、语义范畴、次范畴小类等)进行集中扫描。代表论文是《〈汉语虚词框架词典〉编撰的创新思路》(2013)。在这一研究思想指导下，该研究团队发表了一系列论文，例如：邵敬敏《副词释义的精准度及其方法论探讨》(2016)、《“除了”句的语义新解及其启示》(2017)、《主观性的类型与主观化的途径》(2017)。其他论文包括周娟《论话语视角标记“X 说来”》

(2013)，马喆《“或者”类析取成分的多功能性分析》(2015)，杨海明、邵敬敏《“说X(也)不X”主观情态义及其方法论思考》(2015)，赵春利《介词“通过”与“经过”的句法语义》(2016)，杨才英、叶瑞娟《“必须”的语义特征及其主观化》(2016)，杨海明、周静《说“大概”与“大约”释义的科学性——虚词词典释义的精准度与用法说明的概括性》(2018)等。

三、虚词各类研究及其突破

在有关虚词各类研究中，副词的成就最为突出，语气词、介词相对也取得了比较显著的成绩，连词、助词研究略为逊色。

首先，副词因其数量众多，常用副词意义微妙，成为一个新的研究热点。其中，张谊生的研究独步天下，攀上了该项研究的制高点。他先后出版了四本系列性专著：《现代汉语副词研究》(学林出版社，2000)、《现代汉语副词探索》(学林出版社，2004)、《现代汉语副词分析》(上海三联书店，2010)、《现代汉语副词阐释》(上海三联书店，2017)，这可以说对现代汉语副词集大成的研究，既有微观的个体研究，也是中观的比较研究，也有宏观的理论与方法的研究；既有对新虚词的深入挖掘，也有历时的语法化的追溯性探究。可以毫不夸张地说，对副词研究，张谊生是倾注了一生的心血，并且攀上了前所未有的高峰。他的研究特点是：语料扎实可靠，分析细致入微，观察全面独到，结论可靠信服。其代表作是：《论与汉语副词相关的虚化机制》(2000)、《范围副词“都”的选择限制》(2003)、《“都”的语法化和主观化》(2005)、《试论主观量标记“没、不、好”》(2006)等。

现代汉语副词研究的专著是最多的。一是对副词各小类进行深入探讨。例如：齐春红《现代汉语语气副词研究》(云南人民出版社，2008)、邹海清《现代汉语时间副词的功能研究》(世界图书出版公司，2011)、季薇《现代汉语程度副词研究》(光明日报出版社，2011)、张则顺《现代汉语确信副词研究》(中国社会科学出版社，2015)、贾改琴《现代汉语时间副词的形式语义研究》(中国社会科学出版社，2016)。二是涉及共现、顺序等规则的探讨，例如：史金生《现代汉语副词连用顺序和共现研究》(商务印书馆，2011)、尹洪波《否定词与副词共现句法语义研究》(外语教学与研究出版社，2011)、高顺全《多义副词的语法化顺序和习得顺序研究》(复旦大学出版社,2012)等。三是涉及语音、语用的跨界多角度研究,例如:徐以中《副词的语用分析及相关语音问题研究》(世界图书出版公司,2015)、董桂君《副词"再"的多角度研究》(世界图书出版公司,2015)、徐以中《副词的语用分析及相关语音问题研究》(世界图书出版公司,2015)。四是汉语和外语的副词比较研究,例如:彭玉全《关于与现代日语时间表达相关副词的研究——以表示事态存在副词和事件发生副词为中心》(北京大学出版社,2012)、施建军《汉日语同形副词研究》(学苑出版社,2012)、原苏荣《汉英副词性关联词语比较研究》(上海三联书店,2013)、吴卫平《日语提示助词和汉语焦点副词的对比语言学研究》(南开大学出版社,2014)等。

汉语史的副词研究也硕果累累,例如:唐贤清《〈朱子语类〉副词研究》(湖南人民出版社,2004)、杨荣祥《近代汉语副词研究》(商务印书馆,2005)、葛佳才《东汉副词系统研究》(岳麓书社,2005)、王鸿滨《〈春秋左传〉介词研究》(世界图书出版公司,2005)、陈群《近代汉语程度副词研究》(巴蜀书社,2006)、高育花《中古汉语副词研究》(黄山书社,2007)、许伟东《〈高僧传〉时间副词研究》(巴蜀书社,2008)、赖慧玲《〈全宋词〉川人词作中的语气副词研究》(世界图书出版公司,2011)、李素英《中古汉语语气副词研究》(山东大学出版社,2013)、许彬彬《清末以来闽南方言副词系统及其变化研究》(厦门大学出版社,2014)、栗学英《中古汉语副词演变研究》(南京大学出版社,2017)、张家合《汉语程度副词历史演变的多角度研究》(中国社会科学出版社,2017)等。

其次,语气词(语气助词)研究中,最有特色的是赵春利关于句末助词(即语气词)的系列性研究,他的研究往往能想前人之所未想,发前人之所未发,主要特点是:第一,对虚词语义的分析准确到位,并且特别注重逻辑的推理和论证。第二,注重验证,采取"共现"与"不能共现"的对比来进行形式验证,从而保证了语义诠释的精准性。第三,利用大型语料库,引进上下文以及语境来制约语义的理解。代表性论文有:赵春利、孙丽《句末助词"吧"的分布验证与语义提取》(2015),赵春利、石定栩《"呗"的态度取向及其语义基础》(2015),赵春利、杨才英《句末助词"嘛"的认知与情感的关联性研究》(2016),赵春利、陈玲《句末助词"算了"的分布验证及其心理取向》(2016),赵春利、方甲珂《"喽"的功能、意向、态度和情感研究》

(2017)等。

其他研究主要是涉及近代汉语和方言，例如：任晓彤《元杂剧语气词研究》(中国社会科学出版社，2012)、华建光《战国传世文献语气词研究》(光明日报出版社，2012)、翟燕《清代北方话语气词研究》(山东大学出版社，2013)、翟燕《〈聊斋俚曲〉语气词研究》(中国社会科学出版社，2013)、楚艳芳《中古汉语助词研究》(中华书局，2017)。其次是方言的语气词研究，例如：方小燕《广州方言句末语气助词》(暨南大学出版社，2003)、翟燕《明清山东方言助词研究》(齐鲁书社，2008)、彭小川《广州话助词研究》(暨南大学出版社，2010)。

再次，介词研究中，现代汉语介词研究显然是重点，前期有金昌吉《汉语介词和介词短语》(1996)和傅雨贤、周小兵、李炜等的《现代汉语介词研究》(1997)。最新的成果主要有：刘丹青《语序类型学与介词理论》(商务印书馆，2003)，周文华《现代汉语介词习得研究》(世界图书出版公司，2011)，李德鹏《现代汉语双音节介词成词研究》(光明日报出版社，2011)，万莹《相似介词"X"与"X 着/了"比较研究》(武汉大学出版社，2013)，陈昌来《汉语"介词框架"研究》(商务印书馆，2014)，王世群《现代汉语框式介词研究》(南京大学出版社，2016)，明宏《空间介词的语义关联性研究》(中国海洋大学出版社，2016)，张谊生《介词的演变、转化及其句式》(商务印书馆，2016)，郑通涛、马杜娟《现代汉语常用介词语块研究》(世界图书出版公司，2017)。

历史研究也不乏精彩的专著。例如：马贝加《近代汉语介词》(中华书局，2002)、张赪《汉语介词词组词序的历史演变》(北京语言文化大学出版社，2002)、赵大明《〈左传〉介词研究》(首都师范大学出版社，2007)、史冬青《先秦至魏晋时期方所介词研究》(齐鲁书社，2009)、田春来《〈祖堂集〉介词研究》(中华书局，2011)、邱峰《〈南齐书〉介词及比较研究》(西南交通大学出版社，2013)等。

第四，连词研究中，近年来出版了几本有关专著：潘志刚《魏晋南北朝汉语连词研究》《社会科学文献出版社，2014》、刘凌《战国楚简连词语体差异研究》(上海古籍出版社，2017)、李艳《〈史记〉连词系统研究》(南开大学出版社，2017)、徐朝红《汉语连词语义演变研究》(湖南师范大学出版社,2017)、张文贤《现代汉语连词的语篇连接功能研究》(北京大学出版社,2017)。不过必须指出,连词往往跟复句有关,因此邢福义有关复句研究中有大量涉及连词的精辟分析,只是作为连词专门研究则显得单薄了一些。

第五,助词研究中,助词数量有限,个性比较强,因此成果也比较少。主要专著有:林新年《〈祖堂集〉的动态助词研究》(上海三联书店,2006)、翟燕《明清山东方言助词研究》(齐鲁书社,2008)、刘敏芝《汉语结构助词"的"的历史演变研究》(语文出版社,2008)、吴卫平《日语提示助词和汉语焦点副词的对比语言学研究》(南开大学出版社,2014)、楚艳芳《中古汉语助词研究》(中华书局,2017)等。

四、研究理论与方法的创新

现代汉语语法研究一直走在汉语研究各个分支领域的最前头,关键是它的研究理论与方法不断在更新,在变化。一方面注意吸取海外最新的理论与方法,另一方面也特别注重从汉语事实出发,挖掘出带有中国特色的研究理论和方法,显示出中国学者的独立性和创造性。

首先,"比较"是语法研究最基本的方法之一,特别是在虚词研究方面,比较的应用可以说达到了出神入化的地步,这方面做得最突出的当推陆俭明和马真两位学者。马真在2004年推出了最新研究成果《现代汉语虚词研究方法论》(商务印书馆,2004),提出了"多角度的比较",包括以下十个方面:(1)句类;(2)词类;(3)音节;(4)轻重音;(5)肯定与否定;(6)简单与复杂;(7)位置;(8)跟其他词语的配搭;(9)语义指向;(10)社会心理。其中不少是经验之谈,很有哲理性。比如语义和用法并重;不要把格式义误认为是虚词义;注意虚词对句类的选择;关注单双音节、轻音重音、肯定否定等要素对虚词义的影响和制约;等等。

其次,近年来,有关"主观性"与"主观化"的理论运用到虚词研究上来,取得了丰硕的成果。所谓"主观性"就是指当说话者用语言表达自己内心的或对外界的看法时,在客观性基础上凸显自己的主观意图和情感。包括:主体特定的视角、客体特别的背景、主体对客体特殊的情感。而共时平面的主观化,通常是通过语音、词语、句法这三条常规途径。当然,对汉语来说,词语途径大概是最主要的。显然,虚词是彰显主观性的极为重要的手段。从主观性和主观化的新角度切入，这就为虚词研究打开了一扇新的窗口，人们将更多关注语义，尤其是情感对虚词选择的制约。这方面的著作主要有赫琳《现代汉语副词语义指向及其计算机识别研究》（中国社会科学出版社，2009）、崔蕊《现代汉语虚词的主观性和主观化研究》（知识产权出版社，2014）、肖治野《现代汉语虚词的值行域、知域、言域考察》（浙江大学出版社，2016）、潘海峰《汉语副词的主观性与主观化研究》（同济大学出版社，2017）等。

五、虚词应用性研究的强化

（一）汉语虚词词典编撰的新探索

虚词，尤其是常用虚词，义项细腻隐蔽，用法复杂多变，无论对本国人还是外国人，都是学习和运用的重点和难点。因此，编撰虚词词典成为一个艰巨而重要的任务。近年来主要出版了张斌《现代汉语虚词词典》（商务印书馆，2001）、朱景松《现代汉语虚词词典》（语文出版社，2007）等，都取得了不俗的成绩，尤其是前者，主要借助于上海师范大学的虚词研究团队，加上主编深厚的学术素养，更是锦上添花。这方面的研究还有几个特点：

首先，关注新型虚词，最有影响的当推李宗江的有关研究，他和王慧兰合著的《汉语新虚词》（上海教育出版社，2011）颇有影响，当然其中涉及的词语是否都是虚词，还是可以讨论的，但是他敏锐的视角为我们打开了一扇新的窗户。

其次，采用新的角度或工具，例如刘云《汉语虚词知识库的建设》（华中师范大学出版社，2009）、王欣《蒙太古语法与现代汉语虚词研究：以"的"为例》（北京语言大学出版社，2012）、任海波《基于语料库的现代汉语近义虚词对比研究》（学林出版社，2013）、张旺熹《现代汉语虚词的认知与功能研究》（中国书籍出版社，2015）等。

（二）国际汉语教学与虚词研究

虚词的应用性研究，密切结合对外汉语教学、国际汉语教学以及华文教学的需求。这主要表现在两个方面：

一是举办虚词研究与对外汉语及教学研讨会。在有关的语法研讨会上，有许多结合汉语教学的虚词研究，特别是历年举办的世界汉语教学研讨会上，有关各类虚词研究的论文层出不穷，而且屡创佳绩。其中最有影响的是上海师范大学对外汉语学院自2003年起每两年连续举办“现代汉语虚词研究与对外汉语教学研讨会”，并且出版相应论文集（齐沪扬主编）：第1辑由复旦大学出版社2005年出版；第2辑由复旦大学出版社2008年出版；第3辑由复旦大学出版社2010年出版；第4辑由学林出版社2012年出版；第5辑由学林出版社2014年出版；第6辑由上海译文出版社2016年出版。这一套丛书，为汉语虚词研究跟对外汉语教学紧密结合在一起，立下汗马功劳。上海师范大学文学院从2011年起还连续举办了四次“汉语副词研讨会”，并且出版《汉语副词研究论集》1—3辑，由张谊生主编（上海三联书店，2013/2015/2017）。

二是出版了一批有关专著或教材，其中，周小兵、彭小川、李晓琪的有关研究，由于来自教学实践，作者对虚词本身又有独到的研究，所以颇受欢迎，影响广泛。例如：周小兵、赵新《对外汉语教学中的副词研究》（中国社会科学出版社，2002），李晓琪《现代汉语虚词讲义》（北京大学出版社，2005），彭小川等《对外汉语教学语法释疑201例》（商务印书馆，2004），金立鑫《对外汉语教学虚词辨析》（北京大学出版社，2005），杨德峰《面向对外汉语教学的副词定量研究》（北京大学出版社，2008），赵新、刘若云《实用汉语近义虚词词典》（北京大学出版社，2013），杨寄洲《汉语800虚词用法词典》（北京语言大学出版社，2013）等，这些研究密切结合汉语教学中的问题，针对外国人或汉语非母语的学生学习中的难点，有的放矢，针对性强，实用性突出，因此深受国际汉语学界欢迎。

六、汉语虚词研究前景展望

汉语虚词研究势头很猛，研究的主战场从20世纪80年代的北京发展到20世纪90年代以及21世纪初期的上海，近年又蔓延到广州。逐步形成了全国开花、北上广为核心的格局。由于人们对汉语虚词作用有了新的认识，研究的理论与方法出现了更新，因此，21世纪汉语虚词研究必将日新月异，更上一层楼。我们预测，在以下六个方面，将会有更加灿烂的明天：

第一，在重新认识虚词在汉语语法体系中无可替代的主导地位，将使得汉语虚词的研究踏上一个全新的台阶。尤其是“广义虚词”的提出，在原有小范围的虚词基础上，包容了那些兼有虚词功能和实词作用的词语，不仅扩大了虚词研究的范围，而且将为虚词研究注入新鲜的动力。因为虚词研究的目的不只是为了学术上分类的需求，更是汉语教学研究的需求，说到底，是适应社会时代发展的需求，这才是学术发展的真正动力。

第二，虚词研究的重点不只是语法意义分析，因为语义往往会公说公有理，婆说婆有理，关键在于形式上给予验证，我们必须扩大对语法形式内涵的理解，对验证手段需要进一步的开拓。要解放思想，要打破旧有观念的束缚。比如词语的同现或不能同现，跟实词组合的可能性及其概率，语气语调乃至韵律，还包括句类、句式、句型，甚至构式(框式结构)等的制约，换言之，要真正解释虚词的意义和功能，必须根据“组合论”原则，在结构组合中进行分析。

第三，虚词研究必须引进“语境”和“上下文”的概念，不要把它仅仅看作是一种语用概念。其实语法的规则本身就是在语言使用中才得以实现和发展变化的。上下文、语境的制约是虚词词义变化的极为重要的条件。语境将开拓供我们新的视野，引进新的制约要素，激发我们新的联想。

第四，虚词研究的深化，必须在时间(历史)的纵轴和空间(地域)的横轴结合上下功夫，可以说，虚词的前身基本上都是实词，语言交际的需求，经过历史的发展，才逐步产生了种种虚词。而虚词在发展道路上，由于不同地区的差异，展现出不同的进程。其中，特别需要重视虚词的主观性和主观化，考察虚词发展进程中，主观性是如何起作用的，主观化的进程有哪些变化和规律。因此，横向的比较研究和纵向的语法化词汇化研究将使得虚词研究更为丰满和充实。

第五，重要虚词的个案深入研究和语义范畴类别的类型虚词的比较研究，将有机地结合起来。重要的高频的而且意义复杂而精细的虚词，当然需要借助于新的理论与方法进行深入精准的分析，同时，同一范畴(比如：程度、预测、疑惑)的虚词群体的类聚扫描也是极为重要的。两者相辅相成的结合将促使虚词研究的深化，也有助于语义范畴的研究。

第六，虚词研究，必须在方法和工具方面与时俱进。我们必须借助于大型语料库，只有在大量真实的生动的语言事实的检测下，我们的虚词研究才能够揭示汉语真正的规律。语料库，不仅是我们虚词研究的出发点，也是虚词研究结论的监测站。此外，我们还进行大数据的云计算，必须进一步跟人工智能结合，还包括跟逻辑研究、心理研究、神经研究相结合。

我们坚信，对虚词在汉语语法系统中的地位和重大作用有了新认识的基础上，有关研究必将获得新的动力和方法，必将出现新的突破，取得灿烂的硕果。虚词研究不仅是汉语语法研究不可或缺的一个有机组成部分，而且可以断言，这正是汉语语法的精华所在，是汉语语法特色所承载的主体之一。无论怎么估计虚词在汉语中的特色和作用都是不会过分的。汉语虚词研究的春天已经到来。

参考文献

马真　1982　说“也”，《中国语文》第4期。

马真　1983　说“反而”，《中国语文》第3期。

金顺城　2011　金文虚词研究综述，《汉语史研究集刊》第14期，巴蜀书社。

李凌梅　2017　2000年以来汉语虚词研究综述，《现代语文》第11期。

陆俭明　1980　“还”和“更”，《语言学论丛》第6辑。

陆俭明　1981　“更加”和“越发”，《语文研究》第1期。

邵敬敏　2003　汉语虚词研究的一个新起点——评《现代汉语虚词研究丛书》，《汉语学习》第4期。

邵敬敏　2006　《汉语语法学史稿(修订本)》，商务印书馆。

邵敬敏　2011　新时期汉语语法学史(1978—2008)，商务印书馆。

张春秀、李长春　2007　20世纪90年代以来现代汉语虚词研究综述，《齐齐哈尔师范高等专科学校学报》第5期。

张谊生　2016　30年来汉语虚词研究的发展趋势与当前课题，《语言教学与研究》第3期。

本文获得中国国家社科基金项目“汉语虚词词典编撰的方法论探讨及其实践”(12BYY101)资助。

(原载《中国语学》(日本)2018年)

二、框式结构研究

框式结构研究的理论与方法

“框式结构”是超越词、短语、句子层面的一种特殊的构式类型。指“吃你个头”“越吃越香”“一说就跳”“多了去了”“非你不行”“想叫就叫”“说走就走”“连小孩子也懂”“说大不大，说小不小”“女人就是女人”等特殊的句法结构。“框式结构”这一术语是我们在2008年正式提出来的，并且在《汉语框式结构说略》（邵敬敏，2011）一文进行了比较详细的论证，赋予了其一定的语法地位。

随着构式语法理论的推广，这一构式类型迅速引起汉语语法学界的兴趣和关注，不仅在研究理论上有所突破，在国际汉语教学方面也发挥了巨大的作用。本文试图对框式结构的研究及其方法作进一步的探讨，以便为有兴趣的朋友提供一些研究思路。

一、语义增值及其途径

框式结构跟一般短语结构最根本的区别就在于，其构式义不能直接从结构成分推导得到。换言之，字面意思之外还有其他含义，这就是特定的“构式义”。构式义不是其结构成分语义的简单相加，而是发生了“语义增值”。

研究框式结构的首要任务就是提取其构式义，构式义的提取，第一需要鉴别，剔除非框式结构的情况；其次需要概括，提炼出真正的构式义；第三需要解释，尤其是对一些比较特殊的构式。比如“一X一Y”构式，先要排除以下格式：a. X与Y同形的：一步一步、一车一车。b. 分配式主谓关系：一人一块、一步一望。c. 同义分列格式：一瘸一拐、一模一样。真正的框式结构主要有三种情况：

（一）语义的加合对比：“一X一Y”＝X∧Y

（1）他仔细看了看那<u>一男一女</u>，不是外人，正是金山与王莹。（方可、

单木《中共情报首脑李克农》）

（2）声音又直又硬，一高一低，听了叫人心里不舒服。（李晓明、韩安庆《平原枪声》）

类似构式还有“一南一北、一前一后、一远一近、一长一短、一纵一横、一坐一站、一明一暗”等。表面看来，其构式义只是“一X”和“一Y”的简单相加，似乎并没有衍生出其他的含义。其实不然，由于X与Y往往是反义词或者对义词，因而该构式就显示出特定的对比义，在并列对比中凸显两者相依相存的关系。

（二）语义的指代象征：“一X一Y”>X+Y

（3）但是城堡作为珍贵古迹，一砖一瓦都不能动。（《人民日报》1996年）

（4）决不动老百姓一草一木。（姚雪垠《李自成》（第一卷））

类似构式还有“一针一线、一花一鸟、一木一石、一川一峰”等。这里的“一砖一瓦”不是真的指“一块砖一片瓦”，而是包括以“一砖一瓦”为代表的所有东西；即“一X”和“一Y”相互作用，不仅表达了X、Y本身所具有的语义信息，而且增加了X、Y引起的象征指代信息。

（三）语义的借喻隐喻：“一X一Y”≈X+Y

（5）李亚有一段时间常跟沙风一唱一和嘲笑豆儿为“伪预言家”。（方方《白雾》）

（6）国家富强不是一朝一夕可得而致的。（苏雪林《棘心》）

类似构式还有“一板一眼、一手一足、一朝一夕、一字一板”等。“一X”与“一Y”意义结合紧密，成分X和Y之间由格式带来了隐喻或者借喻的因素。“一唱一和”的语义是“比喻二人互相配合，互相呼应”。

显然，这三类框式结构的语义都发生了增值，只是增值的途径各不相同而已：（一）是对比；（二）是指代；（三）是隐喻。因此，我们不仅要关注构式的增值结果，更重要的是要探索语义增值的手段与途径。

二、构式义凸显的是主观情态

框式结构之所以极为流行，最重要的功能是其在客观事态上凸显说话人的主观情态。客观事态，是指对外部世界（事物、动作、属性）的一种客观记录。也许记录时会带有某些主观的因素，但记录时是尽可能地抱着客观的态度。框式结构则不然,它本身最显著的特点就是表达说话人的主观情态,包括褒贬倾向、微妙心态、多种情绪,带有强烈、鲜明的个人色彩。近年来,中国社会的多元意识开始上升,人们在日益民主开放的氛围里,更加容易张扬个性,而且,由于现代社会的节奏明显加快,框式结构的简便、明确、生动的功能得到越来越多的年轻朋友的青睐,所以得以广泛运用。

比如,"宁可X也不Y"就是一种高频使用的框式结构,表现说话人在X与Y之间的一种主观选择态度:X与Y可能都不是最佳选择,甚至X比Y还糟糕,但是相比较之后,说话人明确表示最终还是选择了X而舍弃了Y。这一构式就是满足了这样极具个性的选择,以示区别于一般的常规选择。

这一构式中的X和Y是"利"还是"弊"(害),实际上有两个不同的标准:一是客观标准,所谓客观标准,就是公众所遵循的社会普遍认同的标准,也就是常规标准;所谓主观标准,则不同的人在不同的场合不同的时间不同的目的,可能会表现出不同的取向,但是更为重要的是该构式彰显说话人与别人不同的主观选择,因此带有反驳性、针对性与主观性。

按照客观标准,根据X和Y的关系实际上应该有四种不同的语义类型:

1. X和Y都是坏的(害),"两害相权取其轻"。X和Y都不好,都有害,但是两者权衡下来,说话人选择了X,而放弃了Y。表面看这是符合常规的,其实关键还是针对某些人实际上往往可能选择Y而放弃X。换言之,两害到底哪个更坏,实际上不同的人是有不同的标准的。下例就是针对选择"不饿肚子"(Y)的观点:

(1) 我们张家虽穷,可是有骨气,宁可饿肚子,也不做坏事体。(周而复《上海的早晨》)

2. X和Y都是好的(利),"两利相权取其重"。客观上X和Y都是好的,难分高低。但是不同的人可能有不同的考虑,因而采取不同的选择。下例就是针对选择"爱吃牛肚"(Y)的观点:

(2) "墨公自然知道我的爱好",叶挺高兴地说,"牛肚韧而不腻,我觉得比海参好吃!""可是我宁肯吃海参",顾祝同笑笑,"这就叫众口难调嘛!"(黎汝青《皖南事变》)

3. X 和 Y 各有利弊，“两难相权取其优”。X 和 Y 各有优缺点，无所谓哪个一定好哪个一定坏，都不尽如人意，只是不同的人的选择倾向有所不同罢了。例如大路好走但路远，走小路路近却难走，可见无所谓绝对好坏，不同人就有不同的选择。下例就是针对选择“宁走小路”（Y）的观点：

（3）宁走大路，不走小路。

4. X“弊”Y“利”，“压利抬弊取其爱”。按照常规思路，Y 明显优于 X，自然应该选择 Y 而放弃 X，但结果说话人选择了 X 而放弃了 Y。表面看这种选择是超常规的，即舍弃实际上的利和得，而选取客观上的弊和失，关键是即使如此也是说话人的“心头所爱”。下例就是针对选择“看更加激烈的比赛”（Y）的观点：

（4）我们不该怀疑中国球迷的真心，但不成熟却是勿庸置疑的。从众心理让不少球迷宁愿多掏几百元去看一场几无悬念的比赛，也不愿看一场无论场面还是实质上都更加激烈更有看头的比赛。（汤敏《球迷，请陪国足走下去》）

总结这四种不同语义类型的情况后我们发现：所谓“利”或者“弊”，是客观标准在起作用；而所谓的“轻”“重”“优”“爱”，都是主观标准在起作用。因此，该框式结构的构式义应该归结为：凸显说话人与别人不同的主观选择。

正因为如此，如果 X 一定是“利”，Y 一定是“弊”，则绝对不能进入该框式结构。比如：

*（5）宁可有所作为也不抱残守缺。

这句话我们语感上完全不能接受，因为“有所作为”本来就是好的，是应该选择的，“抱残守缺”本来就是不好的，就不应该选择的，该框式结构强调的是主观选择与众不同，如果这一选择性与大众绝对一致，则根本没有必要采用这一构式。可见，“与别人不同的主观选择”是该构式的关键意义。

三、框式结构原型义的形成与固化

框式结构的形式与构式义的形成密切相关。开始时框式结构往往只是一个普通的句法结构，能进入的可能是多种相近词语，表示多种意义，如果其中某种意义跟某些上下文以及语境息息相关，并且“经常共现、高频使用”，就有可能发展为某构式的原型意义，即这一构式义开始固化，换言之，就是其他意义开始淡化或者消失，如果要表示其他意义，就需要有标志出现。

比如“都是X”作为一个普通的句法结构，往往用来表示归结于某种原因，它既可以与褒奖词语以及积极语境共现，也可以与贬斥词语以及消极语境共现。例如：

(1) 由是而藩臬，而督抚，其所以然，都是奉天子威灵耳。(李光地《榕村语录》)【积极语境】

(2) 都是不好的邪鬼多事，还不如阳世尚有公道。(李光地《榕村语录》)【消极语境】

然而，作为框式结构“都是X”则表示把错误的原因归结于X，明显带有责怪义。X以及上下文对这一构式的形成具有极为重要的作用。

(一) X本身带有贬斥语义倾向

该结构的“NP”或者其修饰成分往往具有贬义性。

1. NP的定语经常是贬义的，如“该死的家伙”“鬼天气”“臭和尚”“死小王”等。

2. N本身具有贬义性。如“王八蛋”“家伙”“流氓”“混蛋”等。

3. NP的量词常常体现出贬义性，如“那种人”“那号婊婆”等。

4. 虚化了的指示代词“这”“那”带有指责性，如“都是这小孩子”“都是那个女人!”。

(二) 消极语境的高频运用

该结构在消极语境与积极语境的使用频率极不均衡。根据《水浒传》《金瓶梅》和《红楼梦》(前80回)的统计，结果如下表：

	消极语境	积极语境	消极语境所占百分比
《水浒传》	8	1	88.9%
《金瓶梅》	11	0	100%
《红楼梦》	40	0	100%
计	59	1	98.3%

显然,"都是"用于导出某一事件结果的成因时,与消极语境的共现频率占有绝对的优势,属于"高频语境"。可见,"都是＋NP"责怪义的形成与其前结构形式的使用语境及其使用频率有着极为密切的关系。

对于这一现象的解释我们可借助 Croft(1990)提出的"关联的标记性"概念。若某一结构与相对应的一对或一组语境建立关联,而其中又有一个语境最频繁地与此格式相系,那么该语境下这一结构所具有的意义就是其原型意义,则这一关联是无标记关联;其他语境下的意义与这一格式的关联则是有标记的关联。

"都是 NP"与消极语境之间建立了最频繁的关联,并且占有了绝对的优势。所以在消极语境下,"都是"格式所具有的责备义,便成了它的原型意义,是无标记的。试比较:

无标记组配	有标记组配
都是＋NP	都是＋NP
责怪	感激

无标记项可以看作心理计算上的一个"缺省值"(default),在没有特殊规定的情况下就以这个值为准,所以当"都是＋NP"结构出现在话语中时,被激活的应该是它的原型意义,即责怪义。例如:

(3) 可怜你年纪轻轻……都是那个该死的畜生!(杨沫《青春之歌》)

(4) 都是你的妄想!(梁凤仪《弄雪》)

例(3)由于语境制约,责怪义是清晰的;例(4)没有上下文的提示,即在没有语义色彩标记的前提下,听话人理解的是"都是你的妄想"这一原型意义"责怪"。这就是构式义的固化以及泛化。

当"都是＋NP"要表示感激意义时,那就应该是有标记的,即需要具有能够明确说话者态度的词语标记,如"功劳、帮助"等;或者对这种"感激、赞美"的缘由加以补充说明。这也说明"都是＋NP"的格式义在一定条件下具有可撤销性(concellability)。如:

(5) 今天,我们几个子女还算各有所成,这都是他的功劳。(《人民日报》1993 年)

"都是＋NP"与"责怪"义之间的这种"超符号"关系的建立并非一朝

一夕，它需要两者之间的认知通道不断被激活，不断发生生化反应。需要其前结构形式与消极语境高频共现以及“都是＋NP”内部成分贬义性高频的双重作用。语境赋予“都是＋NP”格式“超符号”的意义，从而形成责怪义的“固化”；反过来，这一固化了的语义又制约了该结构对语境的选择。显然，这种双向制约和促进是历时的，是在汉语长期发展进程中逐步形成。

四、构式义对语境的依赖度

普通的句法结构，即使脱离语境进行分析，也有自身的句法结构义，当然进入某种语境，还会获得语境意义。然而，框式结构对语境有比较大的依赖性。换言之，语境分析对框式结构的理解至关紧要。

“都是＋NP”格式的表达功能是“怪罪于 NP”，包括认定和责怪两层含义。虽然这种认定具有强烈的主观色彩，但从说话人的角度来讲，他对这种认定是深信不疑的，而说话人使用这一格式时也是希望得到听话人的认可，所以有时候需要对这种认定的原因作进一步的解说。因此，“都是＋NP”的语篇结构就包含了三个因素构成：后果因子 X、责怪因子 Y，解说因子 Z。其中，“都是＋NP”构式属于责怪因子，具有句法的强制性，是必须在语篇中出现的，后果因子具有可隐性，解说因子具有可选择性。三个因子之间的顺序灵活，在具体的语境中出现的多寡情况各异。大体上可以归纳为以下四种类型十一种变异形式：

类型一：完整式，X 后果因子＋Y 责怪因子＋Z 解说因子。一共有六种序列：X—Y—Z，Y—Z—X，X—Z—Y，Y—X—Z，Z—X—Y，Z—Y—X。

(1) 妈，请不要生气(X)，都是女儿(Y)，是女儿太多嘴了(Z)！

类型二：后省式，X 后果因子＋Y 责怪因子。该结构的结果因子出现了，并带出责怪因子，解说因子却省略了。其序列是 X—Y，Y—X。

(2) 世上这样死的人不知有多少(X)！这都是那不公平的旧社会(Y)！(冯德英《苦菜花》)

类型三：前省式，Y 责怪因子＋Z 解说因子。该结构的结果因子出现在语境中，但是可以通过上文推知，解说因子却出现了，增加了说服力。

其序列是 Y—Z，Z—Y。

(3) 都是你呀(Y)。你看他们被你吓成怎样(Z)？(微博)

类型四：简略式，Y 责怪因子。后果因子存在于语境中，解说因子省略了，只出现必不可少的责怪因子。

(4) 瞪着刘思谦，她忽然懊恼地说："都是你！都是你！"(Y)(琼瑶《月朦胧鸟朦胧》)

以上四种类型中，只有责怪因子 Y 是绝对不可或缺的强制性成分，其余两个因子出现与否以及出现位置，都是可变的。

五、褒贬倾向取决于框式义和语境

框式结构不仅仅有自己特定的构式义，在感情色彩方面也常常有自己鲜明的倾向。总的特点是：1. 部分框式结构带有褒贬感情倾向，其中多数是贬斥义，极少数是褒扬义。2. 感情色彩跟字面意义的褒贬无关，而是取决于框式义和语境。3. 贬斥义还可以分化为不同的程度和指向。

例如"没 X 没 Y"带有明显的贬斥色彩，按照字面意义，其构式可以分为三类：

1. 褒义否定。如果 X 和 Y 为褒义词或褒义语素时，"没 X 没 Y"构式由于"没"对褒义的否定，自然具有贬义色彩。例如：

(1) 少儿音乐创作却是没名没利的事业。

2. 两端否定。如果 X 和 B 是成对的反义词时，"没 X 没 B"格式显示既没 X 也没 B，两头都不是，所以也具有贬义色彩。例如：

(2) 一种颠扑不破的受难基督印象——在世人眼里，你们一上来就洒狗血，<u>没大没小</u>，<u>没尊没卑</u>——能不跟你们急么！(王朔《一点正经没有》)

3. 整体否定。当 X 和 B 为同义或类义的中性词时，"没 X 没 B"构式通过对典型事物的否定显示对这类事物的整体否定，明显带有贬义色彩。例如：

(3) 阎屯村李守义自己<u>没车没马</u>，可有的是力气，便以劳力入股。(《人民日报》1994 年)

具有褒义的框式结构，比如"NP 中的 NP"，其构式义表示优中选优，顶尖高手。不过这类框式结构很少。例如：

(4) 轻功之高，更是高手中的高手。(古龙《圆月弯刀》)

(5) 巴格拉季翁公爵就是英雄中的英雄。(托尔斯泰《战争与和平》)

六、研究的双向互动视角

我们在研究框式结构时必须放弃"单视点"的做法，提倡"双视点"或者"多视点"的研究，这里有两层意思：

第一，框式结构的可变项如果有两项，那么首先要从 X 看 Y，再从 Y 看 X。只有这样才能发现真正的构式义。比如框式结构"连 X 也 Y"，先看 X，实际上存在着一个同类但程度不等的事件 Mx(N_1＋VP)集合，比如说"M_1、M_2、M_3、M_4……M_x"，"连"就是要把其中说话者认为最具有代表性的典型选取出来，可以是 M_1，也可以是 M_2、M_3，或者 M_x。再看 Y(VP)，关键应该是一个集合的典型代表 X 与 VP 的实现关系。

该框式义表示(X＋VP)这一事件意外实现或者未实现的可能性。

1. 肯定式里，说话者主观认定事件(X＋VP)最不可能或者最不应该实现，但结果出乎意料地得到了实现，即可能性意外强。例如：

(1) 就连他昔日的政敌也对他表示敬意。(《人民日报》1995 年)

(2) 有的图书馆连书目都由主管部门定。(《人民日报》1995 年)

2. 否定式里，说话者主观认定事件(X＋VP)最容易或者最应该实现，但结果出乎意料地没有成为现实，即可能性意外弱。例如：

(3) 身子虚得连盆水也端不起。(《人民日报》1995 年)

(4) 大多数老百姓连火车都没见过。(同上)

可见，在双项构成的框式结构里，必须充分考虑到 X 和 Y 的互动关系，如果只是拘泥于其中某一个单项就作出判断，那个结论肯定是会有偏误。

第二，如果可变项只有一项，那么就要从可变项看不变项，再从不变项看可变项。框式结构"到底是 X"表示对某种原因追究以后恍然大悟的意思，略微带有一点夸张色彩。首先观察表示原因的 X，可能是人或事物，也可能是行为或事件。例如：

(5) 到底是男人，有情有义，情义无价。(《MBA 宝典》)

(6) 到底是孩子,没发觉妈妈的情绪不对,扭头就要走。(王海鸰《中国式离婚》)

(7) 沙克到底是演过电影,一套动作完成得让观众阵阵疯狂地叫喊。(新华社 2004 年 2 月新闻报道)

(8) 到底是萨芬技高一筹,他早早破发成功,很快拿下第一盘。(新华社 2004 年 11 月新闻报道)

接着还要观察不变项"到底是"。发现这一用法实际上是"归根到底是""说到底是"的省略,因为在使用过程中,尤其在口语中,为了省事、便捷往往省略,从而为框式结构的形成提供了语境条件。例如:

(9) 企业的问题【归根】到底是人的问题。(《哈佛管理培训系列全集》)

(10) 当今世界的竞争,【说】到底是人才的竞争。(《人民日报》1998 年)

七、前后同形 X_1 与 X_2 的不同内涵

当框式结构的 X_1 与 X_2 同形时,由于句法位置的不同,担当的角色也有区别,绝对不可能是同义的。比如:想 X_1 就 X_2;说 X_1 就 X_2;就 X_1 论 X_2;X_1 就是 X_2;X_1 是 X_2,Y_1 是 Y_2。

以"女人就是女人"为例,这里的"女人$_1$"显示的是理性意义,词典可以赋予它固定义,然而"女人$_2$"则不同,这里体现了说话人的主观判断,因而可能造成不同的理解。例如:

(1) 我深深体会到了母亲的舐犊之情,此刻我觉得女人就是女人,不管她多么名声显赫。(《报刊精选》1994 年)

(2) 厉害什么?女人就是女人。女人再厉害也还是女人。你以为她厉害,那就要看什么人什么事了。(《历史的天空》)

"女人$_1$"在两个句例里应该是同义的,指"女性的成年人"(《现代汉语词典》2011),但是例(1)对"女人$_2$"的理解是正面的,例(2)却是反面的。

框式结构"想 X 就 X",例如"想唱就唱""想快就快""想风就风,想雨就雨"等,前后两个"X"形式上完全一样,但 X_1 只是表达理性意义,X_2 则在联想意义和交际意义上有所区别。

首先,X_1 具有意愿性,X_1 具有可能性。

孤立的 X 自然不具备什么意愿性,但是当它进入该框式结构,就获

得了某种意愿性。证明办法就是“吃就吃”“干就干”这样的格式，可以扩展为“想吃就吃”“想干就干”。说明 X_1 的意愿性是格式赋予的。换言之，在这一格式里，由于谓词“想”的影响以及这个框式结构的制约，X_1 获得了意愿性。而 X_2 则显示为可能性，表示对 X_1 这一动作意愿可能性的估价，表达的是即将实现的动作行为、变化或状态。证明办法就是 X_2 可以扩展成“干得成、有得吃、看得着、买得到”，以此来表示可能实现的意义。

第二，这里的 X_1 和 X_2 都是可控动词，但是在可控性上，$X_2 \geqslant X_1$。例如：

(3) 老百姓总是自由的，想活就活，想死就死，也可以说，老百姓特不自由，想活也活不好，想死也死不成。（石康《鸡一嘴鸭一嘴》）

例(3)的“活$_1$”表示“维持生命”，“死$_1$”表示“失去生命”，都是意愿性的，虽然可控但是不一定能够控制；而“活$_2$”表示“用某种办法让自己活着”，“死$_2$”表示“用某种办法让自己失去生命”，都是可能性的，可控性明显大于意愿性。

八、框式结构的灵活性与多样性

框式结构往往有一个基本格式，然而在使用过程中也会产生一些变式，比如“X 你个头”就有好几种变式，这就体现了一定的灵活性与多样性。

(一) 拷贝式结构

X 不但出现在“你个头”的前面，还可以在“你个头”后面再拷贝一次，构成“X_1 你个头 X_2”。这可能是仿造“吃什么吃！”“看什么看！”这样的结构式，借助于 X 的重现，加深 X 的印象。句尾如果有语气词，例如“啊”，可以出现在 X_2 之前，也可以出现在 X_2 之后，不过以居前为多。例如：

(1) 好你个头好！（沪江英语）

(2) 逃你个头逃啊！（梦幻之城，恶狼老公，2011-02-01）

(二) 动宾内嵌“X 你个头”

除了动宾组合，即使是偏正组合，或者并列组合，甚至于派生构词关系也都可以进行动宾式仿造。例如：

(3) 考你个头的研，西南财经大学的研究生们帮帮我！（百度知道开放平台，2010-08）

(4) 你家开的不是自助餐么,限你个头量啊!(百度搜索:金汉斯自助烤肉!永别了)

(三) 简略式"X个头"

"X你个头"用得多了,语义越固化,结构就会越来越简化。结果就出现了"你"都省略了的格式。例如:

(5) 准确预见每次大跌,跌个头。(股市论坛,2010-09-13)

(四) 省略式"你个头"

由于"X你个头"这一框式结构中的不变项的功能以及构式义趋向稳定,即使不出现前面的X,单单"你个头"实际上就具备了该框式结构的特色。所以,我们会发现"X你个头"之后还会多次重复出现"你个头",甚至于单独使用"你个头"来表示反驳或否定的情况:

(6) 惊喜,惊你个头啊!你个头你个头啊……(55YYS生活消费门户"杂谈生活")

九、框式结构的集合比较

近义框式结构需要作为一个集合体进行比较,不仅要寻找其共性,更重要的是要发现其个性,以及运用时的特点;不仅要做定性比较,还需要定量比较。比如与"半X半Y"相关的格式还有"半X不Y"和"不X不Y",这三种格式的意义基本相近,但是各有特点,构成了一个互补的框架结构系列,具有独特的表现力和语义色彩。这三种格式意义相似,但有细微的区别,研究时须作仔细分辨。

(一) "半X不Y"与"半X半Y"的比较

《现代汉语八百词》和《现代汉语词典》两种权威词典都认为"半X不Y"有厌恶、讨厌的意思,其实不然,语义中性的情况反而比较多。例如:

(1) 奶豆腐色如冻儿,韧如筋儿,半干不湿香溢味厚。(《人民日报》1996年)

就褒贬色彩而言,"半X半Y"的制约要素同样适用于"半X不Y":即当X、Y为绝对反义词时,带有强烈的贬义色彩;当X、Y为相对反义词时,则本义为中性,引申义为弱势贬义倾向。例如:

(2) 她听母亲说过,在她儿时,屋子里半高不低的横梁上挂着椭圆的

悠车。（钱诗金《生命密码——睡眠决定生机》）

（3）名片上印着的头衔是天宇地产公司总经理——其实只是一个半高不低的小小职位。（原创网）

例（2）用的本义，表示具体的空间位置，是对现实现象的客观描写，没有褒贬之分。例（3）用的引申义，描述对象是相对抽象的“职位”，带有主观色彩，因为对“水平、职位”而言，人们总是期望更“高”一点，“半高不低”显然并不是人们所期待的，倾向贬义。

“半X半Y”与“半X不Y”的不同之处在于，由于语义后重心原则，“半X半Y”表示的是一种偏向于Y的中间状态，而“半X不Y”表示的却是一种偏向于X的中间状态，因为从观察角度看，“半X不Y”中对X是从肯定的角度看的，对Y是从否定的角度看的，X是一半肯定，而Y是全部否定，所以意义上便倾向于X。

（二）“不X不Y”与“半X半Y”的比较

“不X不Y”结构比较复杂，如“不新不旧、不男不女、不高不低”等。关键在于，当它们描写客观事物的时候，即使用本义时，“半X半Y”比较中性，只是客观的描述，而“不X不Y”则显示出一种主观性，带有说话人的贬斥色彩。比较下例的X与Y：

（4）a. 客人走后，白玉山从他带回来的一个半新半旧的皮挎包里，拿出一张毛主席的像和两张年画。（周立波《暴风骤雨》）

b. 自从她们搬进这栋不新不旧的破公寓后，真的没有一个朋友上门走动，这里宛如孤域乏人问津，形同虚设的门铃始终没响过。（盘龙中文网）

例（4）的a与b都是用的本义，描写对象也都是具体事物，但是a只是客观地描写一种中间状态，而b则带有说话人厌恶的主观色彩，所以当人们要描述一种自己主观上并不喜欢的东西时，就倾向于选用“不X不Y”式了；而比较客观描述时，则选用“半X半Y”。

总之，主要区别在于观察的视角不同：

1. 肯定视角：“半X半Y”是从肯定的角度看，各占一半，即为中间，如“半新半旧”。

2. 正反视角：“半X不Y”既从肯定的角度看，也从否定的角度看，肯定这一半，否定那一半，也为中间，如“半新不旧”。

3. 否定视角：“不 X 不 Y”从否定的角度看，否定两端，还是中间。如“半新不旧”。

十、框式结构的跨语言类型视角

框式结构不仅在普通话里大量存在，实际上在英语、汉语方言里也有不少。比如汉语口语里，可以用“X 你个头”来表示一种驳斥的口气，或者表示否定的意思。有意思的是，英语中也可以用“X 你个脚”或者“X 我个脚”来表示跟现代汉语相近似的意思。例如：

(1) Mother: She was honest enough to tell me that.
Father: Honest your foot! She's fooled you — deceived you.
(诚实你个脚，她骗了你。)(金山在线翻译，2013-02-18)

(2) But it's X serious matter for you.
Serious my foot. Why should I worry?
(重要我个脚。我为什么要担心?)(同上)

your foot 或 my foot 的用法，《牛津英语词典》(第二版)，包括国内出版的《英汉大词典》都收录了。可见，在英语里，“X 你个脚”几乎相当于汉语的“X 你个头”。

有意思的是，“X 你个脚”的用法，在汉语方言里也有。例如陕西方言里就大量使用：

(3) 夏天智骂道：“给你个脚！墙高的人了，倒还有脸向我要钱?”(贾平凹《秦腔》)

(4) 杜丽娟说：“卡什么卡，卡你个脚!”说着取了碗筷去洗。(先占个座，2010-07-10)

其中的“脚”还能够变化为“脚后跟”“脚杆”“脚底板”“脚后跟子”等。例如：

(5) 说你个脚后跟！去，我没工夫听！(凉州往事，2009-06-23)

(6) 小鸡：要你管，你个脚底板！(小鸡过马路)

汉语框式结构研究还涉及其他许多问题，例如框式结构的语法化进程、框式结构的语用价值、单列式与对举式框式结构的比较、框式结构的泛化、框式结构与习用语的区别，等等。在国际汉语教学中，框式结构由于其口语性强，拥有独特的构式义，而且能产性强，成为了外国朋友喜闻乐见的结构方式。因而让他们熟悉这一结构式，尽快掌握这些结构式，显然具有重要意义。目前，这一结构式已经开始引起大家的关注，但是重视的程度还不高，我们认为有必要大声疾呼：高度重视框式结构，在研究众多框式结构的基础上，尽快编撰一部《现代汉语框式结构词典》。

参考文献

Croft, W. 1990 Typology and Universals. Cambridge University Press, Cambridge.

邵敬敏 1986 同语式探讨，《语文研究》第3期。

邵敬敏、周有斌 2003 “宁可”格式研究及方法论意义，《语言教学与研究》第4期。

邵敬敏 2008 “连A也/都B”框式结构的争议及其框式化进程，《语言科学》第4期。

邵敬敏、崔少娟 2010 “一A一B”框式结构的位序原则及其构式语义，《当代修辞学》第3期。

邵敬敏、袁志刚 2010 “没A没B”框式结构的语义增值及贬义倾向，《语文研究》第3期。

邵敬敏、黄燕旋 2011 “半A半B”框式结构及相关格式比较，《陕西师范大学学报》第2期。

邵敬敏 2011 汉语框式结构说略，《中国语文》第3期。

邵敬敏 2012 说新兴框式结构“X你个头”及其语义的固化，《汉语学报》第4期。

郑娟曼、邵敬敏 2008 试论“责怪”义标记格式“都是NP”，《汉语学习》第5期。

丁倩、邵敬敏 2009 说框式结构“想X就X”，《暨南大学华文学院学报》第3期。

本文在“首届汉语跨文化传播国际研讨会”（复旦大学，2014年7月）上宣读。

（原载《语文研究》2015年第3期）

说新兴框式结构“X 你个头”及其构式义的固化

在《汉语框式结构说略》(《中国语文》2011 年第 3 期)一文中,我们提出了鉴别现代汉语框式结构的三条标准:第一条是形式标准,不变项和可变项必须同时存在;第二条是辅助标准,必须有特殊的构式语法意义;第三条是参考标准,需要结合特定的语用功能以及感情色彩等。三者是统一的,缺一不可。如果不符合,那就不是框式结构。不过并非每个框式结构都能够充分显示这三个特点,因为它们语法化的进程存在着差异,其中“单项单框式”,由于框架只有一项,而可变项也只有一项,属于“非典型框式结构”,所以不易判别。比如:

X 你个头!(打你个头、敲你个头)

这一结构就有可能产生歧义,所以需要我们结合语义和语境以及其他的变式等进行认真的鉴别。

“X 你个头”是当代汉语里极为流行的一个框式结构,X 是可变项,“你个头”为不变项,主要用于对对方的话语表示反驳或者否定。该结构式很能产,出现频率非常高,近年来该框式结构还出现了一些特殊的变式。可惜,《辞海》和《现代汉语词典》都没有收录这个有趣的条目,有关汉语格式的词典也没有收录。我们查阅“北京大学 CCL 语料库”,只发现了 4 个句例:

(1) 六师弟:还你个头!把蛋还给我!!!!

(2) 刘凯火了:“结你个头!怎么对工作这么不负责任!”

(3) 郭芙蓉:妹你个头,走开啦……过来!

(4) 小强:“啊你个头!别啰唆,你到底看见他藏在哪里了吗?”

在古代汉语语料库里,这类例子一个都没有。然而我们利用“百度搜索”,

结果居然找到“X你的头”相关结果约7 410 000个，其中绝大多数属于表否定义的框式结构“X你个头”。我们又在“中国知网”上全面搜索，文章标题含有“你个头”的只有4篇，最早的见于2005年：

(5) 老猫：《“波波”你个头》(《上海采风》2005－08)

(6) 云云：《美眉出击：骚扰电话，打你个头！》(《东西南北(大学生)》2005－11)

(7) 玛丽：《去你个头》(《课外生活(小学版)》2006－02)

(8) 梁聪怡：《吃你个头STOYN：英雄主义冰棍》(《天下美食》2011－09)

可见，第一，该框式结构主要出现在当代汉语的口语里，尤其是对话里。第二，尽管书面句例大多出现在网络小说和博客等文本中，但是人们的接受度极高。第三，这一结构显然是21世纪产生的，历史还比较短，但是活跃程度很高，能产性很强，尤其在年轻人群里。

一、X的类型

(一) 动词、形容词＋“你个头”

X这个可变项，最常见的是动词，而且最主要的是及物动词。例如：

(1) 点秋香，点你个头啊！

(2) “你怎么不问问八哥？”“问你个头！”

当然也可以是不及物动词。例如：

(3) 哭哭哭。哭你个头！

(4) 死、死你个头，你要死了，我妹妹不也要守寡。

还可以是形容词，基本上是性质形容词，几乎没有状态形容词，单音节、双音节都可以。例如：

(5) 美你个头！

(6) 可爱你个头！

(二) 非谓词＋“你个头”

要注意的是，如果说“及物动词＋你个头”还可以理解为动宾短语，那么不及物动词乃至于形容词加上“你个头”就无法分析为动宾短语了。这里的“X”和“你个头”所构成的结构，与其说是短语，不如说是已经开始变为一个"框式结构"了。到了名词加上"你个头",甚至于代词、副词、叹词、拟声词、语气词等加上"你个头",就更加需要解释为框式结构了。

1. 名词+"你个头"。例如:

(7) 闪光的蛋蛋,蛋你个头啊。

(8) "鼻涕?""……鼻涕你个头!"

2. 代词(人称代词或指示代词)+"你个头"。例如:

(9) "气煞我也,气煞我也,我,我——""我你个头啊!""你——""你个头啊!"

(10) "这,辉哥。"岳进大惊,还不明白是怎么回事。"这你个头啊!办不好,就等死吧!"

3. 副词、叹词、拟声词、语气词+"你个头"。例如:

(11) "哦? 小贝不是进去了么? 怎么又……""又你个头啊! 小贝,不要管他,我们走!"

(12) 哈哈你个头。

(13) 我都说了不行不行,你还哦哦哦,哦你个头啊。

(14) 耶耶耶,耶你个头。

可见,几乎所有的词类都可以进入该框式结构,换言之,在词类方面,几乎没有特别的强制性的要求,只能说动词是最多的,是原型。

(三) 语素+"你个头"

有趣的是,近些年来,这一情况发生了很大的变化。进入 X 的不仅仅是词,也可以是语素。例如:

(15) "一些高福利的西方国家其实更接近公有制。""哈哈! 公你个头啊,那些国家是把工人的工资拿出来办福利,并不是拿老板的利润来给工人办福利,贫富差距仍然悬殊,照样发生金融危机。"

(16) 如果楼主觉得是尊重的话,我想说:"尊你个头"。如果楼主觉得是侮辱的话,我想说:"侮你个头"。

(四) 字母+"你个头"

不仅如此,还可以是拼音字母、外语单词或者字母。例如:

(17) 这个广告做得相当欠扁。一开头几个人在那里 O 来 O 去的,真是来火,真想像孙悟空那样敲他们一楔子,O,O,O,O 你个

头啊!!!(微软手机广告)

(18)“OK,OK……”我不假思索,一边说一边使劲点头。“K你个头,想的美。”

(19)都什么年代了,还go go go呢,go你个头!

从及物动词,到不及物动词、形容词,再到名词、代词、副词、叹词、拟声词、语气词,再到语素,乃至于字母,结构的虚化程度就越高,框式结构越来越成形。可见说话者只是抓住对方的话语的某个部分X来表示自己的态度,并不在乎X到底是什么。

二、多音节词语进入该框架的话语策略

我们需要特别注意的是,双音节或者多音节的词语,当需要进入该框架时,一般有三种话语策略。

(一)首位策略

该框架的原型是个动宾结构,X本来就是单音节的动作动词,所以理所当然就选定第一个词语进入该框架。例如:

(1)某些经济精英比猪还聪明,救市,救你个头啊!

(2)哈韩,哈日,哈你个头!

(3)喝喜酒?喝你个头!

(4)收心?收、收你个头啊!

一方面,是语言里的“仿造”原则在起作用,另外一方面则还要遵循“简便”原则,因为在口语对话里,往往是脱口而出,很少仔细选择,第一个词语(包括语素,乃至于音节)是最容易选定的,基本上不考虑结构或者语义的要素了。所以,双音节的词语,不管是动词、形容词,还是名词,进入该框架时,往往就选取第一个语素。例如:

(5)放逐,放你个头啊!

(6)怎么才来上课啊,人家都在翘首等待你啦!翘你个头啊!

(7)还说什么25日哀悼日,哀你个头啊!

(8)啦啦操,啦啦操,啦你个头吖!

(二)重点策略

主要考虑语义或者结构上最重要的字眼,通常这个关键性字眼就是

第一个音节,那就跟第一条原则相符合。但是也可能关键性字眼出现在第二个音节或者其他位置,尤其是主要动词或动词性语素。例如:

(9) 什么大拜年,拜你个头啊!

(10)“病情扩散。”“扩你个头。”

(11)“有辱斯文,有辱斯文!”“辱你个头!”

如果是偏正结构,则往往取位于后面的中心词部分。例如:

(12) 小资,资你个头!

(13) 有些家伙说是中国老龄化了,要多生了,生你个头,中国的基数大啊!

(14) 楼主好豪爽! 爽你个头!

也可能挑出发话人认为最重要、最关键的字眼。例如:

(15) 你有头吗? 头你个头!

(16) 台湾把幼儿园叫幼稚园,稚你个头啊! 好土耶!

(三) 整体策略

不管几个音节,全部作为 X 进入该框架,包括双音节或者多音节。例如:

(17) 误读误读。误读你个头啦。广州电视已经改版普通话了。

(18) 团购你个头! 瞎呀还是傻呀还是托儿啊?!

(19) 席梦思你个头啊,我问你睡了吗?

(20) 没关系你个头! 想叫我去死直接说! 你小子是不是看的穿越文太多了? 以为我身怀绝技?

有时候第一第二策略都发挥作用。例如:

(21) 一群老男人从头到尾小夏小夏地叫,令我身上一层又一层地起鸡皮疙瘩,小你个头,夏你个头。

至于何时采用何种策略,都有可能,主要根据说话者的需要。例如下面的“大跌”,在不同的情况下,就采取了三种不同的话语策略:

(22) 一共也只有 3.3 元,要大跌,大你个头!

(23) 听说周一要大跌,跌你个头。

(24) 实在看不惯这群死托,叫什么 20 日要大跌,大跌你个头!

对“股市大跌”的反驳,例(22)是首位策略,例(23)是重点策略。例(24)则是整体策略。

三、“X你个头”的结构特点

（一）必须是后续句

这一框式结构本身是不自足的，不可能作为首发句出现，它只能充当后续句，换言之，前面必须有先行句，然后针对该先行句发表自己的看法，所以必须承接前句而来。例如：

（1）想爱也难——难你个头啊！

（2）我说：“你不是让我脱鞋睡觉了？”老婆恨得咬牙切齿地说：“睡你个头！告诉你，咱的车陷泥坑里了，我是要你脱了鞋下去帮忙推！”

（3）“你不喜欢？”司徒昊很快恢复了神色，邪佞地挑眉。“喜欢你个头！”她无法再面对他，强装着做戏的笑容转身就走。

（4）“你很失败，丑化编导的才气。”“才气你个头！丑化了我们观众的审美观。”

（二）人称的制约

该框式结构的主语都是第一人称“我”，但是通常省略，偶尔也会出现。例如：

（5）还有些无聊的人说，你用心良苦不是在网上找朋友吗？我找你个头啊，我可以当你娘了。

（6）我开心你个头，死小子，别让我逮到你的把柄。

不变项“你个头”中主要是第二人称“你”，而且可以是复数第二人称，尽管不多。例如：

（7）暴力美学你们个头啊！！！

（8）抄袭你们个头！

但是绝对不能是第一人称“我”，第三人称则也还可以，只不过数量比较少。在百度上，我们也只找到少数几个，语义也是表示反驳与否定，只是对象是第三者。例如：

（9）是谁说，大难不死必有后福，福他个头。

（10）戒他个头，他戒得了就好。

（11）查查查，查他个头！

(12) 相处？相处他个头！爷爷你没看到他那张丑恶的嘴脸吗！

(三)“X你个头”的扩展变式

1. 拷贝式结构

X不但出现在“你个头”的前面，还可以在“你个头”的后面再拷贝一次，构成“X_1你个头X_2”。这可能是仿造“吃什么吃！”“看什么看！”这样的结构式，借助于X的重现，加深X的印象。句尾可能没有任何语气词，如果有语气词，例如“啊”，可以出现在X_2之前，也可以出现在X_2之后，不过以居前为多。例如：

(13) 好你个头好！

(14) 走你个头啊走！！

(15) 我喊：“铁蛋洗手了。”儿子：“洗你个头啊洗。”我喊：“铁蛋，看书了。”儿子：“看你个头啊看。”

(16) 逃你个头逃啊！

原先主要是单音节动词或形容词可以重复，发展到现在，居然副词、叹词等也可以了。这可能是结构的仿造性导致的。例如：

(17) 就就就，就你个头就！我的天啊，我可怎么和你家人说啊我！

(18) 哼你个头呀哼，林晓玲你个混蛋，你没事打那么多电话干嘛？

2. 动宾内嵌“X你个头”

动宾式内嵌“X你个头”，这也是一种特殊的扩展变式，如例(19)(20)。即使该词语本身是偏正组合，或者并列组合，甚至于派生构词关系也会进行动宾式仿造，如例(21)(22)与(23)(24)：

(19) 考你个头的研，西南财经大学的研究生们帮帮我！

(20) 你家开的不是自助餐么，限你个头量啊！

(21) “大你个头爷！”我也火了起来！却不知道怎么骂他。

(22) 美式你个头民主！那是纳粹主义宣传电影。

(23) 还“也是一种方法”，方你个头法，你要对你的言论负责！

(24) “老你个头的婆！”叭，秦春春毫不客气地拍了下司空玉晨的脑袋。

(四)“X你个头”的简略变式

1. 从“X你个头”到“你个头”

由于“X你个头”这一框式结构中的不变项的功能以及构式义趋向稳

定，即使不出现前面的X，单单“你个头”实际上就具备了该框式结构的特色。所以，我们会发现“X你个头”之后还会多次重复出现“你个头”，甚至于单独使用“你个头”来表示反驳或否定的情况：

（25）惊喜，惊你个头啊！你个头你个头啊……

（26）效你个头！你个头！你个头！你个头！你个头！你个头！你个头！！

这起码说明“你个头”已经具有了单独的贬义，所以会有下面的对话：

（27）我又说道：“大你个头，大你个头，大你个头呀！”他说道：“你不要说你个头，好不好？”

2. 从“X你个头”到“X个头”

“X你个头”用得多了，语义越固化，结构就会越来越简化。结果就出现了“你”都省略了的格式。例如：

（28）准确预见每次大跌，跌个头。

（29）审美个头，看不懂影片内涵的人都像你们一样。

（30）今天小散该赚的都跑了，明天跌个头啊。

（31）天天爆满，玩个头啊！

四、框式意义及使用特点

（一）框式意义

整个框式结构的语义是针对对方的话语表示反驳或者否定的，包括调侃、讽刺、挖苦、质疑、否定、愤怒……这一语义倾向，通过前言后语就可以清楚地看出来。例如：

（1）吸你个头！明明是早盘想拉停！只怪身上血不够！

（2）说你个头啊，你个臭小子！又来祸害我家阿宝，小心我告诉你爸，让他收拾你！

（3）唱啥唱，唱你个头啊！

（4）躲你个头啊，给老娘放手！

正因为如此，这一格式的前后就常常有骂人的话语修饰穿插其中。例如：

（5）靠！晃你妈个头啊？干什么啊？

（6）“你还是第一个敢当着我的面骂我的人，有胆量，我喜欢。”“喜欢你妈个头！”

“你个头”也可以说成“你的头”，但是前面必须有“你妈的”这类骂人话语，否则只能理解为一般的动宾组合。例如：

(7) 穿越，穿越，穿你妈的头！

(8) 她想骂人“去你妈的头”，又想骂“你奶奶的”，最后骂成了“去你妈的奶头！”

这一框式结构泛言之属于广义的骂人话，但是并没有不文明的词语，语气往往也没有那么激烈，所以这一格式特别受欢迎，常常用于熟悉人之间，即使是反驳、否定，语气也比较缓和。

(二) 使用特点

该框式结构，在实际使用中，还有许多特点。

1. “X你个头”的连续使用

“X你个头”在叙述语言里一口气连续使用，从而造成一种咄咄逼人的声势。例如：

(9) 告别你个头！单身你个头！豪门你个头你个头！

(10) 友你个头！泥你个头，轰你个头！

(11) 慕平凡啊，慕平凡，心你个头，有你个头，灵你个头，犀你个头，根本就想岔道了。

(12) 浴血你个头！战死你个头！耻辱你个头！我还不想死呢！

2. “X你个头”的反复使用

“X你个头”在对答中反复使用，从而也会造成一种完全拒绝不留余地的气势。例如：

(13) 帮帮我，帮你个头！求求你，求你个头！拉拉我，拉你个头！我爱你，爱你个……

(14) “这儿就是百花谷，你喜欢吗？”

“喜欢你个头！”

“欢欢你真可爱！”

“可爱你个头！”

(15) “深更半夜的你鬼嚎个什么？”

“我在抒发感情。”

"抒你个头，宝宝要睡觉了，你这么一嚎，她晚上不得做噩梦啊？"

"我优美的嗓音……""优你个头！"

"我磁性的嗓音……""磁你个头！"

"我……""我你个头"

(16) "请问——"叮当响刚要说，还没说完。师傅立刻施展上乘武功绝学，她知道，要是让对手先开了口，自己一定没好下场，所以她暗运了一口气，冲着恶人说了一句。"问你个头啊！""我是说——""说你个头啊！""你好有个性！""个你个头啊！""不是！是——"

"是你个头啊！""你别老你个头的！""头你个头啊！"

有时候连续使用与反复使用会同时出现。例如：

(17) 兴趣爱好：好你个头；喜欢的音乐：乐你个头；喜欢的电影：影你个头；喜欢的书：书你个头；喜欢的运动：动你个头；欣赏的人：人你个头你个头你个头……

3. "X你个头"的诙谐使用

由于中英文理解上的差异，"X你个头"会造成某种幽默、笑话。例如：

(18) 某公司经理叫秘书转呈公文给老板：报告老总，下个月欧洲有一批订单，我觉得公司需要带人去和他们谈判。老板在公文后面短短签下："Go a head！"经理收到之后，马上指示下属买机票，拟定行程，自己则整理行李。临出发那天，被秘书挡下来。秘书："你要去哪里？"经理："去欧洲开会呀！"秘书："老板有同意？"经理："老板不是对我说Go a head吗？"秘书："来公司这么久，难道你还不知道老板的英文程度吗？老板的意思是：去你个头！"

五、"X你个脚"及其他

(一) 英语的"X your foot"

汉语口语里，可以用"X你个头"来表示一种驳斥的口气，或者表示否定的意思。有意思的是，很早就有人发现，英语中居然可以用"X你个脚"

或者“X我个脚”来表示跟现代汉语相近似的意思。例如：

(1) Mother：She was honest enough to tell me that ...
Father：Honest your foot! She's fooled you — deceived you.
(诚实你个脚，她骗了你。)

(2) But it's a serious matter for you.
Serious my foot. Why should I worry?
(重要我个脚。我为什么要担心?)

这个your foot或my foot的用法，《牛津英语词典》(第二版)，包括国内出版的《英汉大词典》都收录了。可见，在英语里，“X你个脚”几乎相当于汉语的“X你个头”。

(二) 汉语方言里的“X你个脚”

更为有意思的是，“X你个脚”的用法，其实在汉语方言里也有。例如：

(3) 夏天智骂道：“给你个脚！墙高的人了，倒还有脸向我要钱?”

(4) 廖珍嘟囔着：“嫂子、嫂子、嫂子你个脚!”

(5) 贵你个脚贵!

(6) 杜丽娟说：“卡什么卡，卡你个脚!”说着取了碗筷去洗。

其中的“脚”还能够变化为“脚后跟”“脚杆”“脚底板”“脚后跟子”等。例如：

(7) 说你个脚后跟！去，我没工夫听!

(8) 艺术你个脚杆哦，为有这样的80后为耻!

(9) 小鸡：要你管，你个脚底板!

(10) 老沙说，你来干啥？这大老远的，你不用跟我去了，捎啥东西，你只管说。
田婶说，捎你个脚后跟子，你真要去镇上?

(三) 其他类似的用法

“X你个头”“X你个脚”还可以一起使用，甚至于在“X你个头”“X你个脚”之外还派生出其他的说法：

(11) 油你个头，油你个脚啊，费用你出啊，时间损失你赔啊?

(12) 我服了你小子，涉嫌洗钱的账户？洗你个头！洗你个脚！洗你个关键字啊!

(13) 等你越位几十次！打！打！打！打你个头！打你个脚！打你无伶俐！

除此之外，还有“顶你个脚”“顶你个肺”的说法。例如：

(14) 顶你个脚啊！

(15) “先顶你个肺，再顶你个脚底板。”

有人解释这是粤语的口头禅：“‘顶你个肺’是我们粤语中的口头禅，算比较斯文的骂人话，也是气不过时的骂话，通常后面会跟着‘岂有此理’。有点像北京话中的‘靠’。”(健友论坛，2007－02－28)甚至于还有“塞你个胃”的说法。例如，2007年7月27日下午3点，《疯狂的石头》主演郭涛、刘桦、岳小军光临北青网。刘桦现场解读了经典台词“顶你个肺”的含义：“人跟人打起来之后，手搭着肩膀，膝盖弯一下顶着肺，会把你拽下来，直接奔着肺去了。还有说‘塞你个胃’也是这样，总之是让你难受、不舒服的口头语。”

六、“X你个头”的原型及其虚化

(一) 歧义结构与原型

“X你个头”如果X是单音节的动作动词，实际上是个歧义结构。其中动宾组合应该是原型结构。例如下面这首歌词就是这个意思：

(1) 我说爱你个头，爱你这个小丫头。把你藏在心头，陪着你到梦里头。就让我的肩头，作你的海港码头。停靠你的爱恨忧愁，到天地尽头。你说爱我个头，爱我这个大猪头。喜欢挥着拳头，修理我这个木头。站在你的前头，遮风挡雨不回头。对你的爱生死白头，不会无厘头。

但是现在这一原型用法大大萎缩，主要用来表示否定义。换言之，“X你个头”完全可能是歧义的。例如：

(2) 光明使者宝典：紫色，专打你个头。

(3) 什么打压，打你个头。

(4) 酒杯敲你个头。

(5) 什么叫敲大背？敲你个头！

例(2)(4)的“X你个头”是本义，是动宾短语，是真的去“打”“敲”你个头；而例(3)(5)则是个框式结构，整体表示一种反驳、否定的格式义。

(二)“X你个头”泛化的推测

关于该框式结构的来源，我们查阅历史文献，历史语料，不仅《金瓶梅》《红楼梦》《儿女英雄传》里一例也没有，即使现代作品，曹禺、老舍，乃至王朔的，也没有发现一例。这说明，这是普通老百姓口语里的格式，而且是近些年才流传开来的。它的历史还比较短，是一种新兴格式。

我们看到有一种说法，认为“你个头”本来是蒙古语里的“里个球”，是句骂人的脏话，汉族人听不懂就被说成了“你个头”。但是那也只是一种猜测，没有语料可以证明。我们推测，人的身体最重要的是头，它是用来思考的，所以如果动作直接触及“你个头”，实际上就显示了对对方的不满。“打你个头”“敲你个头”，实际上也就是警告你，处罚你，是对你的不满和否定。可见，“X你个头”原型格式的意义是实在的。例如：

(6) 酒杯敲你个头。(曾志伟林敏聪搞笑歌曲)

(7) 保护费？保护你个头啊！你保护我什么了？

(8) 拍你个头，我自己不是已经拍了吗？

(9) 赔偿？你个头啊！

例(6)只能理解为原型的动宾短语，例(7)可以双解，例(8)明显应该属于框式结构了，例(9)“你个头”单独使用，显然是“X你个头”的省略变式，但是也是一语双关，显示说话人对“你个头”的重视。

由于这类短语的组合意义都表示对对方的一种否定，所以，就很容易发展为整个格式具有了这一意义。这是短语组合义凝固转化为框式结构的典型例子，即贬义的“固化”。如果这样的解释能够成立，那么“X你个脚”也很容易理解了，因为“脚”也是人身上比较主要的外露的器官，具有仅次于头的重要性。

事实上，“及物动词＋你个头”这一组合，如果语义上没问题，最大的可能就是理解为动宾短语。尤其是动词后面还跟着“了”的话。例如：

(10) 点击确定，马上弹出一条信息：我爆了你个头。

(11) 杨浩笑道：“你不过是被火星溅了一下，才一个小点儿，破了你个头的相啊！”

至于X从一般的及物动词扩大化为其他词语，乃至于语素、字母，也是有个过程的。从句法角度看，显然这里是一种仿造机制在起作用，即说话人临时把非谓词的X看作了动词性的成分。例如：

(12) 现在还在说加息是双刃剑啊，双刃了你个头啊。

(13) 全死了你个头，他们俩都没死。

例(12)在"双刃"后面出现时态助词"了"，也许能够说明这里的语义明显是双重了，既可以看作真的是"用双刃剑割了你个头"(名词临时用作动词)，也可以看作这是个框式结构，表示反驳和否定的构式义。例(13)虽然也有"了"，整个"X了你个头"已经明显虚化，再也无法理解为动宾组合，这是一种过渡形式的结构。然后随着这一框式结构中X的泛化，加上"了"的脱落，就变成了"X你个头"或者"XX你个头"。

参考文献

邵敬敏　2011　汉语框式结构说略，《中国语文》第3期。

本文在《〈语法修辞讲话〉发表60周年学术研讨会》(天津，2011年10月)上宣读。

(原载《汉语学报》2012年第4期)

框式结构“A了去了”

近年来,“A了去了”(A为形容词)这样的说法相当活跃,可以说比比皆是,几乎成了一种时尚语言。我们发现,这种结构主要出现在人物的对话中。例如:

(1) 嗐,那些事儿别提了,多了去了。(冯骥才《一百个人的十年》)

也常常出现在一般的陈述语言里。例如:

(2) 自己是“废物”,再公然宣布她“能生孩子”,这里头的文章就更大了去了!(冯苓植《猫腻》)

“A了去了”这一框式结构的兴起与流行,自然引起了汉语学界的关注,已有多篇与此相关的论文发表,颇为热闹。但是众说纷纭,意见不一。

本文打算运用框式结构理论,并且从时空(方言佐证以及历史溯源)两个方面来论证:

第一,论证“A了去了”是个框式结构,不必拘泥于说明“去了”或者“了去了”是词还是结构。

第二,论证“A了去了”结构的语法意义并非仅仅表示程度高,而主要是传递说话人对这类程度高“不以为然”的主观不满义。

第三,从语源来看,“A了去了”这一结构可能是受到汉语方言用法的影响而形成的。

第四,进行虚化假设,从历史演变的角度证明“A了去了”可能是从“V了去了”经过“VA了去了”中V的脱落演化而来。

一、“A了去了”中A表“高量”的语义倾向

我们查阅北京大学CCL现代汉语语料库,一共检索到78例“X了去了”,大体上分为两类:一是由动词构成的“V了去了”,共45条;二是由

形容词构成的“A了去了”，共33条，其中“多了去了”占绝对多数(2012-07-08统计)，“A了去了”的具体数据如下：

多了去了：17例　　大了去了：8例　　海了去了：4例

高了去了：1例　　深了去了：1例　　远了去了：1例

复杂了去了：1例

张菁(2008)一文也对“X了去了”结构进行了统计(其中还包括网络上的数据)，按照形容词的反义关系以及音节的单双，分为三种情况：

a. 多对零

远：近 1 410：0　　深：浅 726：0　　强：弱 209：0

b. 多对少

老：嫩 440：4　　高：低 195：3　　高：矮 195：3

长：短 88：1　　好：坏 79：3　　早：晚 66：1

大：小 3 940：19　　多：少 32 400：196

c. 反义(单双音节)对比

难：容易 107：2　　贵：便宜 339：7　　复杂：简单 11：1

综合这两组数据，我们可以发现以下几个特点：

第一，能够进入该框架的形容词有个基本要求，就是倾向于“量”大的，尤其以“多”“大”“海”“远”等出现频率最高。至于表示“量”小的，例如“少”“小”“低”“浅”“近”，即使有，概率也很低，有的甚至只是孤例，说明它们基本上不能进入这一结构。即使张菁所举第二类的数据显示“量”小的用例有一些，但也不成比例，换言之可接受度相当低。这一差异很好解释，因为高量形容词在语义上跟该格式语法意义表示数量大、距离远、程度深是一致的，属于顺向型，自然句法上的适配度要高；而低量形容词则跟数量大、距离远、程度深不一致，属于逆向型，语义上有矛盾之处，句法适配度很低，不易被接受。

第二，能够进入该结构的形容词基本上是单音节的性质形容词，双音节原则上不能进入该结构。“复杂”只是个孤例、特例。状态形容词多为两个音节以上，也不行。根据张菁的调查，构成“A了去了”的68个形容词中，单音节形容词有43个，双音节的形容词有25个，数量比为1.72∶1，表面上似乎相差不是太大，但事实上单音节形容词的使用概率远远高于双音节形容词,例句的数量比大约是 700∶1。估计这跟汉语的韵律节奏倾向于双音节或四音节密切相关,“A 了去了”是四音节,极易上口;而“AB 了去了”是五音节的,显得太长,而且不易上口。

第三,历史上的白话作品以及现代汉语作品里只有“V 了去了”,显然,“A 了去了”属于当代汉语的新用法。我们查阅历代著名的白话小说,“X 了去了”的例句确实有:《西游记》2 例,《今古奇观》3 例,《金瓶梅》3 例,《儒林外史》3 例,《官场现形记》11 例,《红楼梦》15 例,《儿女英雄传》22 例,但是全都是“V 了去了”,没有 1 例是“A 了去了”。这说明越接近当代,“X 了去了”使用的概率就越高。根据我们所查阅的现当代北京作者的作品(包括老舍、王朔等在内),只发现极少数的用例,例如:

(1) 这群小鬼的严肃劲儿可大了去啦!(老舍《试验田》)

值得注意的是这一用例是 1949 年以后的。我们推断,这一用法是当代用法,而且不是来源于北京口语,它应该另有来源,也许是受到汉语方言的影响。

二、传递“不以为然”的主观不满义

对“A 了去了”所表示的语法意义,诸多看法尽管有点接近,但是还可以分为三类不同角度的说法:

第一类:表示程度高,相当于“A 极了”。

第二类:表示程度超常,相当于“太 A 了”。

第三类:表示夸张,相当于“A 得不得了”。

这些看法当然都有一定道理,尤其是第二种看法最有意思,最接近原义,但是我们感到都还只是触及了它的表层意义,“A 了去了”还应该有它自己的框式义,不只是一般地表示程度高,也不只是一般的夸张口吻。既然已经存在表示程度高和夸张的“非常 A”“A 极了”“太 A 了”“A 得不得了”,那么为什么还会出现“A 了去了”呢?而且还风靡一时。可见它有自己特殊的语法意义、独特的语用价值,绝对不能用这样简单的“对译”来解释。

我们认为,关键是要发现使用该框式结构的语言条件,即诱发该结构出现的话语环境到底是什么。换而言之,在怎样的话语环境中,人们的第一选择必然是使用该框架结构，否则无法准确表达自己的主观意愿与情态。通过分析，我们发现在以下几类语境中，常常会激发“A 了去了”结构的出现：

第一类，对交际对方不满。结合上文传递的信息，可以清楚地显示出，说话人对交际对方的话语或行为相当不满，带有明显反驳、讽刺、教训、提醒、警告的口吻。北京大学 CCL 现代汉语语料库里 33 个“A 了去了”中有 15 个例句属于这一类，占 45.5%。例如：

(1) 我说既然都是漳州水仙，还有多大的差别呢？他嘿嘿一笑，说差别大了去了。(《人民日报》1998 年 1 月)(反驳)

(2) 想娶我？往后排个儿去吧你，在你前头的多了去了。(网文《看完没笑?! 你绝对够狠!》)(讽刺)

例(1)“差别大了去了”显然是针对“还有多大差别呢?”这一无知的提问；例(2)的“多了去了”是针对“想娶我”的愿望，明显流露出说话人的不满、鄙视。尽管每个句子的不满程度有所不同，但是对交际对方话语或行为的不以为然、反驳讥讽的意味是非常突出的。

有些话语里，除了使用“A 了去了”，提示性上文或本句中还明确出现批评、训斥对方的话语，言下之意是“你别胡说八道，别不知好歹”。例如：

(3) 哪个单位不行？啊？嘿，哭着喊着找咱们一块儿参加主办单位的，多了去了。(电视剧《编辑部的故事》)

(4) 柯镇华狠狠训了一顿，甚至不客气地警告说：齐州像你这种小老板多了去了。(电视剧《冬至》)

(5) 你可听好了，以后你们乔家用银子的地方多了去了。(电视剧《乔家大院》)

例(3)的反问句“哪个单位不行”是教训，例(4)叙述性的提示“不客气地警告说”是警告，例(5)的“你可听好了”是提醒，也是警示，这些无不明确传递出说话人不满的情绪与态度。

第二类，对评述话题不满。说话人对所议论评述的对象，包括人、物，或者动作行为，甚至于事件，主观态度都不以为然，带有一种批评、调侃、嘲弄的意味。这跟第一类明显有区别，即并非直接对交际对方的不满，而是对所评议话题或所关涉对象的不满。例如：

(6) 那和珅的地多了去了。(纪连海《正说和珅(二)敛财之谜》)

(7) 潘大掌柜喜在官场结交,尤其是京城里的达官贵人,银子花得海了去了!(电视剧《乔家大院》)

(8) 万人坑呢在这永定门外头,挖了这么一个大坑。深,那可深了去了。(金淑惠《1982年北京话调查资料》)

(9) 哪经得起这么拧啊,后来全长了小蛆,白的。嗐,那些事儿别提了,多了去了。(冯骥才《一百个人的十年》)

这些句子基本上都是自述,针对的显然不是交际另一方。例(6)(7)"多了去了"与"海了去了"针对的是地太多的"和珅"以及特能花钱的"潘大掌柜"。例(8)(9)"深了去了"与"多了去了"针对的是万恶的"万人坑"以及"那些事儿"。

有些话语里,除了使用"A了去了",本身就带有明显贬义的词语,或者贬斥格式。例如:

(10) 这事儿自古还少吗?公公骚媳妇儿,小叔子挎嫂嫂,妯娌们大倒班儿,多了去了,只不过大伙儿不说罢了!(冯苓植《猫腻》)

(11) 飞扬跋扈,心胸狭窄,得罪的人多了去了。(电视剧《乔家大院》)

甚至还有自嘲的。例如:

(12) 您这一说,我的罪过可大了去了,不忠不孝,够杀了。(陈建功、赵大年《皇城根》)

(13) 最初只是对文学有一点爱好,爱读读文学作品,这种人多了去了!(汪曾祺《自序》)

要特别注意的是,第一类与第二类的不满往往是融合在一起的,兼而有之。换而言之,既有对交际另一方的不满,也有对所评述话题的不满。例如:

(14) 老太太,打住打住!什么圆将军方将军的,中国历史上的将军多了去了!(电视剧《冬至》)

(15) 就连日本人都说,主席大大的,顾问小小的!还不明白?官儿大了去了,就差当皇上了!(冯苓植《雪驹》)

(16) 所谓的"海龟"未必就强于"土鳖",留学生不学无术欺世盗名的也多了去了。(张锐、任羽中《完美大学必修课》)

(17) 你知道我什么？我那都是些小把戏，上不得台面的。能干的人多了去了……（李佩甫《羊的门》）

例(14)的"多了去了"既表示了对"老太太"胡说八道信口开河的不满，也显示了对中国历史上名不符其实所谓的"将军"的不满。例(15)的"大了去了"既有对对方"还不明白"的反驳，也有对"官儿"的冷嘲热讽，一句"就差当皇上了"就是最好的注释。例(16)的"多了去了"公开反驳对方认为"海龟"一定强于"土鳖"的糊涂言论，同时也显示对部分"不学无术欺世盗名"的留学生的强烈不满。例(17)的"多了去了"既流露出对对方不了解自己的不满，也显示出对那些所谓"能干的人"的瞧不起。可以说是一箭双雕，但是表达不满的情态则是一致的。

第三类，对某种预期的不满。话语表面上似乎没有明显的倾向，有的甚至于还用了褒扬的词语。但是如果仔细体会，就会发现这一框式结构虽然既不直接针对话语对方，也不针对评述话题，只是因为实际情况超出了预期而导致不满。但这只是一种潜在的不满、隐形的发泄，这类不满相当隐蔽、含蓄，由于在句子的层面没有出现直接贬斥或批评的词语，所以特别需要仔细辨别。如果不加以注意，常常会被忽略过去。例如：

(18) 谁都一样，心里有一根簧。平时，涵养高了去了，可你一碰了那根簧，谁都得蹦起来！（陈建功、赵大年《皇城根》）

(19) 现在北京的出租车海了去了，仅"面的"就有上万辆。（《人民日报》1993年2月）

(20) 眼下北京城专业的、业余的电视剧本作家海了去了，都苦于无门找"婆家"，不是没人演，而是没人掏钱。（宗春启、骆玉兰《作家自掏腰包做广告》）

例(18)"高了去了"针对的不是"你"，也不是"谁"（任指，所有的人），而是针对预期：涵养高却"蹦起来"了。例(19)"海了去了"不是针对交际对方，也不是针对"北京的出租车"，而是针对预期：出租车没有定额管理，实在太多了。例(20)"海了去了"针对的也不是那些"业余的电视剧本作家"，而是针对"都苦于无门找'婆家'"这样尴尬的事情。

第一类、第二类，我们比较容易理解和感知，而第三类，往往不易为人觉察，以至于有人误以为"A了去了"也能够表示赞赏、认同的口气，不一定就是“不满”。这里的关键在于我们不能仅仅停留在只是针对交际对方或者话题的那种表层的不满，而需要深入琢磨针对预设的深层不满和抱怨。要特别注意的是，这种主观不满义不是非常强烈与明显的，而是不经意的，甚至于是隐含的、潜在的，需要我们结合语境去捕捉。如果不仔细琢磨，可能不那么容易体会出来。可见，“有意无意地显示不满情绪”，这才是“A了去了”这一框式结构的核心意义。否则我们无法解释下面的例句，为什么例(21)已经明说“多了”，后文还要再说一个“A了去了”；例(22)后文明说“有好几万人呢”，前文还要说“海了去了”。

(21) 比我冤的也有的是，我见的多了。那阵子为一句话坐大牢的人多了去了，光我们那儿就大部分的现行反革命罪。(冯骥才《一百个人的十年》)

(22) 实话不瞒你说，光北京要来匈牙利的人就海了去了，有好几万人呢！(《开往卡托维茨的国际列车》)

其次，这类不满并不一定都是强烈的排斥、反驳、批评或否定，也可能只是淡淡地流露出不以为然、瞧不起、不放在心上的不满倾向。主观感情的框式化和不满情绪的淡化处理，使得这一框式结构显得特别时尚、特别口语，不容易招致对方的反感，这也许就是这一框式结构得以流行的原因。

20世纪70年代末，《出版工作》编辑组给吕叔湘先生的一封信里提到《关于再版书的序、跋、说明》一文中有一句“看过‘出版说明’的人可多了去了”，觉得好像有些别扭，末尾的“去了”二字是否误笔，提出建议可否将其删掉。吕先生的回答是“如果编辑同志认为这种说法比较土，把‘去了’二字删去也可以。”编辑组的感觉是有道理的，因为这一说法不只是单纯表示程度高，而是含有“不满”甚至于“反驳”的意味，所以在这里用这一结构，就与上下文不匹配，就会觉得“别扭”，吕先生可能感觉到了，所以也同意“删去”。(参见《中国出版》1980年第4期。)

三、“A了去了”的结构分析必须另辟蹊径

“A了去了”的结构分析涉及两个问题：

第一，A后面的成分，“去了”或者“了去了”到底是一个词还是结构？大体上有三种意见：

a. “去”跟“了”是两个词组成的结构。

b. “去了”是一个词。

c. “了去了”是一个词,或者语块。

第二,“去了”如果是词,那么词性是什么?有四种不同观点:

a. 程度副词。

b. 语气词。

c. 助词。

d. 后置成分。

比较有代表性的观点是储泽祥(2008),他认为“去了”是一个词,而且是后置的程度副词,或者叫作表形状程度的后置标记。他认为:“去了”可能是由趋向动词“去”与助词“了”跨层虚化来的。趋向动词“去”表示从说话人位置移向别处,可以引申为远远超出所在范围的意义,通过隐喻,就可以表示程度远远超出一般情况,即表示程度非常高的意义。这个语义虚化过程的解释,是符合从空间域隐喻到程度域的认知过程的。但是这一说法的问题是有意无意地回避了第一个“了”。即使认为这个“了”是依附在A之后的,但是问题在于这一结构不可能省略这个“了”,它是构成“A了去了”必不可少的结构成分。事实上,“A了去了”是一个整体,不可分割,只可用A进行有限替换。

我们认为,对这样的结构进行分析,必须摒弃旧的传统思路,不要局限在是词还是词组的纷争上,更不要拘泥于必须属于哪一个词类的认识。我们认为这样的结构是在语言长期使用过程中产生的。“了去了”本来不是一个词语,但是由于语言使用中跟“A”长期结合在一起整体使用,就形成了一个“语块”,它不是词,也不是词组,不能独立交际使用,必须依附在形容词(主要是单音节)后面才行,并且成为该框式结构中的不变项,严格地说,这是一种框式结构的标记。汉语中,这类结构标记比比皆是,对它们都可以作统一的解释,例如“越来越A”“V你个头”,其中“越来越”“你个头”是什么成分?既不是词,也不是词组,更不是句子,它就是这一类框式结构的结构标记。在该结构的虚化过程中,由于“了去了”高频联系在一起出现,就有了词汇化的可能性,但是至少目前还没有词汇化。相比之下,“越来越”“的话”“你个头”等由于使用时间久,词化趋势则更为清楚一些。跨结构层次的词汇化，在汉语的历史发展中并不少见，只是我们所讨论的“了去了”目前还处于发展的进程中，没有真正词汇化。

四、“A 了去了”的历史溯源

我们感到困惑的是，“A 了去了”究竟是从哪里发展而来的？换言之，“V 了去了”跟“A 了去了”是不是有内在的联系？或者说，后者是不是从前者发展演变来的？

其实，在历史上，“V 了去了”早已出现。首先来看看“去了”的意义和句法位置：

a. 如果“去了”跟前面的“来了”相对，则 V 应该都是移动动词，两者属于连动短语。例如：

(1) 以后女儿像蝴蝶一样的飞去了。儿子又像小兔似的跑走了。燕子来了去了，叶子绿了红了。（陈之藩《寂寞的画廊》）

(2) 看坟人坐在红砖屋前的石凳上，看着人们来了去了，慢慢地喝着酒，不时地仰脖望天上的云卷云舒，想着自己的心事。（曾明了《生死界（连载之二）》）

b. 如果 V 是其他的移动动词，“去了”也还是表示移动义，是对前面 V 的补充说明；如果 V 后面有“$了_1$”，“去了”的独立性显得比较强；如果没有“$了_1$”，句子依然成立，“去了”就成了 V 的补语，而且这样的结构似乎更加符合普通话的说法，接受度更高。例如：

(3) 如果我知道，我早就追了去了！（琼瑶《雁儿在林梢》）

(4) 人们已经朝东面走了去了，再追，也来不及了。（冯志《敌后武工队》）

c. 如果 V 不是移动动词，而是动作动词，则“V 了去了”分析为兼语式似乎更为合理。动作的对象人或者动物也是“去了”的施事者。例如：

(5) 今天刚刚上班，冯志明一个电话把杨清民喊了去了。（谈歌《城市警察(5)》）

(6) 师父让黄太太请了去了。（高阳《红顶商人胡雪岩》）

如果动作的对象是事物、东西，那“V 了去了”就可以分析为连动结构，这里的“去了”，就是表示某个动作 V 以后随之而移动走了，有明显的

“去掉”的意思。例如：

(7) 你的房子又被别人抢了去了？（徐坤《热狗》）

(8) 要用“四旧”的尺子一量，就再也没有地缝可钻，一古脑儿被抄了去了。（黄裳《书痴》）

d. 引起我们兴趣的是还有一类动词，语义特征都含有[＋消除]义，由这类动词构成的“V了去了”，其中的“去了”并非表示移动，而是表示“消失”。例如：

(9) 我原留着来着，那会子李奶奶来了，喝了去了。（《红楼梦》八回）

(10) 我讲的就是这个理。良心早就让狗吃了去了。（徐坤《热狗》）

动作的对象不管是人也好，物也好，反正“V了去了”的结果是没有了，消失了，这里的“去了”，是“去掉了”，相当于上海话的“脱勒”。“吃了去了”，上海话是“吃脱了”，表示“去除”义加上“完成”义。这对说话人来说，意味着发生了极端的情况，就程度来说，就是最高的。

至于“A了去了”，我们查阅历史文献资料，只在《儿女英雄传》里发现一个特例：

(11) 这话，知道是又左了去了，不好搬驳，只得说：“老爷见得自然是，但是也得配上点儿。”（文康《儿女英雄传》）

例(11)中这个“左”，可以解释为形容词，表示“差错”，也可以解释为不及物动词，且因为是孤证，也不能说明问题。

五、汉语方言的佐证以及结构演变假设

我们需要进行两种假设：

第一，假设其中的“去”的语义是逐步虚化的，从表示移动义，演化为表示极端的程度义。现在的问题是“去”是否真的能够表示极端的程度义呢？我们在汉语的方言里找到了佐证。

首先是我们发现黄伯荣(1996)的家乡话广东阳江方言（属于粤方言）有个“去”，常常用来表示极度夸张，程度极高，但是必须和“到”字配合，构成“到……去”的格式，这个“去”有虚化为语气词的趋势。例如：

(1) 其胀到爆肚去。（他饱得肚子要裂开了。）

(2) 我恼到死去。（我怒极了。）

(3) 想到头晕去。(把头都想晕了。)

(4) 其怕丑到死去。(他非常害臊。)

储泽祥(2008)引用广西柳州方言的“去了”也可以用在句子的末尾,表示达到预料不到的程度。例如:

(5) 这条狗肥,莫看它小,三十斤去了!(李荣主编《现代汉语方言大词典丛书》)

郭必之(2012)在讨论南宁地区的粤语、平话时也指出:“去”可以表示“强调时间的结果或状态达到极深或令人感到预料之外的程度”。[①] 例如(转引自郭提交大会的论文,未刊):

(6) 落雨落到心烦去。

(7) 臭多,苍蝇都飞来去。

以上方言的实例起码说明,在汉语里出现在句尾的“去”可以表示程度极高,而且不是少数。

第二,我们觉得“A了去了”是“V了去了”发展的结果。其发展的轨迹可能是:其中的V,从移动意义的及物动词,到动补短语带上“去了”,再发展为动词脱落,形成“A了去了”。

我们查阅历史语料,发现构成“V了去了”的动词基本上是三大类:

a. 最常见的出现得比较早的是具有获得义的V。“北京大学CCL古代汉语语料库”中约有151例句。例如:

(8) 李天王着太子出师,只一阵,被那魔王把六件兵器捞了去了。(《西游记》第五十一回)

(9) 直到外边去打听,才晓得是外婆家接了去了。(《二刻拍案惊奇》第九回)

b. 表示给予义的V,出现比较晚。例如:

(10) 原是郑申喝醉了,他烦施相公送了去了。(《七侠五义》第九十六回)

(11) 昨日老人家已经恳切写了一封信,由提塘给他发了去了。(《儿女英雄传》第三回)

c. 表示动作的V,无所谓获得或者给予。例如:

---

① 转引自郭必之提交第十六届中国语言学会年会的会议论文,未刊。

(12) 张、赵又细细盘问了一番，果是虎背了去了。(《七侠五义》第五十一回)

(13) 姑娘到底被人家抬了去了！(《儿女英雄传》第二十七回)

我们认为，这种结构最早出现的应该是“V了去了”，用多了，就完全可能复杂化为带上动作结果的补语“VA”，动补短语“VA”带上“了去了”，构成“VA了去了”。我们发现了20世纪30—40年代的白话小说以及当代戏剧中就出现了动补短语带了“$了_1$”，再带上“去了”的例子。例如：

(14) 得！得！云卿！我看你是一个觔斗跌昏了去了！怎么你想不到呢？(茅盾《子夜》)

(15) 万一何建国把人打伤打残打死，那事儿可就闹大了去了！(王海鸰《新结婚时代》)

(16) 贾蓉和秦可卿比，差远了去了，秦可卿的能力、远见、卓识等等，她的人望口碑都远远超过贾蓉。(周思源《亦石亦玉话宝玉》)

由于动补结构VA的语义重心往往在A上面，V只表示达到A的一种“方式”，常常显得不那么重要，所以这一结构用多了，V会变得轻读，导致脱落，这就演变为“A了去了”。比如例(15)(16)就有可能形成如下的变化轨迹：

闹大了去了→(闹)大了去了→大了去了

差远了去了→(差)远了去了→远了去了

其中的动词“闹”“差”完全有可能脱落，最后变化为“A了去了”的结构。在“VA了去了”结构里，“去了”完全可以不要，“VA了”结构依然成立。但是带有“去了”，就表示“不得了了！”的夸张义，而且也具有了不以为然的主观不满义。可见“VA了”跟“VA了去了”，在语义上相差似乎不大，但是主观表态方面相差甚大。当代汉语采用“A了去了”主要是一种语用的需要，是在“往程度高处说”的基础上增添了“不以为然”的主观不满色彩。

参考文献

储泽祥　2008　汉语口语里性状程度的后置标记“去了”，《世界汉语教学》第3期。

黄伯荣 1996 《汉语方言语法类编》，青岛出版社。
邵敬敏 2011 汉语框式结构说略，《中国语文》第3期。
孙雪梅、宋玲玲 2009 汉语口语“了去了”结构研究，《滨州学院学报》第2期。
张 菁 2008 “A了去了”及其异形同义短语探析，《现代语文》第1期。

本文获得中国国家社科基金项目“汉语虚词词典编撰的方法论创新及其实践研究”（项目批准号：12BYY101）资助，并曾在第十六届中国语言学会年会（昆明，2012年）上宣读。

（原载《语文研究》2013年第4期）
（发表本比较简略，收入本论文集时替换为原稿详本）

“说 X(也)不 X”的主观情态义及其方法论思考*

一、引论

现代汉语里，框式结构非常丰富，不仅构式众多，而且凸显神态生动、精细入微的主观情态。近年来在语言交际运用方面，有明显的泛化趋势，而且在国际汉语教学中也开始引起普遍的、强烈的关注，有关专题研究正在如火如荼地进行。

本文就辩驳式框式结构“说 X(也)不 X”(比如“说大(也)不大”)展开讨论，主要涉及以下几个问题：1. 该框式结构主观情态有哪些特色？2. 它的对举扩展式及其变式有哪些显著特点？3. 挖掘框式结构主观情态义的方法论及其理论主要有哪些？

二、“说 X(也)不 X”的主观情态义

根据邵敬敏(2011)对框式结构的界定，“说 X(也)不 X”结构的不变项是“说……不……”，可变项是 X，括号里的“也”是根据语气需求增减的添加项。能够进入构式的 X，最为典型的是性质形容词，而且以单音节反义的性质形容词最常见，例如：大/小、高/低、难/易、长/短、轻/重、好/坏、远/近……双音节的性质形容词也可以，但是使用频率不高，例如：漂亮/丑陋、聪明/愚蠢、大方/小气……。状态形容词原则上不行。

“说 X(也)不 X”，可分为基本单列式与扩展对举式，还有一些变式。我们先讨论以单音节性质形容词充当变项 X 的典型构式—单列式，以确认该构式的主观情态义。从字面上看，该构式前半段是肯定 X，后半段则

---

* 本文发表时署名“杨海明　邵敬敏”。

是否定 X,同一个结构里又是肯定又是否定,这不是自相矛盾吗?说话人的真实意图到底是"X",还是"不 X"?例如(本文例句大部分摘自北京大学 CCL 语料库和人民日报(网络版)):

(1) 解"疙瘩",说难也不难。(《人民日报》1991 年)

(2) 其实,说怪也不怪。(《读书》vol-026)

(3) 断奶说难也不难。我四处打听……别说,这办法还真被我找到了。(新浪博客:安妮鲜花)

如果说把结构义分为客观情状义与主观情态义两大类,那么,框式结构的构式义最擅长的就是展示主观情态义。该构式真实的语法意义显得比较隐蔽,必须联系上下文语境才可能作进一步的观察:

(4) 其实,说怪也不怪。她把丈夫逼上自杀的道路,是她思想发展的必然结果。(《读书》vol-026)

例(3)(4)的下文实际上是对"说 X(也)不 X"的解释和补充,明确无误地提示我们:该框架结构的构式义并非模棱两可,而是表面上似乎在肯定 X 实际却是否定了 X。换言之,X 只是一种假象,在说话人看来完全站不住脚,因此需要否定。

从结构特点看,该框式结构有一些值得注意的地方,我们对其结构成分需要逐一进行分析。先看下面实例:

(5) 要说远,也不远,一水相隔心相连,你能看见我的飘带,我能看见你的双眼。(土豆网:说远也不远)

(6) 说很远,其实也不远,只要情未了,人还在,距离就不是问题。(隆安教育信息网:说远也不远)

(7) 深圳站说大不大,但它有时起的作用是一些部门多年工作都起不到的。(《报刊精选》1994 年)

(8) 开完会回家,我及时作出总结:"相爱容易相守难,婚姻容易夫妻相守难。"儿子作出补充:"生我容易养我难,开会容易学习难。"老公说:"爱心宽容加努力,其实说难也不难。"(保健与生活:说难也不难)

首先,特别要注意的是,其中的不变项"说"并非言说动词"说话",而是已经虚化,意思是"要说""如果认为"。那么,这个"认为"的主体究竟是谁呢？这里有两种可能性：

1. 最普遍最常见的是虚拟的主体，并不实际存在，相当于“如果有人认为……”，这只是说话者的一种主观设定，针对某种可能出现的看法。如例(5)—(7)，是针对某些人可能认为“远”“大”的看法。

2. 是针对谈话的对象，如例(8)，老公的话显然是针对上文“我”(老婆)与儿子认为“难”的看法。

其次，“(说)X”实际上是话题化的一种手法，“(如果)说”是故意制造假设性话题的标志，而“不 X”则是对假设话题 X 的否定评述。

第三，相对来说，该框架比较松散，中间可以停顿，前面可以添加连词“要(是)”，跟“说 X”构成假设关系。而且还可以插入一些词语，例如“其实”，它既可以出现在框式结构的中间，如例(6)，也可以出现在整个框式结构的前面，如例(8)，表示后半截“(也)不 X”，才是说话者真正的看法，因而整个构式明显带有“轻微转折”“温和辩驳”的口吻，例(7)后续句更是用了转折连词“但”，进一步确认“不 X”的观点。

第四，该框式结构中间的副词“也”虽然非该构式必需，似乎可有可无，但是其作用也不能小看。副词“也”在现代汉语里主要表示“类同”，并且派生出其他引申义。因为“也”会引进，或者起码暗示存在着同类项，提醒被否定的也不是这一个，实际上就起到了“弱化辩驳语气”的功能。该构式具有一定的辩驳语气，如果是用“说 X 不 X”，语气就显得比较直白，似乎缺少缓冲，因此说话者如果不希望语气过分直截了当，就会插入“也”，起到缓冲语气的作用。因此该构式的否定是委婉否定；辩驳也是轻微辩驳。

归纳起来，该构式的语法意义应该是：要是有人认为(Y)是 X，其实我认为应该也不 X，(因为 Z)。这样的说法主要是针对某种假设可能出现的看法“Y 是 X”，所以需要略微加以辩驳“Y 也不 X”，并且阐明自己相反的观点 Z。显然，这一框式结构兼有否定兼辩驳与表态的功能，语义重点明显落在后半截“不 X”上。可见，说话者的语义倾向明确无误，既不含糊，也不矛盾。这一框式结构的主观情态义可以概括为：制造假设话题，本质委婉否定，略显轻微转折，隐含温和辩驳。

对这一鲜明的主观情态，我们在大型语料库以及网络真实文本里发现，大量的后续句准确无误地显示了说话者对该框式结构的语义倾向。例如：

(9) 说多也不多：还以为99的玫瑰就很多。(YXIDU 贴吧：说多也不多)

(10) 当支书，说难也不难，就看你能不能耐得清贫吃大苦，宁亏自己不亏公。(《人民日报》1995年)

(11) 其实，上海等地的做法说新也不新，他们无非是坚持了党一贯倡导的实事求是的原则，把工作做得深。(《人民日报》1996年)

(12) 很重视一个与中国大多数人毫不相干的“圣诞节”！说怪也不怪，这可能与他有个外国女婿——我的父亲有关。(《作家文摘》1994年)

可见，后续句的目的都在于进一步论证“不X”，的观点，据此，我们可以归纳出一个鉴别“说X也不X”是否真正属于这一类辩驳性构式的形式标准：“说X(也)不X”格式，凡是可以变换为：“尽管某些人说X，其实我认为(也)不X”的，那么该格式就属于我们这里讨论的框式结构(构式1)，否则，就不属于该构式。

三、X的类别以及“说”的分化

该框式结构中的X，高频出现的是单音节性质形容词。除此之外，我们发现部分动词以及少数名词似乎也可以进入这种构式。但是一般动词，尤其是动作动词，以及一般名词原则上都不行。因此，对某些似是而非的格式，我们需要进行仔细鉴别。

1. X是动作动词。例如：

(1) 说了走也不走，到底是要干嘛，一群人围观你，谁也不说话。(百度贴吧：云净天空)

(2) 说好就此放手，说好不为彼此停留，可回忆说走又不走。(推一把：发发牢骚)

(3) 说走就不走，长途车司机嘴里说着9小时没动地。(青岛新闻网，2007-02-16)

(4) “怕什么，说死也不准死。姐，你还迷信哩！”(冯德英《迎春花》)

这里的类似格式,由于可变项是动词,可以标为"说V(也)不V",称为"构式2",形式上似乎跟可变项是形容词的"说X也不X"(构式1)相似,但是仔细分析就会发现,这是完全不同的两种构式。

第一,构式2里的"说"是真的言说动词,V真的是指"说话"的具体动作行为;构式1里的"说"正如上一节所指出的那样,并非真的说,而只是表示"认为",动作属性已经虚化了。第二,构式2的"说V"没有假设义,是实现了的言说行为,因此不能添加假设连词"要",动词V后面还可以跟"了",如例(1)。第三,在前半段与后半段之间,不一定是"也"连接,可以是"又",如例(2),也可以是"就",如例(3);第四,后半段的动词前还可以插入其他的副词或者助动词,如例(4)的"准"。换言之,这个格式其实不是严格意义的框式结构,只是普通的句法结构。而且更为重要的是该格式表示的语法意义也跟构式1完全不同。它表示:某人尽管说了要V,但是不实施V。这里既没有辩驳义,也没有否定"V"的意思,而显示说话者对某人"不V"不满的心态。

我们可以运用上一节所设定的标准来鉴别,发现构式2不能成立:

说走也不走→*尽管某些人说走,其实我认为(也)不走

构式2根本无法进行这样的变换,因此可以认定这一格式不属于构式2。

2. 心理动词。这可能出现两种情况:

第一,"说"是真的在说,属于言说动词。这样就跟上述一般的动词一样,构成的是构式2。例如:

(5) 你说爱我又不爱我,何苦要给我折磨?(作词:金生水《你说爱我又不爱我》)

(6) 我本心是很讨厌聊天的,你信么?算了,我说信你也不信。(百度空间,2011-7-13)

第二,"说"已经虚化,而且心理动词由于可以接受程度副词的修饰,具有程度属性,跟性质形容词有一致性,因此,这里的格式应该属于构式1。例如:

(7) 说喜欢也不喜欢。(百度搜索)

(8) 说不恨其实我很恨她也很爱她。(百度贴吧:有一种爱叫放手吧)

我们在百度、人民网、CCL 语料库上进行检索，这样的例句极少，可以说是凤毛麟角，起码说明使用的频率不高。

3. 陈述化的名词。“说男人也不男人”“说名牌也不名牌”，这样的类型可以进入我们上述变换鉴定格式：“尽管某人说是个男人，其实我认为他不像男人。”“尽管某人认为是名牌，其实我觉得不是名牌。”而且构式义也表示辩驳兼评说义，肯定了“不 N”的看法。所以应该属于构式 2。

这里的名词，我们看作“陈述化的名词”，指部分名词性质属性比较强，在主谓格式充当谓语这样特别的句法结构中可以直接受否定副词的修饰，当然也可以看作是“不(是/像)情人”中“是/像”的语用省略，说明这里的名词已经陈述化了。但是实际使用的情况并不多，我们在百度、人民网、CCL 语料库中进行检索，几乎没有发现类似的例句。要注意的是“说”在表示“认为”时，也可以不出现。例如：

(9) 再说他们的关系情人不情人，朋友不朋友，说深不深，说浅也不浅，礼物的价值很不好确定。(池莉《来来往往》)

(10) 男不男女不女，不知道都是些啥人！

四、对举式“说 X_1(也)不 X_1，说 X_2(也)不 X_2”

“说 X(也)不 X”，是单列式，它还有扩展的对举式“说 X_1(也)不 X_1，说 X_2(也)不 X_2”，如果把前一构式中的形容词 X 标为 X_1，那么后一构式的 X 必定是与 X_1 对立的反义形容词，可以标为 X_2。其中的可变项分别为 X_1 与 X_2，而且前后句往往都要有“说”出现，“也”出现的频率都比较高。不过，如果这两个形容词是同义或近义，那就不可能构成该构式的对举式。例如，下例就不属于这一对举式：

(1) 公主和公子同年同月同日同时辰生，你们说奇也不奇，巧也不巧？(《读者(合订本)》)

对举式通常是前后对举，语义情况比较复杂，需要进行具体分析，这里至少有三种情况：

1. 语义倾向“不 X_2”，即指向构式的后项。前构式与后构式之间存在一个转折的语义关系，前句“说 X_1 不 X_1”往往只是一个铺垫，语义重点应该在后面。例如：

(2) 我现在年纪说大不大说小不小,我后悔我大学毕业就应该先生个孩子。(百度快照,2008-12-11)

(3) 网络说大不大,说小也不小,披个马甲安全些。(西祠胡同,2013-04-23)

(4) 拉萨城说大不大,但说小也不小,平常上下班、朋友聚会什么的,没有车不方便。(新华网,2004-05-10)

(5) 客厅和餐厅两区相加30多平米的面积说小不小说大也确实不大。(搜狐家居,2007-03-04)

(6) 这世界说小不小说大不大,中午竟然遇到多年未曾联系的初中同学。(开心网, 2012-05-03)

(7) 8年时间,说短不短,说长也不长,怎么生活之巨变,竟会如此沧海桑田?(《报刊精选》1994年)

以上6个例句,大体上有三种类型:第一,例(2)(3)的后续句"我后悔我大学毕业就应该先生个孩子"以及"披个马甲安全些"都是对"不小"的进一步说明,句子前面都可以添加"所以""因此"。第二,例(4)对举式的后一框式结构之前出现转折连词"但",例(5)对举式的后一框式结构中间出现语气副词"确实",说明对"不X_2"的语义加强。第三,例(6)的后续句用了责问性质的"中午竟然遇到多年未曾联系的初中同学",例(7)更是运用了反问句"怎么生活之巨变,竟会如此沧海桑田?"说明整个构式倾向于认为"不X_2",这显然符合汉语语句焦点重心在后的特点。

2. 语义倾向于"不X_1",即指向构式的前项。例如:

(8) 这个世界说大不大,说小不小;居然,在款县鲍家花园又一次遇到唐山来的朋友。(西祠胡同,2013-04-28)

(9) 这世界,说大不大,说小不小。而我,又看见了你。(长葛吧,2013-07-21)

(10) 荆棘的作用,说小不小,说大不大。很多人不点荆棘。觉得是最废的技能。说下我的看法。我觉得荆棘是神技。(龙之谷综合讨论区,2012-07-23)

(11) 邮件这事,说小不小说大不大,作为一个称职的助理,其中一项重要工作就是查看邮件。(小红故事会:总裁助理日记)

例(8)的后续句“居然,在款县鲍家花园又一次遇到唐山来的朋友”,例(9)的后续句“而我,又看见了你”,显然都是照应“不大”的;例(10)的后续句“我觉得荆棘是神技”,以及例(11)的后续句“其中一项重要工作就是查看邮件”,显然都是照应“不小”的。可见,这里的构式义倾向于前句。

这种倾向的构式出现的概率比较小,比不上倾向于后项的第1类。我们认为,这可能是构式泛化引起语义变化的结果。换言之,正因为这一对举的框式结构,语义客观上可以双指,这就为语义从倾向于后指,到泛化为双指,再进一步发展变为前指提供了一种可能。但是必须有个前提,那就是要有明确语义倾向的后续句作出补充说明,才不会导致误解或者歧解。

大量语言事实说明,这类对举式三种语义倾向都有。下面我们用“这世界”同一话题的例句,来看实际的语言运用:

(12) 这世界说大不大说小不小,只要我刻意不再让你见到,那就真的见不到。(暖小熊《纵是相聚也别离》)

(13) 这世界说大不大,说小不小,不在同一地方撞,在别的地方也是撞。(BokA男士网,2013-07-25)

(14) 这个世界说大不大,说小不小。有时候一个转身,也许一辈子也见不到了……有时候总能不经意的遇见那么多熟悉的人……(百度贴吧,2011-07-24)

从以上框式结构的后续句,可以清楚地看出,例(12)语义倾向“不小”,例(13)语义倾向“不大”,例(14)则语义倾向前后兼有。

3. 语义倾向不明显,换言之,既认为“不X_1”,也认为“不X_2”,从而表达一种“不X_1也不X_2”两个特点兼有,处于一种中间状态的感受。说话者的态度似乎比较暧昧,属于一种折中的“兼取”型。例如:

(15) 本命年说大不大说小不小的年纪,真的很尴尬。(百度快照,2013-12-13)

(16) 世界说小不小,说大不大……,小木屋的网易博客,一缕清香,一钩旧时月色!(网易博客,2010-09-14)

这种折中兼取的观点,在中国哲学里是比较普遍的,符合中庸之道。

其实这也是一种看法,不能看作是看法模糊或者观点矛盾。汉语里常常有类似的观点,例如:

(17) 我是一条不中不西不男不女不大不小不新不旧的红色内裤。(《红色内裤历险记》)

(18) 个子不高不低,身体不胖不瘦,脸色不黑不白,眼睛不大不小,鼻子不高不低,嘴巴不宽不窄,耳朵不圆不长,那人是谁?(道客巴巴:刻画人物的方法)

但是,折中的解释并非最有说服力,我们仔细分析,观察到这类对举式有些是有后续句的。例如:

(19) 这世界是否真的说大不大,说小不小么?说大呢,也不大。你所喜欢的人能在你逛街的时候被你碰见,就是小;说小呢,也不小。你所喜欢的人就算跟你在一个城市,你想找或者一直碰不到,那就大了。

(20) 交院说大不大,说小不小,有时候一天能够多次遇见相同的人,但是,自己心里想遇见的那个人有时候一周都难遇见一次!!(百度贴吧,2013-12-12)

后续句清楚地标明了说话者采取的是一种相对论,真正的意图是从不同角度进行观察,就可能得出完全相反的结论。这就说明世界上万事万物都是复杂的,往往不能简单地作出单一性判断。这一构式正好体现了观察分析的辩证法、两点论。

有趣的是,前构式与后构式可以都不出现副词“也”,例(21)(22);也可以一起出现“也”,例(23)(24);但是如果只出现一个“也”,那就只能在后面,例(25)(26),没有发现只出现在前构式的。如果前后构式都用了“也”,这类对举构式往往是表示折中语义的,如例(27)(28)。例如:

(21) 世界说小不小,说大不大,人生何处不相逢。(仙河吧)

(22) 8年,说长不长,说短不短,又有多少人能够坚持下来呢?(武艺吧:见习·爱)

(23) 讨债!别人欠了我一笔债,说少也不少,说多也不多,本是不想要的,但自己辛辛苦苦挣的血汗钱……(《故事会》2005年)

(24) 写好团支书申请书,说难也不难,说易也不易,别人只能给你提

供参考和建议，最终还是要你自己亲手动笔写的。（大学班级申请团支书，2013-09-16）

（25）我们事业的范围，说大不大，说小也不小了。（茅盾《子夜》）

（26）不分手的恋爱有吗？八年的时间说长不长说短也不短。（SOSO问问，2012-02-20）

（27）手上有一块说大也不大说小也不小的纹身。（寻医问药网，2013-12-11）

（28）说新也不新，说旧也不旧。（《读书》vol-108）

五、对举式的变式及其近义构式比较

对举式“说 X_1（也）不 X_1，说 X_2（也）不 X_2”，在实际使用时，往往有一些变式。

1. 这类对举构式可以拆开后使用，“说X”可以带上语气词“吧”或“呢”，好像成为一个话题，后面的“不X”，再加以评说。例如：

（1）五年，说长吧也不长，说短吧也不短，这五年里有笑容有泪水。（腾讯微博，2013-07-10日）

（2）说长吧它不长，说短吧它很长。（《混血老公别太霸道了！》）

（3）八年了，说长吧，也不长，说短呢，也不短。

（4）人的一辈子说长不长，说短吧不短，不要让烦恼带走我的青春。（我恨我痴心，2008-05-17）

2. 前句和后句往往可以扩展，尤其是后句插入一些表示说话者主观态度的词语。例如：

（5）我和妻共同生活已有17年了。说长不长，说短也不算短了。（叶辛《我们的“爱之路”》）

（6）九年，这日子说长也不算长，说短也不算短。（陈建功、赵大年《皇城根》）

（7）说大它不大，说小它不小（SOSO问问，2008-08-11）

例（5）（6）的“算”，例（7）的“它”都是插入的。

3. 构式中某些成分可能被近义词语替换，这主要是因为出于行文追求变化的需求。例如：

(8) 你感到与马叔的关系就像跟一个同父异母的哥哥的关系一样,说亲也不亲,说疏也难疏。(莫言《红树林》)

(9) 他的统计上又增加了一票,一共是十八票了! 十八票! 说多是不多,说少也不少。(《蚀》三部曲之一)

(10) 肚子说疼也不疼,说不疼也有点不舒服。(39 健康网,2013-05-30)

(11) 说长吧它不长,说短吧它很长。(《混血老公别太霸道了!》)

例(8)的"不"被"难"替换,例(9)的"也"由"是"替换,例(10)的"疼"由"有点不舒服"替换,例(11)的"不短"被"很长"替换。

4. 反义词的前后顺序往往要符合汉语的规律,例如:远近、大小、高低、长短、粗细、香臭、轻重、美丑……这是人们认知上的一种习惯的优势选择。例如:

(12) "艾琳"对美国影响说大不大说小不小。由于美国东部沿海的商家在暴风雨来临前关门歇业,因此飓风"艾琳"对陷入债务和失业困境的美国经济造成的损失并不大。(搜狐滚动,2011-08-30)

(13) 六月就毕业了吧,说远不远,说近不近,甚至研还没考,就要开始准备毕业了。(新浪博客:说远不远,说近不近)

(14) 现在我们认为相声的历史发展至今差不多有 200 年,它说长不长,说短也不短,重要的是,相声是一种大众的艺术,从它诞生的那一天起,就深深地扎根于人民大众。(《报刊精选》1994 年)

这样的顺序最多,但是有时也会出现次序颠倒的情况,这时主要服从于句子语用意义的需求,即语义倾向主要是后者"不 X_2"。例如:

(15) 说小不小,说大不大。钉子有,柱子没有。剪刀有,菜刀没有。(博才网)

甚至在后一句里出现语义相反的短语替代,下例的"说坏也不坏",改成了"说不好也好"。例如:

(16) 记者曾问过中国女排队员对美国的观感,回答是:"怎么说呢?说好也不好,说不好也好。"(《人民日报》1996 年)

种种变式的存在说明该框式结构的松散性、灵活性以及成型还没有完全固化的特点，说明它还处于演变过程中。

跟“说X(也)不X”相近的框式结构还有“说X也X”。例如：

(17) 说巧也巧。我们在县城正遇上这支农民鼓乐团在演练。

(18) 与国际管理体制接轨，说简单也简单，这就是一切按合同办事。

尽管有单列式存在，但多数还是对举式“说X也X，说Y也Y”，而且X与Y往往是反义词。例如：

(19) 这件事说小也小，说大也大，有的没人管，有的很难管，有的谁也不愿管。

(20) 生活在自己的未必广阔，然而确是很深邃，很有自己的趣味与苦恼的，说大就大说小就很小的天地之中罢了。

该构式主观情态义表示如果说是X也就是X。特点是：其必须要有副词过渡，常见的是“也”，也可以是“就”。不过语义上有所不同，一是静态的，表示“如果你说是X那就算是X”。二是动态的，表示如果你说X就会便成为X。例如：

(21) 这会关系重大吗？说大就大，是为不正义张目。

(22) 我马上栽下这样的一颗豌豆，真的说长就长。

该框式结构之后往往伴随着后续句对下文的意思作进一步的补充说明，并无辩驳之意。例如：

(23) 说巧也巧。正好在那天晚上，同泰寺里的一座塔被火烧了。

(24) 说巧也巧。太监把太后的密旨送到来俊臣家，来俊臣正跟周兴在一起。

六、挖掘框式结构主观情态义的主要方法论

该构式的主观情态义具有几个鲜明的特色：

1. 该基本构式前半部与后半部显示肯定与否定的对立，这是一种话语策略，目的是引起对方的注意，从而有利于表达说话者真实的否定性意图，所以辩驳强度尽管不大，但是否定色彩还是比较鲜明的。

2. 制造假设性话题，目的就是为了减弱反驳的强度。由于这一反驳往往不是直接针对某人的，而是针对某种假设的看法，并且常常使用“其实”“也”等词语来缓和辩驳的语气，所以属于轻微辩驳。

3. 如果采用对举式,由于正反两方面都照顾到,就可能弱化对方的不悦情绪,加上常常使用“也”,使得自己的看法比较容易为对方所接受,这是一种话语策略。

4. 对举式由于前后双向否定,整个扩展框式结构的否定语义倾向有时并不特别鲜明,这时就特别需要有后续句来补充说明说话者的真实意图。

总之,这一种构式之所以在口语里盛行,我们认为主要是两方面的因素:一是交际中的礼貌原则,照顾对方的情绪;二是中国文化里的话语策略。即使在辩驳时,也需要尽量客气一些,这样才易于让对方接受自己的看法。简单地说,就是原则不能放弃,但是口气要温和,说话要有策略,让对方更容易接受。

要真正挖掘出框式结构的主观情态义,我们必须不断总结有关的研究理论与方法,通过对“说 X(也)不 X”的分析,可以归纳出以下几条有关研究方法论的基本原则:

第一,化整为零与化零为整相结合的原则:对框式结构本身必须让每一个成分都落实到位,都要找到他们的作用和变异途径,看到他们的作用。然后化零为整,再找到该构式的整体含义。换言之,没有个别的分析就不能集合为整体。但是仅仅只有局部的分析,也替代不了整体的分析。比如该构式中的“其实”与“也”,都不是必须的,却是非常重要的。把它们分析清楚了还要考虑到整个构式,才能够明白该构式主观情态义的四个要素。

第二,密切参照上下文尤其是下文进行验证的最佳关联原则:最重要的是不能就事论事,不能仅仅在构式本身做文章,必须密切结合该构式的上下文语境进行分析,比如“说 X_1(也)不 X_1,说 X_2(也)不 X_2”的语义倾向,必须考察其下文,才能明白说话者的真实意图。这就需要我们参照大型语料库,在广泛选取语例的基础上,提取出相应的规律或倾向。

第三,透过表层结构的印迹寻找深层隐蔽语迹的原则:还要把隐蔽在它背后的言语成分挖掘出来,因为这些成分不可能在言语中完全消失掉,完全有可能捕捉到蛛丝马迹。比如“说 X(也)不 X”中,“说 X”实际上是一种假设的行为,偶然也会出现表示假设的连词“要”,这就是一个可以捕捉的印迹。

第四,对同形结构以及近义结构进行比较的原则:首先是对同形结构(形式相同但是意义不同)需要进行去伪存真的鉴别,这样才有利于深刻认识该构式的真实价值,在对比中显示自己的特色,例如,对"说X(也/又/就)不X"的辨认。再进一步则还需要对近义结构进行横向比较,这对深入认识该构式的功能也是至关紧要的,例如,对"说X(也)不X"与"说X(也)X"构式的比较。

框式结构研究最艰巨的任务是对其主观情态义的挖掘,"说X不X"构式义的实现往往需要依靠上下文语境来帮助。它大体上可以分为两大类型:

1. 单用:单独通过下文的进一步补充来显示该构式的主观情态义。

第一,下文顺承关联,直接肯定"不X"。

构式义在语篇中实现,"说X不X"通常由紧接着的下文进行解释,直接肯定"不X"。例如:

(1) 这"国家任务"说大不大,更多的是处理鸡毛蒜皮的小事和种类繁多的杂事,远没有完成"玉兔"升空、"蛟龙"入海这类任务来的响亮与震撼。(人民网,2014-05-09)

显然,下文"更多的是……"正是对该框式义"国家任务(Y)不大(X)"具体而详尽的补充与解释,从而明确表态"不大"。

第二,下文转折关联,间接肯定"不X"。

下文的作用不仅可以直接补充与解释,也可以反过来通过语义转折间接肯定"不X"。例如:

(2) 深圳站说大不大,但它有时起的作用是一些部门多年工作都起不到的。

这是说"深圳站(虽是要)说大(却)不大",这里不是采用正面的进一步阐述,而是用了转折连词"但",从反面表示"它起的作用是一些部门多年工作都起不到的",从而反证深圳站"不大",因为如果"大",就不足为奇了。

2. 合用:通过上文以及下文,互相照应,合起来显示该构式的主观情态义。

上文关联回溯,下文遥相呼应,采取合用兼顾的手法。通常是"X_1不X_1,X_2不X_2"对举式采用的。例如:

(3) 亲爱的玛嘉：昨天我们把你童年用过的东西都搬走了。你已经快 13 岁，而且你也说是应该这样做的时候了。……你这个说小不小、说大不大的女孩，内心充满着矛盾，渴望踏出那一向安全而熟悉的环境，进入一个完全新鲜而刺激的世界。(《阅读与作文(初中版)》)

快 13 岁的年龄，相对小孩可以认为"不小"，但是对于青少年来说，却也"不大"，关键是以什么样的标准，从哪个角度来判断，可见这是个让人感到颇为尴尬的年龄。关联上文，通过语义上溯点出"年龄"，下文再具体解释"内心充满矛盾……"，这样就显示出说话者认定既不大也不小的特殊主观情态。

七、结语

"说 X(也)不 X"构式义的实现必须关联上下文，这也反映了人类语言的共性，人们的认知倾向于同最大关联相吻合。交际行为都应该设想为它本身具有最佳关联(Sperber & Wilson，1986；Wilson & Sperber，1993)。因此，关联学说对我们分析框式结构的主观情态义也是至关紧要的。

总之，"说 X(也)不 X"，这一种构式之所以在口语里盛行，我们认为主要是三方面的因素：一是交际中的礼貌原则；二是中国文化里的话语策略；三是中国哲学里的中庸之道。

换言之，我们即使在辩驳时、在表达不同意见时，要考虑照顾对方的情绪，需要尽量客气一些，"说 X"是复述他方或对方的看法，"(也)"显示了比较婉转的口气，有利于推出"不 X"自己的否定看法，a 则进一步补充说明，强化自己的论点，从而构成完整的事件评述。这样既顺着对方的话题，又表明了自己的观点，也更易于让对方接受自己的看法。简单地说，就是针对同一事件，原则不能放弃，但是口气要温和，说话要有策略。这样不仅能保证交际的顺利进行，也会让自己的看法更容易得到对方的认同。

参考文献

邵敬敏　2011　汉语框式结构说略，《中国语文》第 3 期。

邵敬敏、黄燕旋 2011 “半X半B”,框式结构及相关格式比较,《陕西师范大学学报》第2期。

邵敬敏 2012 新兴框式结构“X你个头”及其语义的固化,《汉语学报》第4期。

Sperber Dan & Deirdre Wilson 1986/2001《关联:交际与认知》,外语教学与研究出版社。

杨海明 2005 汉语“副+名”的义形增殖,《西南民族大学学报》第6期。

杨海明、周静 2006 《汉语语法的动态研究》,北京大学出版社。

杨海明 2010 动态视角与汉语表达的倾向性,《汉语学习》第6期。

杨海明 2014 使因悬疑标题的语义与语篇功能研究,《当代修辞学》第6期。

Sperber Dan & Wilson Deirdre 1986 Relevance: Communication and Cognition, Oxford: Blackwell.

Wilson Deirdre & Sperber Dan 1993 Linguistic form and relevance, Lingua 90.

(原载《语言科学》2015年第6期,与杨海明合作)

“一不小心 X”与反预期主观情态

一、“小心 NP!”与“小心 VP!”的预期

“小心”是形容词，也是动词，属于兼类词。两者词义有区别然而相通，都指保持一种高度警惕的状态，不过形容词偏重于内心的感觉，动词则注重于对外的提防。这两者在语义上虽然息息相通，但是两者的语法功能截然不同：形容词词义表示“谨慎”，可以接受副词“很”“不”修饰，不能带任何宾语。而动词的词义表示“注意、留神”(《现代汉语词典》(第六版)p1435)，后面必须带着宾语。换言之，如果不带宾语，那就是形容词了。

我们主要关注动词“小心”的宾语类型，主要有两种：

1. 名词宾语，构成“小心 NP!”构式，NP 所指代的事物，主要有三类：

第一类的宾语对象，是明显会带来麻烦或祸害的，这当然需要提醒并加以注意，防止发生不愉快的事情或带来不良后果。这类提醒往往是社会的共识，主观性弱，客观性强。例如：

(1) 小心地雷！/小心毒蛇！/小心暴雨！/小心冷枪！

第二类的宾语对象，尽管不是那么直接显示祸害，但是人们依赖于生活常识而预知，完全可能而且常常带来不好的后果，因此提醒的必要性是显而易见的，出现的频率也是比较高的。这类事物往往是有用的，但是不小心也会造成麻烦，所以属于利弊兼有的。在认知上，主观性与客观性都具备。基于人类的普遍认知，对听话者来说，也完全明白并且认同这一提醒。例如：

(2) 小心火烛！/小心汽车！/小心开水！/小心门槛！

第三类的宾语对象，本身并不意味着会有麻烦，但是在说话人看来，则往往可能隐含着麻烦，所以认为有必要特别提醒。所以这类提醒的主

观性强而客观性就相对弱。例如：

(3) 小心那个女人！/小心你弟弟！/小心纪律！/小心那条底线！

总而言之，这些名词有的明显属于危险物，有些本身没有问题，只是有可能造成危害，还有的更是说话人主观上认为可能会造成危害。不管哪一类情况，它们背后都有一个潜台词：请注意，它们可能给你带来麻烦，所以务必加以注意！因此，[+提醒]+[提防]应该是这一构式最主要的语义特征。

2. 动词性宾语，构成“小心 VP!”构式。其 VP 也相应有三类：

第一类，这个 VP 本身就是个有麻烦有危险的行为或事件，所以需要直接提醒对方避免发生这样的事情，属于“开门见山”型。这类情况跟“小心 NP!”的第一类相类似。例如：

(4) 小心犯错误！/小心吃官司！/小心烫着了！/小心出血了！

第二类，这个 VP 指某个行为或事件本身可能没有问题，但是如果不注意就有可能发生问题，所以需要提醒对方特别注意以防发生不好的后果。例如：

(5) 小心汽车来了！（潜台词：如果没避开，可能发生车祸。）

(6) 小心水开了！（潜台词：如果不注意，开水可能会溢出来或者烫着人。）

这类情况跟“小心 NP!”的第二类相类似，都暗示对方注意潜在的问题，可能带来麻烦，属于“未雨绸缪”型。两者虽然所带的词语语法属性不同，本质还是一样的。请比较：

(7) 小心汽车！/小心汽车来了！

(8) 小心开水！/小心水开了！

第三类，这一类 VP 也只是说话人主观上认为可能会发生问题，也许其他人不一定这么认为，所以主观性特强。例如：

(9) 小心那个女人说出去！/小心你弟弟把房子卖了！

这类情况跟“小心 NP!”的第三类相类似，都属于主观性特强，客观性最弱的提醒。

“小心 VP!”的第一类跟第二类与第三类有明显的区别，前者客观上就是麻烦祸害，后者则带有比较强的主观色彩，尽管程度不同而已。鉴别

方法之一就是第一类的肯定式可以转换为否定式,在"小心"与VP中间插入否定词"别",而第二、第三类是不可以这样转换的:

(10) 小心别犯错误!/小心别吃官司!/小心别烫着了!/小心别出血了!

(11) *小心别汽车(别)来了!/小心别水(别)开了!

(12) *小心别那个女人(别)说出去!/小心别你弟弟(别)把房子卖了!

第一类的否定形式与肯定形式似乎是正反同义格式,有人称之为"否定羡余现象"。换言之,由于正反形式异构同义,这里的"别"似乎是多余的信息,有没有都一样。

这样的分析其实是错误的。语言中真正的羡余现象是不可能存在的,因为,根据语言的自我完善机制,任何真正的羡余必将被自然淘汰,如果长期存在则必定有它自己的生存的道理。有时候可能只是我们没有发现其中的道理,或者暂时还无法解释而已。"小心犯错误!"中,"犯错误"是"小心"关注的对象、内容,提醒的目的是别犯错误,这在句子中是隐含的潜台词。至于"小心别犯错误"中,"别犯错误"作为"小心"的目的直接显示出来了,在逻辑上我们无法理解"别犯错误"会成为"小心"提防的对象,所以作为动词"小心"关注的对象实际上还是"犯错误",只是由于上下文语用的制约隐含了。

这一区别是可以在形式上加以证明的:"小心"与"别犯错误"之间,语义结合比较松散,因此中间可以出现语音停顿,书面上表现为惊叹号:"小心!别犯错误!"这样的语言现象可以说比比皆是。我们在"百度"上搜索到许多这样的例句:

(13) 小心!别让拖延害了你!

(14) 小心!别闪了腰!

(15) 小心!别被"绝版"忽悠了!

(16) 小心!别让同事偷走了你的"时间"!

这里的"小心",严格地说应该是形容词,因为"小心"作为形容词与动词的兼类词,句法鉴别的标准就在于是不是带了宾语。如果说得比较快,书面上也可以省略这个标点符号,那就变成了所谓的"小心X"的否定构式,后面的VP变为“小心”的宾语了:“小心别让拖延害了你!”“小心别闪了腰!”“小心别被‘绝版’忽悠了!”“小心别让同事偷走了你的‘时间’!”然而,“小心犯错误”中间尽管有时也可以出现停顿,但是“犯错误!”就不是阻止,而是口语中语用省略了“别”的快速警告,绝对不会理解为“祈使”。而且也只是限于短句,类似“小心,让拖延害了你!”“小心,被‘绝版’忽悠了!”我们口语中几乎从来不说。

可见,凡是进入“小心X”该搭配框架的X,不论是NP还是VP,都隐含这么一种潜在义:该事物、该动作、该事件如果不小心,都将有可能引起麻烦,带来不快,或者造成不良后果。换言之,对X,听话人必须提高警惕,避免发生某种不良后果。所以,这是一种善意的提醒,也是一种良好的祈求,更是一种必要的警告。

总之,动词“小心”一词的出现必定带有某种“主观预期”,紧跟的宾语所代表的事物或事件本身,或者是麻烦或祸害,或者客观上可能或者主观上认定会带来麻烦或祸害。区分为三类,显示了宾语会造成“坏结果”的显豁度,依次递减。例如“地雷”属于必然会爆炸,“汽车”则明显会引起车祸,但并不必然;“那女人”则只是潜在的可能性。所以,如果后面宾语会带来好的结果,就会导致听话人预期的失落。因此这样的句子往往是不能成立的。例如:

(17) *小心得奖!/小心发财!/小心病好了!

除非出现这样的特殊情况:这一看来是良好的结果不但不会带来好处,反而会带来麻烦或造成祸害,所以必须提醒对方,千万别实现这样的结果,潜台词还是:这样就可能带来麻烦。这时,我们也许可以使用“小心X!”这一构式了。例如:

(18)(枪打出头鸟,)你小心考个第一名!

(19)(钱太多会有麻烦的,)小心发大财!

二、“一不小心X”的预期与反预期

“小心X!”是祈使句,只是提醒,X是未实现的;那么如果真的不小心,带来了某种不好的后果呢?那就要用“一不小心X”构式了,表明X是实现了,属于陈述句。它的意思是说:一个不小心发生了某种不利的情况或带来不良后果，属于强烈"预期"。数量短语"一个"在长期使用过程中，"个"脱略，变为"一不小心"。事实上，"一个不小心"仍然使用，但频率远远低于"一不小心"(根据大型语料库统计，大约只是1/5)。这里的"一"已经有副词化趋势，已经主要不表示数量，往往与"就"照应，凸显"一不小心"构式与后果之间的时间短促、紧凑，口气比较强烈、不快。如果删除"一"，原构式解体，句子虽然依然成立，但是语气则比较平和。由于"小心"对后续宾语在语义上的强制性预期，后面紧跟的VP往往是不好的事情，是说话人不愿意发生的事情，或者说是贬义的事情。当然，X的情况有程度上的差异：有些很不好，有些比较不好，还有些只是有点儿不太好。例如：

(1) 一不小心摔了个仰面朝天

(2) 一不小心被仙人掌刺疼了。

(3) 一不小心，廉政公署会请你去咖啡。

(4) 一不小心就弄巧成拙。

(5) 一不小心就落入别人的圈套。

(6) 一不小心就误入了它精心设计的陷阱。

(7) 一不小心杀伤他们自己。

(8) 一不小心就会危及人们的生命安全。

上一节分析的三类VP，都能够变换为"一不小心VP"，可见，"一不小心X"构式是从"小心X"发展而来的。

(9) 一不小心烫着了！/一不小心出血了！

(10) 一不小心汽车来了！/一不小心水开了！

(11) 一不小心那个女人说出去！/一不小心你弟弟把房子卖了！

当然，关键是"一不小心VP"中VP的属性，其客观的预期如果明显是贬义的，整个构式的接受度就比较强。如果主观上明显可能引发不好后果的事件，那么构式也是比较容易接受的。有趣的是VP第二类，由于主观客观各占一半，反而接受度比较低一些，但是在一定的语境中也还是可以接受的。

根据以上的比较分析，"一不小心X"与"小心X"起码有三点不同：

第一，"一不小心X"是个陈述句，"小心X"则是个祈使句。

第二,“一不小心 X”的主语或者隐性主语可能是第二人称,也可能是第三人称,甚至于可能是第一人称。“小心 X”的主语只能是第二人称。

第三,“一不小心 X”说的大部分是已经发生的事实,或者用“会、可能”等表示即将发生的事实;“小心 X”则一定是尚未发生的,意思是提醒对方,提高注意力,防止发生不好的事情。换言之,其预期的 VP 都是贬义的,不受欢迎的。

我们感兴趣的是:近年来,“一不小心 X”竟然出现了一种新品种。例如:

(12) 一不小心挣下亿万身家。

(13) 一不小心手上的股票便来个涨停。

(14) 一不小心就创下了三项全国纪录。

(15) 一不小心就发财了!

其中的 VP 不再是贬义的,而是褒义的,而且是非常值得庆贺的,是大家追求的、希望的。这样的句子现在比比皆是,尤其在网上,这显然跟我们上面的分析是相悖的。

这一构式的 X 显然是反预期的,并且造成了某种特殊效果。关于语言中的“反预期”研究,最早是 Bernd Heine 等(1991)在 Grammaticalization: A Conceptual Framework 里提出来的,并引起国内众多学者的关注。根据吴福祥(2004)的研究,这类反预期可以分为三类:a. 偏离听话者预期;b. 偏离说话者预期;c. 偏离常理。这里的“一不小心”就属于第一类,因为该短语的后续部分必定是听话者不愿意看到后果,但是结果是出于意外,是一个反预期的好结果。

一是显示喜出望外。这一构式原先的预期值没有实现,却出现了反预期。“一不小心”原来的后果按照常规应该是不好的,所以听话者的预期值是负向的。结果,出现在结果是超出预期的,是正向的,是庆幸的。这就造成了预期与结果的巨大落差、强烈对比。问题是这种反预期没有任何的形式标记,而且正因为没有提醒的标记,就造成了出乎意料,从而造成认知上的没有丝毫的心理准备。“一不小心 X”整个构式的基本语义本来是:【－注意留神】【－主观追求】【－出乎意外】【－有利事件】,结果只剩下前面两项,后面两项的语义特征不但消失了,而且转到了他的反面，变成【+出乎意外】【+有利事件】。

二是强调非主观上的刻意追求，只是一种被动的客观事实。因为按照常理，水往低处流，人往高处走，人们总是“避凶趋利”的，追求好的结果，避免不好的后果，几乎是人的本能。但是这一构式显示：似乎只是自己一个不小心，一个不注意，一个不留神，幸运出乎预料地落到了自己的头上。这一反预期结果显然是自己完全没有估计到的，有无心插柳柳成荫之感。

三是有点调侃，有点戏谑，甚至于带有点自嘲的口吻。因为好事情自己说出来往往会有点自吹自擂的感觉，用这种构式说出来，就大大削弱了自夸的感觉。潜台词是：我没有追求，只是偶然撞大运撞上的，自己并不当作一回事。例如：

(16) 一不小心金油问世大概有一个世纪了。

(17) 一不小心弄假成真，给了他一份真爱，则悔之晚矣。

(18) 一不小心折腾出了一部在风格、样式上直逼《秋菊打官司》的4集电视剧。

(19) 正值中年的陈佐湟在接受记者采访时幽默地说，自己“是一不小心走上了这条路”。

三、“专化、异化与泛化”的三部曲

在实际使用过程中，“一不小心X”构式中，X开始预期是不好的，这属于基本的原始的预期，我们可以称之为“专化”用法。后来出现反预期的用法，X是好得出乎意料的，这是反预期的，属于“异化”用法。这里之所以继续使用“一不小心”，目的就是要强化某种反预期效果，造成某种言语效果：你别怪我，我是没有这样的想法，但是客观上发生了；背后隐藏的道理是：这是不以人们的主观意志为转移的，强调的是一种客观性、必然性与惊喜性。例如：

(1) 一不小心，就会撞上黄金美玉。

(2) 一不小心，1985年居然得了广东省新人新作文学奖。

(3) 一不小心就“制造”了某个行业的“一霸”。

(4) 一不小心又出了一个“大人物”。

有一首流行歌曲的名字是《一不小心爱上你》，湖南卫视还拍了个同名电视剧，风靡一时。可见，年轻人很喜欢这类表现手法。"一不小心 X"各种反预期的用法正在逐年增多，虽然目前还不能说压倒了预期的用法，但是明显表现出三个趋势：

a. 网上反预期用法明显超过书面上的。

b. 当今的反预期用法超过以往历史的。

c. 年轻人反预期用法明显超过中老年人。

近来，"一不小心 X"构式的用法继续扩大，开始从"异化"发展为"泛化"，这主要有以下几类：

1. 自嘲。对某些可能还会有争议的事情轻描淡写，即 X 不是预期的坏事，也不是反预期的好事，而是无所谓好坏或者说不清好坏的中性事情。

(5) 一不小心赶了一记时髦，家里天天吃泡饭呢。

(6) 一不小心竟画出一个喝得满脸酒气的醉鬼。

(7) 一不小心发现了办事处里边的"学问"。

(8) 一不小心，发现自己对外文也是津津乐道。

2. 凸显在于无意发生的事情，强调的是非主观、客观的事态。

(9) 他长得太高了，同龄的小队友正在泳池挥臂前进，他却一不小心就在水里站了起来。

(10) 像在一群扑腾翅膀的小鸭子中间，一不小心突然闯进了一只黑熊。

(11) 看着外面黑压压的记者，自己顿时有点紧张了，一不小心给他们拍了张照片。

此外，组合的 X 到底是褒义还是贬义，有时还需要结合语境才能确定，或者根据词语的语义倾向才能确认。例如：

(12) 期中考试一不当心考太好了。

(13) 一不当心就性感了。

(14) 一不当心就和你天长地久。

例(12)"太好了"本身就是歧义的，可能特别好，也可能指过分了，上下文没有提示说话人的语义倾向。例(13)"性感"以前往往是贬义色彩，近年来褒义的色彩多起来了。但是单单这句话还是无法判断说话人的语义倾向，不过估计可能是褒义的。例(14)的"天长地久"是说话人希望的还是仅仅是对方的意愿？不清楚。

这说明，这一用法开始慢慢从两端向中间泛化，其中的X没有明显的褒贬倾向，开始变得中性化了。例如：

(15) 一不小心便写到千字以上，说也奇怪，愈是字数多也愈是不得要领，结果弄成……

(16) 一不小心，你就会从我心里面，满溢到我的喉咙口，然后，从我嘴巴里掉出来……

这种泛化的趋势说明，"一不小心X"构式的成熟，开始摆脱"预期"与"反预期"的框架，而是强化该构式的"出乎意料"的主观情态。这一演变途径说明，构式的专化，在实际使用过程中可能异化，还可能泛化。语言，乃至语言格式一直处于不断变化之中。我们必须采取动态的观念去观察，才能抓住其发展变化的轨迹，并且解释其规律。

跟"一不小心"类似的还有"一不留神""一不当心""一不注意"。情况大体相似，原先也是以与贬义、不好的事情组合为主，现在也开始出现了褒义的、好的事件组合的情况。例如：

(17) 梦想是要有的，一不留神就实现了。

(18) 一不留神破个纪录。

(19) 一不当心，今天再来一个涨停？

(20) 一个不当心就小清新了。

(21) 一不注意，小曼小猪小狗全成吧主了。

(22) 一不注意你9级了。

需要注意的是：这些词语使用的概率远远低于"一不小心"，换言之，"一不小心"是代表性高频词语。

四、结语：反预期标记也存在于句法语义层面

预期通常有两类：一类是肯定性预期。比如：要下雨了！/会打赢的。另一类是否定性预期：别下雨了！/不会打赢的。其中"要""会"就是预期的话语标记。语言中客观存在着这样的反预期。例如"老天爷，别

下雨了!”这是一般的否定性祈使句,属于预期范围之内的。“别 VP!”其中的 VP 是否定性预期对象。但是当我们说:“外面滴滴答答的,别下雨了!”这时,“别下雨了!”显然不属于否定性祈使,也不属于否定预期。这里实际上意思是否定性猜测,是一种反预期,希望不是在下雨。

语言学上的反预期通常是指一种主观情态,其语用标记,以副词、连词为主,分为“语气类”“否定类”“转折类”“疑问类”(陆方喆,2014),比如疑问代词“怎么”就具有“惊异或意外”以及“批评或嗔怪”的作用(刘焱、黄丹丹,2015)。那么,反预期标记是不是在句法语义层面也有呢?“一不小心 X”构式的反预期用法,显然不属于语用层面,而是存在于句法语义层面,属于构式反预期。其实,这样的情况并非孤立的,我们发现,上海方言里有类似的反预期构式,比如“勿要太紧张哦!”“勿要太漂亮哦!”这类句子按照字面意思理解,似乎是否定祈使句,叮嘱对方“别太紧张”“别太漂亮”。但事实上完全不是这样,真实用法是感叹句,夸张地表示:实在太紧张了!实在太漂亮了!这也是一种反预期。因为“勿要”这一“否定祈使”词语的预期,一定是说话人不希望发生的情况,但是事实相反,恰恰是预期之外的,而且往往是相反的,这也是一种反预期。

可见,反预期标记开始可能是语用层面的,但一旦常规化、固化,就可能而且几乎必然进入句法语义层面。特别要说明的是,我们这里讨论的不是“小心”或“不小心”,不是词汇问题,而是由“一不小心”构成的反预期构式,与之匹配的词语 X 往往是反预期的结果,所以具有出乎意料的惊喜的色彩。这也许是一种新的反预期品种。

参考文献

谷峰　2014　汉语反预期标记研究述评,《汉语学习》第 1 期。

刘焱、黄丹丹　2015　反预期话语标记“怎么”,《语言科学》第 3 期。

陆方喆　2014　反预期标记的性质、特征及分类,《云南师范大学学报》第 6 期。

吴福祥　2004　汉语方言中的若干逆语法化现象,《中国语文》第 3 期。

本文曾在“第五届海外中国语言学者论坛”(成都,2015 年)上宣读,修改后再次在"第八届现代汉语语法国际研讨会暨30周年庆典"(杭州,2015年)上宣读。

本文获得中国国家社科项目"汉语虚词词典编撰的方法论创新及其实践"(批准号12BYY101)资助。

(原载《语言科学》2016年第6期,与王玲玲合作)

“一 V 了之”框式的结构特点及其语义倾向

一、“一 V 了之”框式结构的三大特点

“一 V 了之”是个非常能产的框式结构。“一”属于副词，修饰后面的动词，表示动作快捷、干脆、利索、简便。“了”是动词，表示“了结”“解决”义；“之”为代词，指的是“这件事”(往往在上下文或语境中已经提及)。整个框式表示：直截了当地实施了 V 这个动作，姑且解决了某个问题或难题。其中的 V 多为单音节动作动词，如“退、推、说、降、拖、脱、抢、杀、拼、开、关、谢、看、睡”等。根据对北京大学 CCL 语料库和北京语言大学 BCC 汉语语料库的统计，该框式结构生成成员中的高频组合是：

① “一走了之”(CCL 247 例，BCC 4 605 例)；

② “一笑了之”(CCL 147 例，BCC 1 604 例)；

③ “一死了之”(CCL 87 例，BCC 922 例)。

上述三个“一 V 了之”高频框式恰好有一则历史故事可以印证：据《左传・宣公二年》“晋灵公不君”记载：a. 昏君晋灵公派了个刺客去行刺大臣赵盾，结果刺客发现赵盾是个忠臣，认为“贼民之主，不忠；弃君之命，不信。有一于此，不如死也”。最终选择触槐而死。b. 后来晋灵公又设宴准备扑杀赵盾，杀手中有个人“倒戟以御公徒，而免之。问何故，对曰：‘翳桑之饿人也。’问其名居，不告而退。遂自亡也”。c. 后来晋灵公被别人杀了，太史董狐直书“赵盾弑君”，并认定“子为正卿，亡不越竟，反不讨贼，非子而谁？”宣子曰：“呜呼！‘我之怀矣，自诒伊戚’，其我之谓矣！”

这则历史故事中的刺客、杀手、宣子三个人物的行为，如果用现代汉语来叙说，可分别使用“一死了之”(自杀)、“一走了之”(逃避)、“一笑了之”(不予理睬)来描写。这说明：“一 V 了之”框式具有特殊的语法意义，

即在两难处境下作出自认为最简单而且危害最小的选择,无奈却是不得已而为之。可见,该框式结构凸显了三个特点:

第一,"一 V 了之"框式的使用必然有个前提条件:面临某个问题,而且往往是难题,不管采用哪种办法,结果可能都不是理想的。真实语料常常可以显现这样的背景或情景。例如:

(1) 她很痛苦,却又无法解脱,只好一死了之。(百合《哭泣的色彩》)

(2) 为了摆脱困境,干脆一退了之。(《1994 年报刊精选》)

(3) 她的这种热情使我进退两难:买吧,还未真正了解这套服装是否合适,不买,人家这么热情,最后,我只好一走了之。(《人民日报》1995 年 11 月)

第二,行为主体者所采取的是一种无奈的选择,换言之,这一选择尽管不好,但是其他的选择可能更加糟糕。因此干脆采取一种相对比较简单、直截了当的办法,以求快刀斩乱麻地解决问题。这可以称之为"两难相权取其简"。句中往往有表态性副词"不如""索性""干脆"等形成照应。例如:

(4) 她觉得与其这样愚昧活着,不如一死了之。(《1994 年报刊精选》)

(5) 他料定自己活不了了,必死无疑,索性一死了之。(麦家《风声》)

(6) 大量的秸秆不好处理,又紧着要种麦,农民只好一烧了之。(新华社 2001 年 9 月份新闻报道)

第三,采取这种选择,往往带有消极逃避的意味,并非是最稳妥最合理的,而且不同的人完全可能会有不同的处理方法,可能会因此引起争议。同时,行为主体者所采取的办法尽管比较直截了当,但明显带有简单化的倾向,因此,说话者叙述时往往带有强烈的主观否定色彩,不赞赏,甚至是反对的。真实的文本例句中常常表现出对这种做法的否定意味。例如:

(7) 决不能层层照抄照转,一转了之。(《1994 年报刊精选》)

(8) 珠海对科技和人才的重视,绝非如有些外人所误解的那样只是一奖了之。(同上)

(9) 要注意帮助这些企业解决自身无法解决的困难,切勿一租了之。(同上)

或者句中流露出批评或不满的口气。例如：

(10) 下班之后，就把厕所一锁了之，给游人带来很大不便。(同上)

(11) 往往借口“先天不足”，把责任一推了之。(《人民日报》1994年)

(12) 多先进管理经验引入国内，真正学到手的不多，有的束之高阁，一放了之。(同上)

当然也有表示客观的叙述，但数量极少，而且很难看出表彰的意味。例如：

(13) 只要是抢手的东西都可以拿到拍卖市场去一拍了之。(《1994年报刊精选》)

归纳起来，“一V了之”框式结构的三个特点分别涉及“事件的前提”“行为主体的选择”“说话者的主观态度”：a. 事件前提是面临必须解决的问题或难题；b. 行为主体只能作出直截了当却是无奈的选择；c. 这一选择由于往往带有消极逃避意味，因此总体倾向是说话者不赞赏，甚至于是否定的。

二、“一V了之”构式分析

“一V了之”框式结构，其特点可以从四个方面进行分析：

1. 引号的作用

“一V了之”框式结构主要倾向于否定义，因此，在书面表达使用这一框式时，往往要给动词V上加上双引号，以提示其隐含的特殊意义。可见，说话者其实是不赞成其中的动作行为的。例如：

(1) 代表建议切莫一“晒”了之。(《新疆人大(汉文)》2010年11期)

(2) 转制不能一“卖”了之。(《中小学管理》2002年1期)

(3) 慢性咽炎岂能一“烧”了之？(搜狐医疗，2009-03-30)

有时，甚至会给整个框式“一V了之”加上引号，这就更凸显了其中隐含的特殊意义，即否定义。例如：

(4) 基层减负迫在眉睫，但不应“一减了之”。(人民网，2019-04-30)

(5) 公车补贴不宜“一发了之”。(《廉政瞭望》2005年1期)

(6) 回应群众诉求岂能“一推了之”？(观点中国，2018-05-16)

2. V的单音节化及其变式

“一V了之”框式中的V，通常是及物动词，而且几乎都是单音节的。如果原先的动词或动词性结构是双音节的，则往往要缩减为单音节形式。例如：

(7) 述职评议不能一评了之。(《楚天主人》2005年2期)(评议→评)

(8) 编组工作不能一编了之。(《中国民兵》2001年9期)(编组→编)

(9) 查摆问题切勿一“摆”了之。(《中国监察》2013年19期)(查摆→摆)

(10) 下派工作组岂能一“派”了之。(《领导科学》2008年15期)(下派→派)

(11) 摘抄，岂能一抄了之。(《中小学教师培训》2012年9期)(摘抄→抄)

(12) 怕被否就拿出一套有诚意的方案，否则，还是一否了之。(东方财富网股吧，2014-10-13)(否定→否)

特别要注意的是，在V位置上出现的有时不仅仅是动词，还可能是名词或名词性语素。这反映了汉语双音节词在进入该框式结构时，会采取临时的“压模”措施。而且，这里的名词性语素在进入该框架后，不仅“词化”，而且由于结构的制约而临时动词化了。例如：

(13) 大学理念岂能一“念”了之！(《科技创新导报》2007年36期)(理念，名词→念，动词)

(14) 一费制贵在“一费了之”。(《工人日报》2004年12期)(一费制，名词→费，动词)

(15) 保卫餐桌岂能“一法了之”。(《新经济导刊》2009年7期)(法规，名词→法，动词)

3. “之”的指向对象

“一V了之”框式中动词V的宾语“之”所指的对象，往往出现在句子的开头充当话题主语。实际上也就是V的受事论元或对象论元。例如：

(16) “烂尾楼”不能一拆了之？(《中国经济快讯》2000年48期)

(17) 精神鸦片，岂能一“堵”了之？(《中国德育》2010年2期)

(18) 村官直选切莫一选了之。(《中国民政》2000年7期)

当然,这一话题主语,也可能由介词引进,或者出现在后面。例如:

(19) 对送礼不能“一拒了之”。(《教育与职业》2000 年 1 期)

总之,“一 V 了之”中“之”的语义指向,无论是出现在句子开头还是出现在后面,都是话题性的。

4. “一 V 了之”的变式

“一 V 了之”框式还存在某些变式。其中,有的是扩展式,有的是省略式。它们之中有些可能有对应的原式“一 V 了之”,有些则无法对应,因为即使勉强对应,意义上也有所欠缺。

第一,少数可以找到对应的“一 V 了之”:

(20) 安全事故,岂能简单地问责了之。(豆丁网,2013-3-?)

追责问责不能一问(问责)了之。(网易订阅,2018-12-20)

(21) 刘家辉在接到周俊杰的汇报后只是笑笑了之。(《抗日之铁血河山》27 节)

遇到有人说话冲了,他也只是一笑(笑笑)了之。(《健康养生:给老爸老妈的 100 个长寿秘诀》)

第二,多数难以找到对应的“一 V 了之”:

(22) 事关民生追问,不该“反问”(*一问)了之。(《上海人大月刊》2010 年 5 期)

(23) 观众们吵吵了一会最后以报案(*一报)了之。(《战地医生在都市》第九卷 24 章)

(24) 我们都是弱势,想要灭义渠,自然是不可能,只有同化(*一化)了之。(《秦歌一曲》703 章)

第一类例句,似乎可以找对对应的“一 V 了之”,但是两者意义可能还有差异,可见硬性套用不是一个好办法。至于第二类,要找到对应的该框式结构,就更加困难了,因为有时双音节词的意思无法压缩为单音节词来承担。可见,在双音节或多音节动词进入这一框式结构时,如果硬性采取单音节化,可能会产生表意不明的问题。求其次的办法,就是改造该框式结构,保留双音节动词,而省略原框架式结构中的“一”。显然,在结构形式与语义的博弈中,说话者还是倾向于选择语义表达的准确性。

三、"一V了之"构式语义倾向的不同视角

该构式义是"语义增值"的产物,"一V了之"的构式义,实际上涉及两个不同的视角:一是行为主体视角。选择"一V了之",显然他的内心尽管不太喜欢X,但是面对两难权衡后,不得不作出某一选择,是无奈而选。因而语义倾向于表达积极正面义。二是说话者对这一选择的主观评价视角。从这个视角来看,往往认为这虽然可以理解,但实际上是一种消极逃避的行为,有简单化倾向,态度往往是贬斥的,不赞成的,因而语义倾向于表达消极否定义。这就使该构式呈现出非常有趣的现象:在行为主体者看来,该构式义是积极的、可取的;在说话者看来,该行为的选择往往可能是有欠缺的,是消极的、否定的。这就表现为该构式在实际使用时的正反两面性趋势。

我们利用"中国知网",查阅了其收录的人文社科类论文题目,获得144个由"一V了之"框式结构构成的论文题目,发现该框式义主要表示的是说话者的态度,以消极否定倾向占多。根据否定表达方式分类,大体上可分为四种类型,其中高频使用的是否定句式和反问句式,占总数的84.5%:

(一)否定句。该框式结构前面用"不要、不能、不可、莫要"等否定成分,共计78例,占54%。例如:

(1)决不能把职工一推了之。(《企业管理》1998年第8期)

(2)对"大学竞价排行榜"不可一笑了之。(《教育与职业》2012年31期)

(3)莫要一送了之。(《乡镇论坛》1996年12期)

(4)高校债务不宜一化了之。(《教育与职业》2012年10期)

(二)反问句。常跟"岂能、岂可、怎能、焉能"等反问语气副词配合,共计44例,占30.5%。例如:

(5)临时工因公负伤,企业岂能一推了之?(《劳动保护》1995年7期)

(6)侵权商品岂可一烧了之?(《中国工商管理研究》1999年10期)

(7)职工患职业病单位焉能一推了之?(《中国劳动》2003年5期)

(8)怎能一罚了之?(《乡镇论坛》1995年11期)

(三)句中的词语或上下文表示贬斥义(如"切忌、避免、防止"等),共

计 8 例，占 5.5%。例如：

(9) 公开选拔切忌一选了之。(《支部建设》2002 年 7 期)

(10) 强化巡视结果运用避免“一巡了之”。(《新型工业化》2014 年 10 期)

(11) 官微应避免“一删了之”的粗放管理(《计算机与网络》2015 年底 5 期)

(12) 交通肇事后“一逃了之”重刑伺候。(《今日科苑》2003 年 4 期)

(四) 正反问句或者是非问句。表面上似乎没有明显的否定倾向，但是借助于上下文的提示，尤其是带有故意设问的意味，明显能够反映出隐含的否定倾向。这类问句，如果有上下文的提示，否定性的意思就更加清晰了。共计 7 例，占 5%。例如：

(13) “最美妈妈”能否一奖了之？(《中国经济周刊》2011 年 30 期)

(14) 华冠是否该“一破了之”？(《投资北京》2009 年 10 期)

(15) 中国式过马路：一罚了之？(《决策》2013 年 6 期)

(16) 季节工可以一用了之吗？(《工友》2004 年 9 期)

以上四类相加为 137 例，占全部标题的 95%。可见，这一框式结构使用的语境，主要表示说话者主观认定的消极否定义。

四、主观情态与传统文化价值对框式结构语义倾向的影响

“一 V 了之”框式义表示无奈之中的选择，这实际上也是行为主体者的肯定态度，但是，在说话者看来，这一行为可能并不可取，因为它带有消极逃避义，所以主观态度是倾向于否定的。这就造成了该框式在实际使用时的语义倾向的两面性。

尽管如上文所分析的，说话者多数情况下是采取否定的态度，但是也还有部分情况是跟行为主体采取相同的态度，即表示赞同肯定的，此时说话者与行为主体的认知保持了一致。这主要是“一笑了之”“一死了之”与“一睡了之”几个少数框式。那又是为什么呢？

1. “一笑了之”，CCL 语料库中共检索到 147 个例句，几乎都表达积极进取义的。这往往是面对不好的议论，或不如意的结果，甚至于不利的威胁，并不放在心上，采取一种超然的、不在乎、无所谓的态度。例如：

(1) 老人通常都不太在意胜负,即便输了,也是一笑了之。(《给老爸老妈的100个长寿秘诀》)

(2) 对各种议论,丁一笑了之。(《1994年报刊精选》)

(3) 对这个称号,性格开朗的周迅一笑了之。(鲁豫有约:红伶)

(4) 不管别人说长道短,我总是一笑了之。(《人民日报》1995年)

“笑”往往是人们在处理难题时表现出的超然态度,汉语里就有许多跟“笑”相关的成语:一笑置之、付之一笑、谈笑风生、笑口常开、笑容满面、笑容可掬、笑逐颜开、眉开眼笑,破涕为笑、哑然失笑、一笑解百愁,等等。可见,“笑”是一种积极乐观的人生态度,“一笑了之”中说话者和行为主体形成一致的积极态度也是完全可以理解的。

2. “一死了之”,我们在CCL语料库中共检索到87个例句,其中76个例句都属于行为主体主观上的自动选择,表示积极进取义,认为“死”可能是一种解脱。这从跟框式结构搭配的词语就可以清楚地看出:动词“想(真想)”使用得最多,共23例;表示意愿的动词10例,如“请求、渴望、情愿、决定”等;其他还有“只有、只是、宁可、宁愿、索性、不如、恨不得、恨不能、准备、只好、还可以、试图、早日”等选择性副词。例如:

(5) 她并不想真死,但此时此刻宁愿一死了之。(池莉《烦恼三部曲》)

(6) 那小生只有请求一死了之。(周而复《上海的早晨》)

(7) 与其颠沛挣扎,倒不如一死了之。(《作家文摘》1996年)

(8) 她情愿一死了之。(《1994年报刊精选》)

(9) 他恨不得冲进火场一死了之。(同上)

(10) 为逃避父母打骂,试图一死了之。(《人民日报》1996年)

表示中性的叙述性句子只有9例,而真正持否定态度的只有3例:

(11) 不能不明不白地一死了之。(《读书》vol-24)

(12) 有的甚至一死了之。(《1994年报刊精选》)

(13) 这谷主如此狠毒,我焉能一死了之。(金庸《神雕侠侣》)

需要特别注意的是,这些例句的上下文里,几乎都有彰显主体者或说话者主观意愿的词语。例如:

(14) 我真想一死了之。(《1994年报刊精选》)

(15) 她情愿一死了之。(《1994年报刊精选》)

(16) 他恨不得一死了之。(《作家文摘》1996 年)

涉及“死”，本来一般人都是排斥的，但是在中国传统文化里，“死”其实并不是那么可怕，甚至于还可能是一种解脱或实现某种追求。中国文化对“死”的看法以儒家学说为主，概括地说，就是“杀身成仁、舍生取义”，将生命的社会价值置于生命的本身价值之上，从而使有限的生命焕发出无限的光彩，成为后世效法的楷模。这种强烈的历史使命感和责任感作为中国文化的精髓使得死亡成为了一种精神升华的过程。

3. “一睡了之”也属于这一类。例如：

(17) 从小到大一有难事就一睡了之。(《文汇报》2004 - 08 - 18)

(18) 哈欠连天，泪流满面，回家想一睡了之。(BCC 语料库 · 微博)

(19) 屋里那个女人倒好，吻了他之后一睡了之。(席绢《巧妇伴拙夫》)

(20) 落下一屁股烂债，想一睡了之。(BCC 语料库《微博》)

人们常常用“睡觉”来面对无法解决的难题，因为人们觉得睡一觉以后头脑可能会清醒起来，就可能会想出比较合适的办法。汉语里也有许多跟“睡”相关是俗语，例如：一夜不睡，十夜不醒。早睡早起，清爽欢喜。能吃能睡，长命百岁。早睡早起，赛过人参补身体。吃洋参，不如睡五更。这显然符合中国人的传统思维习惯。我们在 BCC 和 CCL 语料库也找到一些例句，显示了人们常常采取“睡”的态度来处理各类问题。

(21) 只好选个背风向阳的道坡搂着收音机先睡一觉再说。(《作家文摘》1994 年)

(22) 古应春例劝他不必再住客栈，先好好睡一觉再说。(高阳《红顶商人胡雪岩》)

由上可见，框式结构的整体语义倾向，除了结构特点之外，该框式结构中说话者的主观意愿以及中国文化的传统价值观也是至关重要的，往往决定了该框式结构的语义倾向。这些内容似乎超出了语言的分析，但是，语言本来就是具有深刻的民族性的，我们怎么可能完全脱离民族文化来奢谈语言里的构式及其语义倾向呢？我们曾在《关于框式结构研究的理论与方法》中指出：框式结构褒贬倾向的决定性因素总的特点是“感情色彩跟字面意义的褒贬无关，而是取决于构式义和语境”。需要补充说明的是，“大语境”还应该包括时代、国别、民族文化等。

总之,"一V了之"这一框式结构主要表示了三层含义:一、时态:动作敏捷轻快。二、情态:态度干脆利落。三、目标:施动者希望借此直接而迅速解决难题。但是,结果如何却无从推知,因此实际上就可能产生两种情况:一种是行为主体态度坚决,决心已下,给人决断的印象,这就体现了该框式结构的语义是快刀斩乱麻,动作果断而坚决,又不把后果放在心上,显得心理没有负担,达到说话者预期的效果,属于主动进取型,是肯定性的。如果说话者只是客观介绍并不掺杂自己的看法,则主客观一致。另一种是说话者的主观态度,往往认为"一V了之"虽然可以理解,但不考虑难题背后的复杂因素,采取了消极逃避的做法,显得简单粗暴、鲁莽轻率,因此主观判断上往往带有否定义。可见,该框式结构在语言表达上,就会表现出两种截然相反的语义倾向,显示出否定与肯定的两面性。框式结构提供了基本的语义框架,但是实际表达效果还要取决于说话者的主观意愿和民族文化的传统价值观。

参考文献

邵敬敏 2011 汉语框式结构说略,《中国语文》第3期。

邵敬敏 2015 框式结构研究的理论与方法,《语文研究》第2期。

(原载《语文研究》2019年第4期,与刘亚男合作)

三、句式系统分析

建构汉语句式系统的价值与意义

作为汉语句子系统,现代汉语句法学通常只讲句型与句类。前者是指“句子的结构类型”,例如主谓句、非主谓句,等等。后者是指“句子的语气类型”,一般分为陈述句、疑问句、祈使句和感叹句四大类。学界对这两类的争议不大。至于句式,长期以来只是个比较随意的说法,没有科学的定义,也没有严格的界定,常常跟句型混淆在一起,或者作为句型的补充而略作介绍,或多或少,或详或略。

本文认为,汉语的句式也是一个系统,一个开放式的系统,有它自身的特殊价值,是跟句型、句类并行的另外一个独立的句子系统。本文的目的就在于为这一严格意义的句式系统进行必要的论证,指出建构汉语句式系统的价值与意义,并且对其内部小类的特点进行阐述。这不仅有助于强化对汉语句子系统完整性、科学性和系统性的认识,而且对汉语句法教学,包括国际汉语教学都有着重要意义。

一、“句式”语法地位的历史提升

汉语传统语法早期比较重视词法,对句法分析极为有限,这显然是受到欧美语法历来就是重词法轻句法这一传统的影响。例如《马氏文通》一共十章,前面九章都属于词法,只有最后一章才简述句法。黎锦熙的《国语文法》句法部分也有点像强弩之末,只是分析其句子成分以及跟词类的对应关系。一直到 20 世纪 50 年代“暂拟汉语教学语法系统”的句法还仅仅停留在句法的六大成分分析上。

20 世纪 80—90 年代随着汉语语法研究的深入,在句子成分分析的基础上,开始区分“句型”与“句类”,但是“句式”还没有正式予以命名。当时国内最有影响的两本现代汉语教材分别是胡裕树主编的《现代汉语》（修订二版 1979，重订本第五版 1995，上海教育出版社）与黄伯荣、廖序东主编的《现代汉语》（第一版 1980，增订第一版 1991，高等教育出版社）。

胡本在当时语法研究理论方面是走在全国有关教材最前列的，该教材首先提出了句型，并且阐述了有关句型的鉴定标准和区分方法，在“句子和句子分析（下）”一节中重点讨论了动词性谓语，包括动宾谓语、动补谓语、连动谓语和兼语谓语四种。在这个章节里，作为“动词性谓语句中的两种比较特殊的句式”还特别分析了“把”字句和“被”字句。在书的附注里，编者特地对“句型”和“句式”进行了辨析和解释，指出：“句型是以语言中全体句子作对象加以归纳的结果……句式是以语言中部分句子为对象加以描述的结果。”可见，胡本虽然在句型之外特别提出了“句式”这一重要概念，但是其认识还只是涉及分析句子的对象区别是“全体”与“部分”，并没有触及句型与句式的本质的差异，尤其是没有明确指出这“部分句子”何以成为句式描述对象的标准或理由。而且实际上也只是分析了“把”字句和“被”字句两种句式。此外，胡本的另一贡献是特别提出了“句类”系统。早期的黄本则既无句型，也无句类，只有句子成分分析法。可见，“句式”的地位即使在这两部当时影响最大的教材里，也是无足轻重的。

黄本的“增订三版”（高等教育出版社 2002，增订四版 2007，增订五版 2011）开始引进“句型”概念，但基本上是仿照胡本，后来才增添了“句类”，此外，还重点介绍了“几种动词谓语句”，包括“把”字句、“被”字句、连谓句、兼语句、双宾句和存现句六种，但是仍然归属于“句型”之下。其“增订四版”发生了较大的变化，原“几种动词谓语句”改名为“几种常用句式”，内容基本不变。这说明作者的认识悄悄地发生了微妙的变化，开始认识到句式不同于句型和句类，但是必须指出：尽管列出了“常用句式”的标题，但是显然还没有给“句式”一个独立的语法地位，只是为它开了个后门。

在整个 20 世纪里，从研究层面看，句式的研究日新月异，取得了许多成果，但是在教材体现的语法体系里，句式基本上是没有地位的，多数只是列举，是个可有可无的“附属品”。这可能是因为当时的语法体系深受结构主义语法理论的影响，比较重视结构形式，而对句子的语义、功能不太重视，或者说很不重视。这一境况一直到邵敬敏主编的《现代汉语通论》(上海教育出版社,2001;第二版 2007)问世,才得以改善。该教材第一次把句式单独列为一个系统,第一次把句式跟句型、句类并列为句子的三个最重要的类型系统,形成三足鼎立的格局,并且明确提出句式的定义以及鉴别句式的标准。这三者的区分在于:

句型系统,即按照句子的结构模式划分出来的类型系统;

句式系统,即按照句子的局部特点划分出来的类型系统;

句类系统,即按照句子的语气功能划分出来的类型系统。

21 世纪前十年出版的现代汉语教材中,邢福义、汪国胜主编的《现代汉语》(华中师范大学出版社,2003)走的还是黄廖本的路子,单句的类型尽管也分为句型与句类,但是并非重点,重点是句子成分的分析以及特定句式。特定句式除了"把"字句、"被"字句、连动句、兼语句、双宾句以及存现句之外,增加了"主谓谓语句",一共是七种。可惜的是,教材仅仅列举,对"句式"也没作任何理论阐述,其句法地位无从了解,也没有能够显示出邢福义一贯倡导的"小句中枢"的语法思想。

兰宾汉、邢向东主编的《现代汉语》(中华书局,2006)则全面接受了邵本的理念,采取句型、句式、句类三分天下的格局,并且对句式的定义也认同于邵本:"依据句子的局部特征归纳出来的句子类型",其内部三类也同于邵本。

可见,汉语句式的认识在历史上经历了三个阶段,从漠视到斜视,再到正视。句式的语法地位已经到了必须"重视"并且给以正名的第四个新阶段。

二、句型、句类与句式的关系

句型以及句类,经过长期的研究,已经有其特定的含义,尽管其内涵还是可以讨论的,但是,通常人们一般并不怀疑其存在的必然性。但是句式则一直处于地位不明的尴尬境地。其原因可能有三个:

第一,句式的名称用得比较滥。只要是一个句子,就可以称之为某某句式。长期以来没有明确的定义,外延和内涵都不太清晰。尤其是内涵比较含混,没有必要的论证,也缺乏科学的定义。换言之,地位比较尴尬。

第二,句式跟句型存在着交叉的地方。比如主谓谓语句、双宾句、连动句和兼语句，都是动词谓语句的重要下位句型，可是一提到句式，它们似乎也应该是。那么，句型跟句式的界限又在哪里呢？句型里已经论及，还有必要在句式部分阐述吗？可见是界限不清，身份比较含糊。

第三，通常人们比较关注的句式，似乎只有“把”字句、“被”字句，最多再加上存现句等少数几个。哪些算是句式，哪些不算，可能会有无穷无尽的争论。如果就这么有限的几个句式，值不值得单独列出一个“句式”？而且还要建立句式系统，有没有这个必要？有没有这个价值？可见成员不明，价值不够清楚。

根据我们多年来进行汉语语法教学的实践，加上汉语国际教学的需求，我们觉得，句式教学的重要性绝对不亚于句型和句类，从语言应用角度而言，甚至于超过了前两者。

句子实际上不仅仅属于句法范畴，还应该属于语用范畴。句子的定义是：“前后都有停顿，带有一定的语调，表示相对完整的意义，人们用来进行交际的基本语言单位。”可见它的本质属性是“人们用来进行交际的基本语言单位”，换言之，从内部结构来分析，句子是语法学研究的对象，但是从句子的使用角度来看，句子应该也是语用学研究的对象。

我们以往的语法教学过分偏重于建立语法体系，分析各种语法单位，但是对语言的运用，以及各个层次语言单位的作用，明显重视不够。最早的教材更是偏重于句子成分的划分，在词语、短语部分详尽备至，一到句子层面就成了强弩之末。比如朱德熙先生的《语法讲义》，无疑是一部极为精彩的语法书，对词类划分的研究以及短语分析达到前所未有的高度。但是，该书由于奉行“短语本位”，基本上放弃了对句子的分析，不能不让人感到惋惜。

在句子层面，句型只是句子的结构模式类型，对象包括所有的句子，换言之，每个句子都归属于某个句型，没有句型类别的句子是没有的。句型对句子的构造和生成无疑是重要的、不可替代的；但是也正因为如此，句型对句子的使用特性，对其功能的挖掘来说，其重要性就大为降低。通常在讨论句型时是不考虑句类的。换言之，目前的句型是建立在陈述句研究基础上的。对疑问句、祈使句和感叹句会在句型上引起的变化，至今也没有人专门讨论这一课题。

句类是句子的语气类型，基本上属于句子的语用层面。所以也有人认为句类是句子的功能类型。句类的对象也是全体句子，没有一个句子不属于某个特定句类的。没有句类的句子只是一个抽象的理论上的句子，不是一个现实意义上的句子。句类的语气是研究的重点，我们在进行句型分析时其实有个没有证明的前提，那就是假设所有的句子都是陈述句，对疑问句、感叹句以及祈使句的结构分析，也只是近些年来才出现的变化。

其实，从句子使用功能角度来看，句子才是最重要的，因为越是有特点的句式，它的作用就越鲜明，它的使用频率就越高，在汉语句式系统中的位置也就越发重要。句式特别能够体现汉语句子的特色，凸显汉语的特点。换言之，汉语句式才是汉语句子的精华，才是汉语句法特点的主要载体，也是汉语语法研究与学习的热点、难点和亮点。

三、句式的内涵与外延

我们给“句式”下的定义是：根据句子的局部特点划分出来的句子类型。所谓局部特点，即指具有鲜明的特色，易于辨认，使用频率高，在汉语实际运用中占据比较重要的位置。句式，正因为具有上述特点，可以从两个层面切入：一是完全从句法形式入手，看是否具有特殊句法标志，包括词语标记或者结构标记。二是从语义范畴入手，看是否显示某类特定语义范畴，或者某种语义角色是否占据了特别的句法位置。当然，如果既具有特殊的语法形式，又具有特别的语法意义，那就是典型的汉语句式。这两个层面还可以细化为四个角度：

1. 特殊词语类：是以句中出现某个“特殊词语”为标记，这在形式上最容易识别，而且在语义功能方面也有自己的特色。可见，特定标记、高频使用以及特殊语义是它的三大特点。所谓的“特殊词语”，通常有两类：

一是介词命名的，这类最突出。例如：“把”字句、“被”字句、“对”字句、“给”字句、“让”字句、“比”字句、“为”字句、“从”字句、“在”字句、“为”字句等。汉语虚词的重要性是不言而喻的，而且介词往往是引进动作的有关论元，所以几乎每个常用介词都因为其常用而且作用显著而被命名为“X 字句”。

二是动词命名的，这些动词非常重要、特别，而且常用，例如：“有”字句、“是”字句、“来”字句、“进行”句、“加以”句等。这类句式并不多，主要是因为动词本身就是语法研究的重点，往往结合句子进行研究，以句式单独命名的迫切性不是太强。

2. 特殊结构类：是以谓语部分的“特殊结构”为标志，在形式上有显著的标志，在功能上也有独到之处。这一类实际上跟句型有一定的交叉，要注意的是，句型是对所有的句子而言，换言之，每一个句子，从结构模式考虑，它必定属于某个句型。但是普通的句型，尽管可能出现的频率也很高，却因为普普通通，其他语言也都有这样的品种，显得很一般，人们很容易理解，所以不必专门介绍。而有少数句型，例如主谓谓语句、连动句、兼语句、双宾句、重动句等，颇有汉语特色，需要专门分析。虽然这些句子在句型系统中会提及，但是无法进行详细而深入的介绍，只有在句式部分才有可能进行专门的介绍。两者的句法地位是完全不相等的。

3. 特殊语义类：是以句子的特殊语义范畴为标志，比如存现句、比较句、被动句、否定句、肯定句、估测句等。不过语义范畴涉及的面相当宽泛，无法全部在句式里讨论，所以一般只是就比较重要、比较特殊的语义范畴命名的句式展开。

4. 特殊角色类：用语义角色在特定的句法位置出现来命名的，例如：受事主语句、工具主语句、施事宾语句等。

建立独立的句式系统，确实存在一定的困难，首先就在于句式往往无法穷尽，大家对句式的内涵外延看法不一致，有的范围宽，有的范围窄。因此，我们需要解决几个问题：

1. 句型跟句式会发生部分交叉关系。比如“双宾句”“主谓谓语句”“连动句”“兼语句”等是句型的一种，可是它们也是一种句式。那么句型跟句式是否重复了呢？再说，为什么动宾句、动补句就不能入围句式系统了呢？我们认为，句型与句式两者的关系，实际上是观察的角度不同。句型只看句法结构关系，句式则主要从在句子的局部特点出发看其语义及功能。换言之，动宾句、动补句等是常规句，就不必专门提出来讨论，但是施事宾语句、“得”字动补句就属于句式讨论的范围了。可见，常规句与特殊句是区别句型与句式在重要标准。

2. 句式内部类型也可能发生某些交叉。例如“被字句”是指用介词

“被”显示被动语义的句子。而“被动句”的内涵则要宽泛得多，包括由介词“被”以及表示被动义的“叫、让、给”的介词构成的句子，甚至于包括受事主语句，例如“饭吃了”。再如“比字句”是由介词“比”引进比较对象的句子。而“比较句”则可能包括平比句、差比句以及“不如句”。例如：“他好过我”“苛政猛于虎”“他跟我一样”“他还不如我呢”。这样，我们就需要把“比”字句和比较句区分开来。

3. 句类和句式也有交叉，比如，反问句是疑问句的一种，但不是一般的疑问句，所以也叫作反问句式。再如，感叹句里的“好……！”（例如“好聪明的孩子！”）也是一种特殊的句式。从这个意义讲，句式应该是一个开放式的系统。

因此，汉语的句式系统是个开放的系统，其内涵可以因为实际需要有一定的弹性、一定的宽容度、一定的多元性，不必强求一致。事实上，最重要的一些句式大家的看法基本上是一致的。作为研究体系和教学体系，或者根据实际需求，句式的内涵完全可以有多有少。句式系统的建立是对汉语句型系统、句类系统的重要修补和拓展，将有助于我们加强对句子功能和重要性的认识。

四、句式内部类型的特点

句式，简而言之，就是高频使用的有自身特点的句子格式。它跟一般句型的本质区别就在于三点：第一，句型是针对所有的句子而言，句式则只是针对有特色的句子而言。第二，句型只涉及句子的结构方式，句式则重点讨论句子意义以及功能。第三，句型只是从句子结构入手，句式则除了特殊结构之外，还涉及特殊词语、特殊语义，这些显然都是句型无法顾及的。

那么为什么我们主张在句型和句类之外，还要建立句式系统呢？关键是句式在现代汉语里具有不可替代的重要作用。

一是句式功能作用显著、强大，是最能够体现汉语特点的句子类型，不仅常用，而且具有特定的语法意义和表达功能。总之，句式在现代汉语的句子类型中有特殊地位，是我们学习和使用的重点，必须予以特别关注。甚至于可以这样断言，不了解、没掌握这些句式，就不可能真正学到汉语的精髓。比如,“把”字句就很有特色,是汉语研究和教学无法回避的课题。仅仅一个“把”字句,就有多少文章在研究!我们的认识也在不断深化。从最早的表示“处置义”到“致使义”,现在我们感到实际上是话语焦点的标记,其作用是把跟动词有关的论元中说话者最关注的对象用这个“把”提取出来加以凸显。例如:

(1) 他把糖吃完了。(最关注的是受事“糖”)

(2) 他把牙吃坏了。(最关注的是吃糖的工具“牙”)

(3) 他把钱吃光了。(最关注的是买糖的资金“钱”)

(4) 他把肚子吃坏了。(最关注的是受影响的直接对象“肚子”)

(5) 他把老婆吃没了。(最关注的是受影响的间接对象“老婆”)

可见,在“吃糖”这一动作行为中,涉及的论元很多,只有受事在“把”之后出现才表示处置意义,其他的主要是致使意义。不论哪一种论元,只有说话者关注了,才有可能提取出来并放置在“把”之后。

二是句式的结构比较特别,这是在其他语言里没有的或者很少见的;或者功能复杂,往往表达多重语法意义。所以导致掌握难度很大,一不小心就可能用错。显然,这是我们学习的重点和难点。所以需要特别加强有关的分析和学习。比如主谓谓语句,内部就有好几种小类型:

1. 大主语是谓语动词的受事:苹果他吃了。

2. 大小主语之间有领属关系:你身体不错。

3. 大主语是整个谓语关涉的对象:中药我很有研究。

4. 大主语是表示周遍性的疑问代词:什么你们也不懂。

这些都是很有特色的,是其他语言没有的句子类型。

三是由于使用频繁,功能复杂,重要的句式除了基本格式之外,还有不少变式。掌握这些变式也是非常关键的。如“被”字句,除了介词“被”,还有“给、叫(教)、让”,“被”跟“给”的搭配,“被”与“把”的搭配,相当复杂多变。例如:

(6) 他被教练给批评了。

(7) 他被老鹰把牙齿啄坏了。

从句式的特点来看,要特别考虑其中三个因素:

1. 特殊性。所谓特殊,是对外语或者外族语来说的。比如主谓宾句,几乎所有的语言都有，那就没有特殊性了；而“主谓谓语句”“把字句”则是汉语特有的。

2. 特色性。在汉语众多句子里应该具有某种特色，具有某种比较有意思的功能，表达上凸显自己的亮点，比如“被”字句、“存现句”。

3. 常用性。必须是高频使用，在汉语句子系统中占据重要地位，因越是经常使用，就越是具有比较重要的价值。

可见，由于句式比较集中地体现了现代汉语句子的结构特点以及语义表达上的特色，因而，应大大提高句式的句法地位，而不再仅仅把句式看作句型的一个附属部分或者补充说明的附加内容。

五、句式教学的原则与重点

句式是个相对开放的系统。语法教学中，句式到底需要介绍几种，完全看教学的需求。换言之，不必硬性规定固定的数目，采取弹性的开放的态度可能是比较合适的。首先考虑的是三个基本要素：重要性、特殊性与高频性。通常大家比较认同的，也可以说最重要的是：“把”字句、“被”字句、主谓谓语句、双宾句、存现句；其次还有“比”字句、“得”字补语句、连动句、兼语句、否定句、使动句，等等。至于句式究竟是多讲还是少讲，其实关键还是看需求，看讲授的对象，看应用性，不必也不能一刀切。

我们建议，在教学中，对句型部分着重介绍生成的原则与方法，宏观地把握。而句式部分则着重句式的具体类型以及主要句式的描述，微观地把握。这样句型与句式两个就能够起到相辅相成、相得益彰的作用。句类则重点介绍疑问句、祈使句和感叹句。

汉语句式系统的构建，无疑将会推动汉语句式的研究更为细致深入，不论是宏观的类型区分，还是具体的句式特色，方方面面都会激发出研究的热情。构建汉语句式系统任重而道远。我们盼望今后教材以及教学过程中加强摸索这方面的经验体会，在实践中寻找句式系统最佳的定性与定位。

参考文献

胡裕树　1995　《现代汉语》，上海教育出版社(重订本)(第五版)。

黄伯荣、廖序东　2011　《现代汉语》,高等教育出版社(增订五版)。
兰宾汉、邢向东　2006　《现代汉语》,中华书局。
邵敬敏　2007　《现代汉语通论》,上海教育出版社(第二版)。
邢福义、汪国胜　2003　《现代汉语》,华中师范大学出版社。

本文在“汉语句式学术研讨会”(南昌,2013 年 5 月)大会上宣读。

(原载《汉语学习》2014 年第 1 期)

谈独词句跟词类、句类及语境的依存关系

一、独词句研究的症结所在

独词句在汉语语法系统里的地位一直没得到应有的重视，究其原因，可能是因为一个词语就构成一个句子，结构简单到无法对其进行进一步的分解，既无组合也无层次，而且出现的概率也不高，在强调句法形式分析的当年，大家显然对此缺乏研究的动力与兴趣，因此，独词句长期处于被忽视的地位。

大致来说，对独词句，传统的看法主要有三点：

1. 只有一个词或者一个偏正词组构成的句子是独词句。

2. 能够构成独词句的词类主要是叹词和名词。

3. 独词句必须在一定的语言环境里才能明确地表达意思。

这三点认识有一定道理，比较朴素简便，但是并不严密，也不科学。

第一，有关的定义是不严密的。因为既然包括“词组”，那就是由两个词以上的结构组合，怎么还能够叫作“独词句”呢？即使是名词性偏正词组构成的句子，比如“我的妈！”也不能称为独词句啊！既然称之为独词句就必须名副其实，只能是一个词（当然是实词，虚词根本就无法成句）构成的句子。

第二，没有进行必要的量化统计。事实上，有关学者统计数据证明，能够构成独词句的主要是名词与动词，约占三分之二，其余的，包括叹词、形容词、拟声词、代词以及成语习语，只占三分之一。①

---

① 李向农、田源、王宇波《独词句使用的性别差异——基于网络媒体监测语料库的研究》（《安徽师范大学学报》2011－02）一文以国家语言资源监测与研究中心（网络媒体分中心）（转下页）

第三，独词句与省略句不是一个标准分出来的类别，独词句是从句法结构形式角度定义的，而省略句则是语用学的概念，跟完整句相对。换言之，独词句可能不是省略句，也可能是省略句，两者不是一个标准区分出来的，并不构成对立关系。

赵元任的《汉语口语语法》(1979)把句子分为"整句"和"零句"。所谓整句，是指由主语和谓语构成的完整的句子，所谓零句是指"畸零"的句子，即非主谓句。包括独词句。"最常见于对话以及说话和行动掺杂的场合"(赵元任 1979)。这一看法就颠覆了以往所谓句子都必须具备主语和谓语的陈旧观念，指出在汉语里"零句"大量存在，这就为独词句的研究提供了前提条件。

在现代汉语的句型系统分类里，有两个标准：一是按照短语结构的构成关系来看，比如分为非主谓句与主谓句，以及下位的动宾谓语句等；二是根据句子的属性跟名、动、形三大词类的功能对应关系来看，比如名词性谓语句、动词性谓语句、形容词性谓语句等。传统语法把句子看作都必须具备主语和谓语的语法单位，这是指主谓形式才是完整的句子的前提下形成的句子观。然后按照这一标准来看待不符合这一标准的句子，所谓只有动词形容词的句子(没有主语)，就叫作"无主句"，只有名词的句子(没有谓语)就叫作"独词句"。

显然，独词句只是一个很不起眼的句子小类。朱德熙的短语本位问世以后，无主句的提法遭到了批评，并逐渐被非主谓句所替代。至于独词句由于其形式标志相对清晰，而且并不涉及句子的结构关系，所以得以保留。

独词句的语义，实际上由三部分构成：结构意义(在这里跟词汇义合

(接上页)建立在 2005—2006 年 spaces 等 7 个知名中文博客网站的部分网页，共计 2 275 826 篇，606 571 001 字符次的博客语料库为样本作为研究对象，在对语料进行词性标注的基础上，将博客语料中所使用的独词句提取出来，得到了一系列的有关数据。我们根据该文的数据重新合并整理，得出如下结论：独词句总数 5 731 730 句，其中第一层面，名词(包括普通名词、处所名词、专有名词、人名、机构名等)2 639 120 句，占 46.044%，比例最高；其次是动词 1 159 754 句，占 20.234%，第二位。合计为 66.28%。第二层面，每类只占 10%以下，叹词 495 003 句，占 8.635%；形容词 378 355 句，占 6.602%；拟声词 299 461 句，占 5.224%；代词 253 660 句，占 4.425%；成语 262 433 句，占 4.578%；习语 243 944 句，占 4.256%，一共 506 377 句，占 8.834%。合计为 33.72%。

二为一)、句类意义以及语境意义。独词句的特点是句法结构简单明了,因为整个句子只是由一个词构成的,因此,独词句与一般句子相比较,跟句类与语境具有更为密切的依存关系。我们认为,有关独词句的研究,必须正视以下五个方面的问题:

1. 独词句的界定及其标准。即我们需要区分严格意义的典型独词句与不典型的准独词句;此外,还需要注意与一般非主谓句的区别,以及与省略句的区别。

2. 能够构成独词句的词,分别来自哪些词类?主要由哪些词类构成,即词类对独词句有什么样的关联作用?

3. 不同来源的独词句具有什么样特定的句法意义?有什么样特殊的功能?即探求独词句的词类跟句类的关系,哪一类词主要出现于哪一种句类:陈述句、疑问句、祈使句还是感叹句?

4. 独词句对语境的依赖度。是在单向叙述语境里,还是在双向对话语境中,还是在问答语境中,还是在独白语境、描写语境中?语境的依赖度又取决于哪些因素?

5. 独词句在其他语言,特别是英语、日语中的状况,是否具有语言类型学的意义?有哪些共性和个性?

二、独词句的界定与标准

独词句,历来缺乏正名,换言之,它的内涵和外延一直不太清楚。在语法教材里,它也只是轻描淡写,片言只语,而且往往只是采取列举的方式,找的都是最典型、没有任何争议的例子。所以,我们必须首先从确认它的标准和范围入手。

独词句,顾名思义,它必须是一个词语构成的句子,即一个单词就应该是一个完整的句子,具有单独的语调,前后有比较长的停顿,表达一个相对完整意义的命题。最典型的独词句,例如:

(1) 蛇!(名词独词句)

(2) 走!(动词独词句)

(3) 高!(形容词独词句)

(4) 嗯!(叹词独词句)

这四类几乎没有争议，都属于典型的独词句。但是，问题在于还有许多边界不那么清晰，内涵不那么一致的所谓的“独词句”，它们到底算不算？我们倾向于采取相对比较严格的标准，但是也考虑到语言现象比较复杂，不可能一刀切得很干净，因为常常存在一些交叉的、过渡的情况，所以我们在坚持原则的前提下，也采取柔性处理，在“典型独词句”之外，提出“准独词句”的概念。这样，我们需要讨论的情况大致有以下几种：

1. 省略后的独词句。例如：(【 】里的词语是应该有但是省略了的)

(5) “那好办！到底她来不来？”赵子曰低声而急切地问。“【他】来！【他】就来！”

(6) 是不是马上走？马上【走】。

(7) 哪位参加献血？我【参加献血】。

(8) 小芊不会离开了吧？【她】不【会的】！她不会的。

在针对问句的答句里，或者承上的后续句里，根据语用的经济原则，往往只需要截取最关键的词语回答或前承。因此，名词、动词、形容词、代词，乃至于部分副词，都可以作为答句单独构成独词句。但是要注意的，这里的独词句从语用角度讲，通常也是(承上)省略句。换言之，独词句跟省略句是两个不同层次的概念，是交叉的，而不是平行对立的。此外，截取问句里的某个单词来回答时，也可以同义替换。例如：

(9) 张先生去还是李先生去？(李先生回答)我！

例(9)答句里的“我”，显然是同义替换“李先生”的，属于承上省略。省略句属于语用层面，而独词句兼属于语法层面与语用层面，因此这种情况既是“独词句”，也是“省略句”。可见，省略句可能是独词形式，也可能不是。反之，独词句大部分不是省略句，但是也可能是省略句。为了跟典型的不依赖于上文的独词句区别，我们可以归之为“准独词句”。

2. 呼语。例如：

(10) 奶奶！你过来一下。

(11) 我爱你，祖国！

(12) 嗨！大家好！

例(10)的“奶奶”、例(11)的“祖国”、例(12)的“嗨”，可以有两种不同的处理方法：第一，独词句；第二，提示成分。两种处理方式不存在对错的问题，而在于如何合理安排比较好。关键是从整个语法体系来看，独词句的范围是大一点好，还是小一点好。作为语法教科书，我们倾向于看作“提示成分”，这样把同类成分都“打包”为提示成分，有助于简化语法单位，便于语法的学习和分析。但是作为语法研究，为便于比较分析，我们也不妨把它们看作是一种“准独词句”。

3. 成语，包括惯用语、习用语。例如：

(13) 你觉得这个人怎么样？一丘之貉！

(14) 他这么能这样！拍马屁！

(15) 对这样的行为，我们怎么办？一笑了之。

成语(惯用语、习用语)单独使用，往往是评价性的，虽然其构成成分不止一个实词，但是从结构的稳固性、意义的完整性以及功能的独立性来衡量，明显相当于一个实词，所以也可以看作“准独词句”。

4. 实词附带着某个虚词一起构成句子。例如：

(16) 端着。吃了。去过。就睡。才来。喝的。……

(17) 很棒。太巧了！……

(18) 处长了。就我。……

从语法层面看，独词句只能由一个词构成，而且这个词必须是实词，而不可能是虚词。虚词只是表示某种语法意义的语法成分，原则上不可能独立成句。这就意味着如果一个实词带着某个虚词，也可以看作非典型独词句，也属于“准独词句”(副词看作半实半虚词)。

5. 数量短语，指量短语，特别是出现在对话语境里。例如：

(19) (别人递一本书给他)错！那本！

(20) (问价钱)那个多少钱？五元。

显然，量词是不能独立成句的，一般都需要跟数词或者指示代词组合成数量词(或者叫作数量短语)或者指量词(指量短语)以后才能够使用。我们不要拘泥于某种名称，重要的是看它的本质。“那本”“五元”，当然也应该是独词句，但是这跟我们的严格的定义相比，还是有一些区别，所以不如看作“准独词句”。

6. 名词性的偏正短语、数量短语。例如在剧本的场景描写中，常常有这样的句子：

(21) 凌晨。大路旁。

(22) 破烂的四合院。一辆手推车。

“大路旁”是方位短语,“一辆手推车”是数量名短语,“破烂的四合院”是定名短语。其构成成分显然超过了两个实词,已经不符合“独词句”的基本要求。该是什么就是什么,它们都属于非主谓句,但是不必硬要往独词句范畴里塞。上例只有“凌晨”才是独词句。

7. 计数、点名、列举时,往往一个一个的名词连串出现,例如:

(23) 一,二,三,四……(计数)

(24) 张三,李四,王五……(点名)

(25) 梅花,菊花,桃花……(列举)

作为一个独立的句子,必须完句,即作为单独一个词构成的句子,已经结束,不能延长。因此,上述情况,不宜看作独词句。

归纳起来,除了典型的独词句,上述第 1—5 类可以看作“准独词句”,第 6—7 类原则上不看作独词句。因此,作为独词句,必须符合以下几个原则:

a. 必须成句。一个实词,具有完整的语调、前后有明显的预期停顿,表达完整的语义,成为一个句子。

b. 必须完句。一个实词就成为句子,而且独立成句。不必依赖于其他的辅助性的词语,也不必延长。

c. 表达独立的完整的意义。该意义可能受到语境的制约,但是在该语境中,意义的明确是确定无疑的。

三、独词句跟语境的依存关系

名词、动词、形容词以及叹词所构成的独词句在数量上无疑是占据压倒优势的。而且由于前三类是实词中的主体词,分别代表了事物、动作和属性。但是,这些词的常规使用应该是组合在一起来表达相对完整的意义。独词所承担的信息量是极为有限的。因此,这三类词构成的独词句对语境具有比较强的依赖性,语境,包括上下文提供的背景信息,对独词句的理解有时是至关紧要的。换言之,离开了语境,尽管我们可以理解这个词语的基本意思,但是往往无法理解它的句子意义。例如:

(1) 看护妇,将她手里的白瓷方盘对伺候客厅的当差一扬,说了一个字:“水!”

如果单独一个“水”,就可能有多种理解,要点水?水来了?漏水了?联系该句子的上下文语境,就明白这是看护需要水,是祈使句。可见,虽然名词作为语言的第一大词类,在指称方面具有得天独厚的优势,而且独立成句也比较容易,但是要真正把握名词独词句的真实含义,还是必须结合语言的上下文,乃至于语言环境。

独词句对语境依赖性特别强,因为单独一个词语本身传递的信息量相当有限,离开了语境,往往不清楚说话者到底想表达什么意思。换言之,词语传递的仅仅是“字面信息”,仅仅依靠这一信息,无法达到交际的目的,必须借助于语境传递的“背景信息”。换言之,只有依赖于语境的背景信息,才能够给字面信息定位,才能让听话者准确无误地作出正确的理解,字面信息属于静态信息,加上背景信息,才构成动态信息。通常该独词句后面也会紧接着出现其他的后续句加以补充说明。例如下面两例显然是感叹句:

(2) 呀!水,水!这点子水,就好比我们的血呀!

(3) 啊!水,现在才真正找到了不是幻影的水。

作为独词句,最重要的功能是四点:

第一,表意。表达说话者的意愿,表示祈使、索取等语用义,跟祈使句息息相关。

第二,表情。表达说话者的感情,表示惊讶、恐慌等语用义,跟感叹句息息相关。

第三,表疑。表达说话者的怀疑,表示怀疑、反诘等语用义,跟疑问句息息相关。

第四,表态。表达说话者的态度,表示肯定、否定等语用义,跟陈述句息息相关。

要特别指出的是,独词句因词类的不同,往往有不同的高频使用语境,其表示的意义几乎固化。独词句的功能意义,首先取决于它的“高频语境”。换言之,它主要出现在什么样的语境条件,决定了它的主要语义倾向。由于独词疑问句情况比较特殊,我们将另外讨论。下面我们分别联系语境讨论名词、动词、形容词、叹词四种最主要的独词句的特点与语法功能。

(一) 名词独词句特点

根据名词的语义特征大体上可以分为三类：

1. 出现在祈使句里。这类名词的语义特征是人类生活所需要的，这样的独词句显示的主要是"索取"意义。越是人类必需的，索取意义越是容易凸显。当人们急需某种东西时，尤其是水和食物，最简洁而明确的表达往往采用简短而直接的办法，那就是直呼某物，从而构成独词句。例如：

(4) "水！……水！"身后传来一声声干渴难忍的低喊，昏迷中的余新江又醒来。

(5) 钉子！(干活时，要求别人递给钉子。)

(6) 钱！(要求对方给钱或者付钱)

(7) (小超市门口)烟！买包烟。

此外，面包、米、糖、酱油、巧克力、打火机……都基本上属于这一类。

2. 出现在感叹句里，因为突然发现某个事物，感到惊慌、兴奋、激动、恐怖都有可能。在这样的情况下，人们往往脱口而出的就是代表该事物的单词。引起惊呼的事物通常有两类：一是人们渴望而稀缺的东西。例如：

(8) 水！水！水！——来自武汉最西端8个村14 000村民的呼唤。(数字报纸，2013-03-01)

(9) 水！(标题) 我国北方旱情持续发展，370万人饮水吃紧。而水资源的匮乏，也是全世界所面临的严重问题之一。(财经网，2009-02-06)

(10) 水！(标题)昨天，乐清消防大队送水时的场景，由于天热，不少市民边打伞边接水。(《都市快报》2011-07-05)

(11) 水！这里需要水。(《潇湘晨报》2009-02-11)

(12) 啊！水，水！向哪里去找救命的水呵！

二是这类东西往往会引起灾难，或引起不快，给人类造成巨大的损失和不安。比如"蛇"(包括火、洪水、毒蛇、老虎、蚊子等)，基本上显示的都是在突然发现时所发出的本能的恐惧、惊慌的呼叫。例如：

(13) 火！如蟒蛇一般，在海拔2 800米的山顶上翻滚，无情地吞噬着野草。

(14) “洪水！洪水！”塔卡夫一面回答，一面刺着马，催着向北奔去。

(15) 猛听得周伯通一声大叫，声音极是惨厉，接着听他叫道：“蛇！毒蛇！”

(16) 又过了很久，才听见独孤美呻吟着道：“蛇……毒蛇！”

但是，即使是感叹句，也完全可能出现其他不同的意义，这受制约于不同的语境。例如：

(17) 她突然使劲儿地甩开申涛的手，叫了起来，“火！”她狠狠白了他一眼，“你看火都叫你弄灭了！”

(18) “蛇！毒蛇！”我没有看见母亲发过这么大的火。

例(17)的“火”还是惊呼，不过是惊呼火给弄灭了！例(18)是咒骂对方为毒蛇的，那应该是特殊呼语，属于准独词句。

3. 出现在陈述句里。一是简答。当对方有所询问而需要作出回答时，最简便的办法就是利用独词句来回答对方的问题。这样的回答，简便有力，信息凸显，表态清晰。

(19) 21世纪最贵的是什么？水！

(20) 谁愿意去？我。

(21) 大家希望去苏州还是杭州？杭州。

二是描写句，不仅指前文出现过的“凌晨。”这样的场景描写，也包括独词的标题，这其实也是一种表意，标题是文章的脸面，需要醒目、简洁、含蓄而又意味深长。所以常常用名词独词句。例如：

(22) 水

(23) 人啊！人(戴厚英著)

(二) 动词独词句的特点

动词独用，可以是及物动词，也可以是不及物动词，但是几乎没有例外的，都构成祈使句。这类句子占到绝大多数，我们称之为“高频句类”。例如：

(24) 周书记也爽快说：“吃！”

(25) “说！”耿林鼓励地说。

(26) 燕南飞忽然挥手，道：“走！”

(27)“不喝。”驹子说,“睡!”

至于陈述句只是出现在答句里,只是极少数,感叹句是没有的。例如:

(28) 陆小凤道:“吃。”

(29) 南孙答:“来。”

(三) 形容词独词句的特点

形容词独词句的高频语境是感叹句,往往是对某种事物、某种行为或事件发表感想,发表评论。所评论的话题可以在文中出现,但是有明显停顿;也可能在前文中出现过,由于上下文的制约而省略,也可能由于语境的提示而隐含。评论对象,即使不明确指出,大家也是心知肚明的。这类形容词独词句的特色是:形式简洁、信息凸显、感情充沛。

形容词独词句的类型,大体上有这么几类:

1. 对上文用单个形容词来加以评论。例如:

(30) 路名也不好,叫“横巷”,横者,不通顺嘛!还有一位乡党住在冰窖巷,可怕!

(31) 逃难?仿佛一逃难就有什么资格似的,可笑!

形容词独词句前面附带有叹词出现,这更显示说话人的情绪激动,有助于形容词独词句感情色彩的表达。例如:

(32) 咳,厉害!何止是厉害啊?那简直就是个恶魔。

(33) 一面直着嗓子,干笑着嚷道:“嗨,对!看阴沟里还把船翻了么!”

(34) 哼,可笑!你回去,告诉王光恩:你们甘心做朝廷的小鹰犬绝无好下场!

2. 上文已有其他的表态形容词性的词语,再用形容词独词句来概括自己的看法,显然有进一层的意味。例如:

(35) 很多巴基斯坦人称赞:“Budlet 质量好,漂亮!”

(36)“这儿真好,干净!”不知是谁情不自禁地发出一声感叹。

(37) 哎呀,连这您都不知道啊?您可白活了。她太有名了,漂亮!

3. 上文已经出现评论性的某个形容词,或者作谓语,或者作定语。独词句实际上就是从中提取出来,目的是强调这一属性,以加深对方的印象。例如:

(38) 跑堂的已经感到有点吃惊,小声问:“你老的眼力真厉害,厉害!

是谁?”

(39) 我总共只见过他两次,我觉得他真可怕,可怕!

(40) 谭得侃目光发滞,点点头说:“你是聪明人,聪明! ……”

这类形容词独词句有如下几个特点:

第一,这样的形容词独词句还可能连续出现,以重复手法来强化说话人坚定不移的态度。例如:

(41) 部长和县里几位干部模样的读者看了当天的报纸后,连声赞道:漂亮,漂亮!

(42) 可怕,可怕! 这是俱乐部生活之最糟者! 我要参加这个组织吗?

(43) 方罗兰一面擦着满头的冷汗,一面只顾自己说:“可怕,可怕! 我得了可怕的消息!”

第二,形容词独词句也可以出现在疑问句后的答句里,只是频率比较低,其实也是评议句。例如:

(44) 我把女儿抱起来,问:“桃花美不美?”“美!”

(45) 那位老洋人向老张一笑,用中国话问:“你好不好?”“好!”老张仿着洋腔说。

第三,只能由性质形容词构成,几乎没有状态形容词的评议。这跟性质形容词和状态形容词的属性有密切关系。前者是客观性的,是人类根据全体社会的普遍认识所作出的评价。后者则倾向于主观描写性的。比较一下“干净”与“干干净净”。我们就会发现两者的区别:

(46) 早在 1963 年,中国政府就发表声明,主张全面、彻底、干净、坚决地禁止和销毁核武器。

(47) 舞蹈身段优美,开打利落干净。

(48) 浑身上下收拾得干干净净的。

(49) 干干净净地赚钱,既不骗人也不叫别人骗。

二者即使都作补语也显示出差别:

(50) 有一种洗衣机可以不用洗衣粉,照样能把衣服洗干净。

(51) 只要使用这种洗涤剂,便可洗得干干净净。

“干净”作结果补语,“干干净净”作状态补语,而且必须带上补语标志“得”。例(50)像个说明,比较客观;例(51)则更像一种宣传广告,是要说服对方，所以主观色彩就浓厚一点。

单个形容词主要用于表态、评价的，如果要用于祈使句，往往需要在后面添加“点”，比如“客气点！”“便宜点！”。形容词原则上是不能构成祈使句的，但是口语里少数形容词其实还是可以的，主要是一种命令式的口气。例如：

(52) 阿多那多这时出现在门口，用英文说：“安静！”

(53) “二姐。快！你第一个出去。”宋美龄催促说。

(54) “慢！”只听观众席上一声断喝。

这实际上是口语中“请安静！”“大家安静！”“要沉着！”“快点！”“且慢！”在语境里的省略。不过这类形容词相当少，仅限于少数要求对方保持某种状态的词语。我们全部检查了《汉语形容词用法词典》（商务印书馆，2003）所收录的 1 067 条形容词，除了上述三个形容词之外，“慎重、稳重、镇定”等几个似乎也可以。它们的共同特点就是紧急要求对方达到或保持某种状态，主要涉及人的心态和状态；而且因为紧急，故此采用独词句。

(四) 叹词独词句的特点

赵元任认为“叹词是最地道的零句”(1979)。叹词单独成句，主要出现在感叹句里，显示一种感情。可以是惊叹、醒悟、气愤、生气、赞同、狂喜、讽刺、不满、羡慕等。以单音节为主，也有少数双音节的。

(55) 啊！春天实实在在，实实在在地来了！

(56) 呀！多么熟悉！多么亲切！

(57) 嗯！这个名字生疏得很。

(58) 哼！给重金收买了。

(59) 哦！我想起来了。

(60) 哎呀！不是虎，是大石头。

(61) 啊哈！我的小姐们，你们中间现在有什么人不愿意跳舞？

独词句可以而且经常重复出现，一般三次为最常见，是对这一重要信息的强化处理。要特别注意，这不是语法学的重叠现象，而是重复再现。例如：

(62) 水水水！（百度文库标题）

(63) 钱,钱,钱,你光知道钱!

(64) “给你什么呢? 也是枪,好不好?”我高兴得站起来,连连说:“好、好、好!”

综上所述,独词句跟句类具有一定的依存关系与选择关系。动词只跟祈使句有关,却跟感叹句无关;形容词相反,只跟感叹句有关,却跟祈使句无关。只有名词既跟祈使句也跟感叹句有关。叹词跟形容词一样,也只能构成感叹句,不能构成祈使句。而陈述句通常有头有尾,讲述一个事件,往往由主谓结构组成。所以由动词、形容词乃至名词构成的独词陈述句,其实往往是省略句。叹词不能构成陈述句。

四、疑问句跟独词句的关系

疑问句的情况比较特殊,名词、动词、形容词,乃至于代词,都可以单独构成疑问句。例如:

(1) “儿子?”华又琳喃喃地问,眼睛睁得好大好大。

(2) 不能离开天桥,不能离开北平。走? 无路可走!

(3) 厉害? 他们打鬼子是厉害。

(4) 你? 你行吗?

在这一点上,名、动、形、代似乎没有太大的区别。而且作为疑问代词单独构成疑问句也是很常见的,例如“谁?”“什么?”“多少?”“怎么?”

我们需要特别注意的是叹词疑问句。能够构成叹词疑问句的叹词主要有“啊、嗯、哦、咦”四个,其他的多是其变体。此外还有洋腔洋调的“啊哼?”根据笔者(1989)研究,这四个叹词独词疑问句在语义和功能上形成互补对立的格局。简而言之,“啊?”表示惊疑,单用时表示追问或反诘;处于语首时,后继句是疑问句,则依旧表示追问或反诘,后继句是非疑问句时,表示赞同或驳斥。处于语尾时,前接句是疑问句表示逼问,前接句是非疑问句则表示商量。处于语中时,表示应答兼催问。例如:

(5) “啊?”宏达更不解了。

(6) 啊? 哈哈,能够登您的文章,是我们刊物的荣幸啊。

(7) 上帝是很宠爱你的,你一定要满足。啊?

(8) 好好儿想想,看看到底会损失什么? 啊?

(9) 隐隐约约还能听到吱吱的啼叫。啊? 窝里还有小鸟哇,难怪它们不愿逃跑!

(10) 是啊,几个县嘛。啊? 还有什么问题吗?

"嗯?"没有惊讶义,增加了不解义,有些甚至于接近反诘与否定。例如:

(11) 你现在在作战部,还是副的,嗯?

(12) 那个鬼地方有个澡堂子么,嗯?

"哦?"则表示悟中带疑,既有醒悟、理解的成分,但是仍然带有部分怀疑、保留。例如:

(13) 哦? 这可要请教请教。

(14) 哦? 那你喜欢读什么书?

"咦?"则跟"哦?"形成对立,表示出乎意料,大为诧异、不可理解。往往出现在句首,后继句是疑问句,往往是反问句;后继句为非疑问句,则表示反驳或者不可思议的理由。例如:

(15) 咦? 难道介绍人没向她介绍过?

(16) 咦? 明明听到郑老师的声音啊……

根据以上分析,可见名词独词句数量最多,而且以祈使句和感叹句为主,也可以有疑问句和陈述句(分别为问句和答句)。

动词独词句主要是祈使句,也有疑问句、陈述句(分别为问句和答句),没有感叹句。

形容词独词句主要是感叹句,也有陈述句和疑问句(分别为问句和答句),除了少数,基本上不能构成祈使句。

叹词独词句主要是感叹句和疑问句,没有陈述句,也没有祈使句。

归纳起来,词类与句类的对应关系大致如下:

	名　词	动　词	形容词	叹　词
感叹句	√√		√√	√√
祈使句	√√	√√	?	
疑问句	√	√	√	√√
陈述句	√	√	√	

五、汉语、日语、英语独词句的类型学比较

其实独词句并非只有汉语才有，日语与英语也有独词句，我们发现，日语和英语的独词句跟汉语独词句有同也有异。

(一) 独词句

也可由不同的词类构成，包括名词、形容词和叹词等，这点跟汉语基本一致。

1. 名词独词句

(1) Coffee?（咖啡吗?）

(2) お弁当！（盒饭!）

2. 形容词独词句

(3) Awesome!（很棒!）

(4) 痛い！（好痛!）

3. 叹词独词句

(5) Eh.（嗯）

(6) はい！（嗯）

(二) 准独词句

与汉语一样，英语和日语中除了典型独词句之外，也有很多准独词句。独词句对上下文情景的依赖度很高，不管是否是应答句还是省略句。比如由“Yes”构成的独词句。

(7) I have something to tell you. — Yes?

(8) Are you there? — Yes.

(9) Will you come with me? — Yes.

词语的语义必须结合上下文才能判断。第一句表示鼓励：我有事要告诉你。——请讲。第二句表示肯定，你在那儿吗？——在。第三句表示同意：你跟我一起去吗？——好。

(三) 副词独词句

日语和英语中有大量的副词独词句，而且应用相当普遍，往往是表态性的。

(10) Definitely!（毫无疑问!）

(11) なるほど.（的确如此。）

汉语的副词原则上不能独立成句，只有在应答句里，少数双音节副词可以单独回答。这可能要理解为承上省略句。例如：

(12) 妈是否还有救？他说：也许。

(13) 场务：马上！马上！

(四) 动词独词句

(14) Freeze!（不许动）

(15) 疲れた!（累了）

从句法、语义上看汉语、日语和英语有着普遍共性，但是由于语言类型的不同，也会有些差异。日语是黏着型语言，动词作为中心词常常负载了较多的语法含义，单词句中的动词可以附着时、体、态的标记，使得它的表达内容更丰富，在这种情况下很难在汉语和英语中实现词与词的对等。而英语作为有屈折变化的语言，语法范畴也多由动词体现，因此动词除了用于祈使句的动词原形，如动词独词句例(1)外，不能作为单独成分成句。表示应答的非典型独词句尽管在汉语中使用较多，但在英语中也需要补足有关成分。例如：

(16) 你想去吗？想。

(17) Do you want to go? I do.

当然，因语言类型不同，汉、日、英的独词句差别主要体现在部分动词独词句中，所占比例较小，尤其是典型独词句，相对其他句法结构来说相似度更高。可见，句法结构越是简单，不同语言的共性就越是鲜明，反之，句法结构越是复杂，其个性也就越是凸显。作为独词句，不论汉语，还是日语、英语，其句法结构最为简单，因此具有相对普遍的共性。汉语独词句的类型在日语和英语里几乎都能够找到对应的类型。他们对词类、句类以及语境的依赖性也比较强。

参考文献

杜道流　2003　现代汉语中的独词感叹句考察，《语言文字应用》第4期。

郭中平　1957　《简略句、无主句、独词句》，新知识出版社。

李向农、田源、王宇波　2011　独词句使用的性别差异——基于网络媒体监测语料库的研究,《安徽师范大学学报》第 2 期。

邵敬敏 1989 《现代汉语疑问句研究》,华东师范大学出版社。

王曙光 1986 日语独词句浅析,《日语学习与研究》第 1 期。

应燕平 2011 话题独词句的界定,《安徽文学》第 2 期。

于善志、张新红 1999 从独词句和否定句看标记与习得序列,《现代外语》1999 年第 4 期。

余祥越 2003 英语独词句探析,《乐山师院学报》第 8 期。

本文曾经在 2018 年“第 8 届现代汉语语法研讨会”上(暨南大学)上宣读。

(原载《语法研究和探索》17 集,商务印书馆 2018 年,与罗晓英合作)

“除了”句的语义新解及其启示

汉语语法学界对“除了”句有过不少研究，最有影响的是以《现代汉语八百词(增订本)》(2010)为代表的“三类说”：

a. 排除特殊，强调一致。后面常用“都、全”等呼应。例如：

除了老王，我都通知到了。

b. 排除已知，补充其他。后面常用“还、也”等呼应。例如：

这儿懂英语的，除了他还有两个人。

c. 除了……就是……。表示二者必居其一。例如：

这几天，除了刮风，就是下雨。

此外，还有“二类说”与“四类说”。“二类说”认为该句式的语法意义主要表示“排除”与“加合”，比如郑懿德、陈亚川(1988)，“四类说”则在其基础上再增加两类，即表示“选择”与“等义”，代表人物是朱军、盛新华(2004)。这些研究者的观点虽然有所不同，但是争议似乎只是在句式的变化及其形式标记上，至于对句义本身没有什么大的争议，最多也只是数量的多少而已。

我们依据北京大学CCL大型语料库进行全面的观察后，发现“除了”句确实主要有四种类型，并且存在四种语义关系。例如：

(1) 除了一个孤独的老人，没有人为此悲痛。《英雄艾文荷》(句式1)

(2) 除了上班，我还要带孩子。(句式2)

(3) 除了刮风，就是下雨。(句式3)

(4) 除了书还是书。(句式4)

这些语法意义的描述，有的研究存在的问题可能比较大，而且有点误导。根本问题就在于，我们分析句子意义时依据的是什么方法。是孤立地观察还是联系各种因素综合分析？是就句子本身进行分析，还是结合语境来分析？是单纯以自身的语感分析，还是借助于标记或其他句法手段来分析？如果再进一步思考，实际上还涉及若干更深层次的问题。

一、句式1的语法意义：对立互补，凸显B项

由于句式1的标记是介词“除了”，许多人断言：“排除”是该句式的核心意义，起码也是其中某个类型的关键意义。即使比较权威的《现代汉语八百词》(增订本)也不能免俗。

假设“除了”句的前项为A，后项为B。我们发现，分析该句式的关键有三个：

第一，句子本身对讨论的对象实际上都有范围界定，不是漫无边际的。换言之，该句子是在某个特定范围内，显示说话人对A与B之间关系的主观看法。这个特定范围可能是显现的。例如：

(1) 原来武当派共有一宫五观，分布全山，上清宫为一派中枢，由青峰真人担任观主之外，尚有金顶和纯阳、三元、通天、南岩五观。(东方龙《北山惊龙》)

(2) 沙尘暴的形成，除了与风力、气温因素有关外，与土壤表层状况也有关。

例(1)讨论的范围为“一宫五观”；例(2)讨论的范围是“沙尘暴形成的原因”。可见其前提是讨论范围都明确无误。

有时候，这个范围在句子里似乎不是那么明确，需要听话人去观察，去发现。有时候，这个范围在句子里甚至于可能是隐含的，必须调动听话人的知识结构才能推知。例如：

(3) 除了京剧，啥都想学喔。

(4) 除了为银行打工，如今还要为报社、电台打工。(《我国房地产营销策划的10大障碍》)

例(3)讨论的范围，可以从动词“学”以及跟“京剧”的“动作/受事”语义关系推知，是“所有学习的对象”；例(4)讨论的范围，可以从句子本身提供的信息推知，是“打工的单位”。

第二，“除了A”，是否真的表示“排除A”的意义？我们先看“排除”的词义解释：[排除]：动 除掉；消除：排除积水；排除险情；排除万难，奋勇

直前。(《现代汉语词典》(第6版))

显然,"排除"说是不符合"除了"的句式意义的。因为"除了A"在这里不只是简单地表示"除掉;消除",这个状语是前提性的,衬托性的,是为句子后项服务的。作为一个完整的句子,在其所讨论的范围里,不可能也没有必要完全排除A,最多只是"暂时撇开",目的不是不要A,而是为了凸显后项B与前项A不同。就拿其中最典型的句式,即句式1为例来观察:

(5) 偏生儿子英俊倜傥,除了交女朋友外,样样稀松。

(6) 除了上课之外,满脑子都是书院、书院、书院。

(7) 除了上瘾之外,什么乐趣都没有了。(《硬汉不跳舞》)

例(5)更是说除了"交女朋友"有本事,其他是"样样稀松"没本事,也是前后不同。例(6)更是夸张地渲染满脑子除了"上课",剩下的只有完全不同于"上课"的"书院"了。例(7)同样如此,"上瘾"是乐趣,其他乐趣就什么都没有了。可见,说话人在对某种事物、某种情况、某类现象作分析性陈述时,采取的是最直接,也是最简单的一分为二的切分法:先撇开A,然后剩下的要特别关注的就是B了。也就是说,"除了"并非真正的排除,而是表示策略性的"暂时撇开",目的是为了凸显后项B,并且进一步揭示A与B之间的二者必居其一的依存关系。

第三,显然,该句式的关键在于前项A与后项B的关系。其中A只是前提,作者的主观情态主要体现在对后项B的看法上。B实际上是焦点所在,也是全句的重点。但观察B,不能是孤立的,必须联系A,而且还必须结合语境。即使后面出现"都、全"等词语,也并非强调B的一致。换言之,所谓的"一致",实际上指的只是B内部的一致,并非整个句式所显现的句法意义一致,这里强调的其实恰恰是前项A与后项B的"对立"。

可见,"除了"句的语法意义,是由"除了A"与后项B共同承担的。无论将其归纳为"排除"还是"一致",都是孤立地看问题,因而是不准确的。关键是联系A与B就会发现,该句式的重点是凸显前后A与B的对立。综上,句式1的意义应该描述为:通过暂时排除A,重点揭示B与A的对立互补关系。而这一点恰恰也是可以证明的。

所谓的对立关系可能有好多种，最为典型也是最高频的当数肯定与否定的对立了。我们发现，当A是肯定式时，B句则往往采用否定式。这是高频格式，当然否定形式是多种多样的。例如：

(8) 除了他们以外没有别人。

(9) 除了他，别无选择，而且即使你拥有了整座森林，依然选择了他。

反之亦然，A项如果是否定式，B项则为肯定式，只是其概率低得多。例如：

(10) 除了不坐轿子以外，其他服装如凤冠霞帔、靴子、马褂之类，也都很容易搞到。(冰心《大学往事》)

(11) 除了3公里以上的长隧道保持不变以外，其余路段将提到100公里每小时。

这样，即使A项没有出现否定词语，但是只要B项是肯定义，就可以推导出A项一定是否定义。而且几乎都可以在A项结尾补出相应的“否定性词语”来。(下面四个例句括号里的否定性词语都是原文没有，笔者补上去的)例如：

(12) 除了一个(不喜欢)，剩下四个Style都是喜欢的！

(13) 除了他(没有离去)之外，所有的人都已上马随着离去。(古灵《引郎上钩》)

(14) 除了3、11、14(没有做过)，其他的都做过了。

(15) 除了五音不全(没达到男朋友的标准)，别的应该都可以达到男朋友的标准。

有时，即使全句没有明显的肯定与否定的对立，前项A与后项B的语义也是对立或者存在差异的，B句往往还有“很少”或者“全(是)”这样的词语呼应。例如：

(16) 除了中小学和师范学校外，其他单位很少使用普通话。

(17) 除了20多年前曾到北京当过一阵泥瓦匠外，他很少离开自己承包的那块地。

(18) 除了“万年温玉”另有用途之外，公羊观主的东西，全在我老偷儿身上。

(19) 除了不得不用普通话的时候，全是上海话在机舱里飞。

当然,这样的对立本质上是语义的对立、认知的对立,“肯定与否定”只是其主要表现形式,完全可能包含其他语义上的差异,例如等级、水平、数量、程度等。这些“差异”都应该属于广义的“对立”。例如:

(20) 除了个别人有事临时告假,报名表上的几十个人竟一个没少。(“告假”与“出席”差别)

(21) 除了上班地铁挤了点,住这边生活还是很舒服的。(“挤了点”与“很舒服”的差别)

(22) 除了三十多名归侨是来自新加坡和马来西亚以外,其他都来自印度尼西亚。(“新加坡和马来西亚”与“印度尼西亚”的差别)

(23) 除了一次考试名列全班第四外,其余均是第一。(“第四”与“第一”的差别)

(24) 除了一个航班在昨天傍晚侥幸出行外,其余全部延误或取消。(“侥幸出行”与“延误或取消”的差别)

(25) 除了他一人的西服和皮鞋是白色的,随从的西服和皮鞋皆黑色的。(“白色”与“黑色”的差别)

(26) 除了中间在大学任教两年,先后就在两个杂志社工作。(叶延滨《读创刊号风景有感》)(“大学”与“杂志社”的差别)

归纳起来,句式1有几点需要特别指出:

第一,讨论前项A与后项B的语义关系,必须有个前提,即都必须限制在说话人与听话人的已知信息的某个范围之内。

第二,“除了”所显示的“排除义”,其实只是“相对排除”,并非“绝对排除”。所以我们称之为“暂时撇开”。

第三,这个所谓的“暂时撇开”,并非只是“除了”句式最高频最主要的句式1所特殊具备的,而是所有“除了”句的核心意义不可分割的一部分。

第四,使用“除了”句式说话人的言语策略不是切除法,而是采取的二分比较法,“除了”的搭配项A与后项B一起构成该句式所讨论的全部对象。因此,句式1的语义关系应该是“A与B对立且互补”。与其说该类句式表示“排除”,不如说句式1的语义表示暂时撇开A项后夸张地表示剩余的都是与A截然不同的B,从而揭示前后项A与B的对立互补性,并且凸显B的重要性。

第五，句式 1 是该句式的高频类，也是其核心句式。A 与 B 的语义对立，主要是肯定与否定的对立，其次是意义上的对立，再次则是意义上的差异。后项 B 还常常有“全部/都/皆”相呼应。因此，对句式意义的分析不能孤立片面进行，必须前后联系起来进行全句考虑，否则必定误入歧途。

二、句式 2 的语法意义：以 A 为本，叠加追补

句式 2 的句义，有人说是所谓的“加合义”，这也是不太准确的。因为句式 1 其实也包含有加合意味的。关键是这里的 A 与 B 不是平等的前后加合，而是显示在前项 A 的基础上的追加，含有叠加、递进的意味。A 只是个铺垫，B 才是关键，是重点。两者的地位是有主次的，是不平等的。例如：

(1) 除了不厌其烦地上门开导，惠老师还常常带高某参加社区敬老院绿化整治。

(2) 除了与土壤性质有关，还取决于植物根系的形态和分布特征。

(3) 除了言之以理、动之以情，还要以理服人、以情胜人。

(4) 显然，腐败除了人本身原因以外，还有其他方面的原因。

(5) 除了从商业角度来考虑是否能够盈利之外，同时也要考虑到它的社会影响。

(6) 除了 COD 系列以外，又成了 BF 的 fans 啦！

《现代汉语八百词》所说的“排除已知，补充其他”相对比较有道理，但是不够精准。后项 B 的照应的标记性副词主要是表示追加叠加的“还(是/有/要/应)”，此外，还有追加意味稍微弱的，具有“类同/叠加/另外/加合”含义的“也/又/另/均/就”等，只是这类词语出现的概率很低。当然，我们也发现后项 B 没有出现任何这类照应标记词的例子。这时句子后项追加的语气明显不太强烈，而且不太顺畅。如果添加了“还/也”，则语气就比较顺畅舒服了，因为满足了句子在语气照应上的需求(括号里的副词原文没有，是笔者所加)。例如：

(7) 除了乌龙茶价偏低外，收购任务分配得不合理(还/也)是个问题。

(8) 除了专业知识之外，音乐素养对爱因斯坦创立相对论(还/也)起了重要的作用。

综上,句式 2 的语法意义表示“暂且不论前项 A,B 在 A 基础上表示叠加追补义”。比较句式 2 与句式 1 就会发现:句式 1 的 A 与 B 是前后对立的,是逆向的;而句式 2 的 A 与 B 则是前后叠加,是顺向的。叠加的结果,如果语义上 B 比起 A 有所发展,就很容易成为递进。其照应词语最常见的是“更”或“再”。这也从另外一个角度证明了前后程度的差异。例如:

(9) 除了不要被那些“程咬金”拦住去路之外,更重要的就是对申请资料的准备。

(10) 除了主宰着南天海外,更是乱世中四大最强者之一。

(11) 除了为他叹息之外,内心更增加了对他的想念。(穆青《忆雪垠老师》)

(12) 除了上知天文下知地理,外能挣钱内能宠娇妻,最好,再涉猎一点琴棋书画。

三、句式 3 的语法意义;AB 并举,双项排他

句式 3,据说语法意义表示的是所谓的“选择义”,这显然是误解。我们比较一下下面两对句子:

(1) 不是刮风,就是下雨。

(2) 除了刮风,就是下雨。

(3) 不是你去,就是他去。

(4) 除了你去,就是他去。

“刮风”与“下雨”都可以构成“不是……就是……”句式,或者“除了……就是……”句式。但是两者明显有区别,前者确实属于选择句式,二者必居其一。但例(2)就不是这样了,因为这里的句式,重点不是在于作出什么选择,而且根本不可能进行选择。句式 3 只是说出了一个事实:暂时撇开 A,剩下的只是 B,关键是主观上强调没有别的第三者。换言之,在讨论的范围里,只有 A 与 B 两项,重点是排他性。而且即使在 A 与 B 之间也没有什么选择,而是告诉听话者:在我们所讨论的范围之内,A 与 B 就是全部,不存在任何其他可能性。当然实际情况可能不完全如此,因此,这一类句式往往带有一定的夸张语气。后项标记词语为“就是”,便是语气的强调和肯定。因此,句式 3 的语法意义可以描述为:A 与 B 囊括全部,具有强烈的双项排他义。例如(例句括号里的词语是原句没有的,为笔者所添加):

(5) 这鬼地方,除了刮风,就是下雨。

(6) (当时当地)除了他就是那个女孩。

(7) (就韩国人使用的汽车而言)韩国人的小汽车除了“大宇”就是“现代”。

(8) (日常生活)除了上班工作就是做饭。

四、句式 4 的语法意义:AB 一致,凸显唯一

句式 4,是不是表示所谓的“等同义”呢?其实这一句式并非强调前后的 A 与 B 是等义的,而是指出,在所讨论的范围里,即使要人为地区分为 A 与 B 两种类型或两种情况,那也是不可能的,其实除了 A,剩下的所谓的 B 也是 A,强调的是 A 与 B 本质的一致性、同质性。后项的照应词语是“还是/就是”。属于“强调唯一”。其标记就是 A 与 B 同形同义,句式框架是“除了 A 还是/就是 A”。例如:

(1) 除了下雨还是下雨。

(2) 除了书还是书。

(3) 除了二还是二。

(4) 除了 KISS 就是 KISS,基本没啥剧情。

五、特殊变式

以上是四种“除了”句式的基本类型。此外,还有一些比较特殊的变式。

一是“除了 A”之后接一个问句,而且询问的正是 B 的情况。例如:

(1) 除了人类所生活的世界,会不会有另外一个世界的存在?

(2) 除了不法商贩有非法利益可得,是否还有其他的原因呢?

(3) 除了不断地换人爱,年轻人在感情中还剩下什么?

(4) 除了“双无线”技术以外,产品方面还有哪些特色?

如果这样的问句是个一般问句,可以回答,也可以不回答。这个问句也可能是个反问句,就不需要回答,则其相当于句式 1 的一个 B 项。例如(括号里的词语是原句没有的,为笔者所添加):

(5) 除了他之外,谁人能发出这样的笑声来!(没有人能发出这样的笑声来!)

(6) 除了 10086,谁还会想起我、谁还会在乎我!(没有人会想起我,没有人还会在乎我!)

(7) 除了下川岛,还哪里有这么蓝的天?(没有这么蓝的天。)

二是"除了 A 之外"这一构式不是作状语,而只是某个名词性成分的修饰性定语。有趣的是这一被修饰的中心语往往正巧就是 B,从而构成了"除了 A 的 B"这样的偏正短语,其实这也是句式 1 的一种变式。例如:

(8) 除了主持人和发言人之外的与会人员均属于听讲人。

(9) 除了"乌龙茶之乡"之外的另一种尴尬名声也开始"响亮"起来。

因为我们可以很容易就把原句子变换为句式 1:

(8′) 除了主持人和发言人之外,与会人员均属于听讲人。

(9′) 除了"乌龙茶之乡"之外,另一种尴尬名声也开始"响亮"起来。

三是这类句式还有一种倒装句,需要时可以换位。例如:

(10) 在这里,他们失去了一切,除了他们的生命。(→在这里,除了他们的生命,他们失去了一切。)

(11) 人们得和这块土地结下不解之缘,或深或浅,或隐或显,谁也逃避不掉,除了不食人间烟火。(→人们除了不食人间烟火,得和这块土地结下不解之缘,或深或浅,或隐或显,谁也逃避不掉。)

(12) 有生命的东西都是有感情的,除了一些自私的人。(→除了一些自私的人,有生命的东西都是有感情的。)

六、几点启示

"除了"句式的整体语法意义,我们可以归纳为:在暂且撇除 A 的前提下,强调 B 与 A 存在复杂的语义联系,包括对立、叠加、排他和唯一四类。

从这一比较研究中,我们从方法论上还可以归纳出五点:

1. 句式研究,往往涉及方方面面,即把全句(前项 A 与后项 B)看作一个整体,而不仅仅限于对句子的局部(A 或者 B)进行分析,因此必须具有"整体意识"。

2. 我们研究的对象不是孤立的,它往往跟句子里某个词或者结构产生互动机制。因此,我们必须既从 A 看 B,还从 B 看 A,在相互制约、相互作用情况下进行双向考察,即具有"互动机制"。

3. 无论对虚词还是句式的研究,我们不能就事论事,必须联系:(1) 句子的修饰语;(2) 上下文;(3) 大语境;(4) 说话人的认知思路。即为什么要选择这样的句式和虚词? 必须具有"背景观念"。

4. 句式语法意义的诠释,要从各个角度考察。不同的角度可能会得出不同的结论,所以要多问几个为什么,从而在比较中得出比较可靠的结论。这就需要我们"变换视角"。

5. 句式内部往往可能有几种小类型。我们不仅要归纳出它们共同的句法意义,尤其要挖掘其中的个性特色。不仅如此,还需要找出区别的标记性特征,即具有"标记印证"。

描写某个句式的语法意义是一件相当有意思、也是颇具难度的事情。我们既要尊重前人的研究成果,也不要迷信前人,不要盲目崇拜权威;重要的是发现问题,独立思考,尽可能地寻找语义诠释新的切入点,并且找到形式上的印证。

参考文献

郭婷婷　2019　《语言与语言学研究》,武汉理工大学出版社。

熊　文　2000　"除了……"一式的汉英对比及思考,《上海大学学报》第 1 期。

沈开木　1998　"除"字句的探索,《汉语学习》第 2 期。

郑懿德、陈亚川　1990　"除了……之外"用法研究,《中国语文》第 1 期。

朱军、盛新华　2006　"除了"式的语义研究,《语言研究》第 2 期。

本文曾在“第二届句式研究国际研讨会”(复旦大学,2015 年 12 月)大会上宣读。

本文获得中国国家社科项目“汉语虚词词典编撰的方法论创新及其实践”,(批准号 12BYY101)资助。

(原载《语文研究》2017 年第 3 期,人大复印资料 2017 年 12 期全文转载)

是非问内部类型的比较以及“疑惑”的细化

现代汉语疑问句通常分为结构类型和功能类型两大类：结构类型包括是非问、特指问、正反问和选择问等；功能类型包括附加问、回声问、反诘问、设问等。在结构类型的研究中，是非问句的研究可能是最薄弱的，比较有价值的当推刘月华发表在20世纪80年代的《用“吗”的是非问句与正反问句用法比较》(1987)与《语调是非问句》(1988)；两文不乏真知灼见，可惜的是没有就是非问内部的类型进行横向比较，因而导致某些结论还存在可商榷之处。

本文打算重点对是非问内部的结构类型及其构成的功能类型展开一系列的比较研究，重点是比较“语气词是非问”与“语调是非问”，并且提出在区分“疑惑”与“询问”的基础上，不仅要重视“求答”功能，而且需要把“疑惑”进一步细化为“求知性疑惑”“求证性疑惑”以及“倾否性疑惑”。

一、“吗”字是非问与“吧”字是非问的功能比较

现代汉语是非问首先可以分为语气词是非问以及语调是非问。前者指疑问信息主要依赖于句末的语气词“吗”或者“吧”来承担，因而又可以分为“吗”字是非问和“吧”字是非问两类(“啊”字是非问另文讨论)，并以“吗”字是非问为主；后者则指只借助于升调承担疑问信息的是非问句。比如“你去？↗”。

汉语语法学界的主流看法是：是非问的“疑问信息是由疑问语调或者疑问语气词承担的”(邵敬敏，2007：215)，而且两者还可以同现。这一说法似乎暗示：在是非问句中，疑问语气词跟疑问语调的作用是对等的，而且两者可以互换通用或者合用，其实这可能是一种误解。

“吗”字是非问是语气词是非问的主要形式，显示发话人确有所疑，并有所问。换言之是因为未知而发问，并且真的希望得到回答，以期待对方的回答作为第一目标。甚至于有时在言辞中还明确提出希望对方回答的请求性词语，例如“请问”“请你回答”等。这可以表述为：因疑而问，以问为重，求答为主。（除了标明出处的，其余例句引自韩寒《三重门》）。例如：

（1）你看着我的眼睛回答，你是为了我吗？

（2）喂，我找——请问——雨翔在吗？

这样的问句在第二人称时，还常常利用“你知道……吗？”“你听说过……吗？”“你认识到……吗？”来引出问话。例如：

（3）你知道我当初为什么意外考进区中吗？

（4）听说过“顽固党”吗？

（5）你认识到自己的错误了吗？

而且事实上也往往是有问有答的。例如：

（6）林母待雨翔挂电话后急着问：“懂了吗？”“不懂。”

（7）“班里同学都知道了吗？”“这个你不用操心，我会帮你宣传的。”

“吗”字是非问除了要求对方回答这一基本功能之外，还有一个重要功能就是转换话题，或者说显示新话题的开始。例如：

（8）雨翔不能再问下去，换个话题：“那，你的作业做好了吗？”

（9）列奥纳多便主动引出一个话题：“在西班牙的那位哥伦布还活着吗？”（刘心武《永恒的微笑》）

这样的例句比比皆是，可见，“吗”字是非问是引入话题、转换话题的重要手段之一。

跟“吗”字是非问密切相关的是“吧”字是非问。这两类语气词是非问共同点在于都是有疑而问，并要求对方回答。而且“吧”字是非问跟“吗”字是非问同样也可以作为转换话题的手段。例如：

（10）文龙见空气缓和下来了，转移了话题，说，“今天你妈来见你，窝心吧？”（周而复《上海的早晨》）

（11）您能不能换一个话题，您大概还不知道我现在的生活状况吧？（铁凝《大浴女》）

两者最大的区别在于：前者疑惑比较强，发问人基本不知道答案，最多略有所闻，并且没有明显的语义倾向。后者则大体上了解情况，有强烈的认同倾向，主观上只是要求对方证实而已。对这一点我们早已有结论（邵敬敏 1995）。简单地说，就是：疑问句的不同类型，实际上在信疑程度方面是有明确分工的。“疑惑”和“确信”是一对此消彼长的矛盾。疑多一分，信就少一分；反之，疑少一分，信就多一分。在疑问句系列里，如果借用数据来表示信疑的多少，可以显示为：

表 1　疑问句的信疑度

疑问句类型	信疑度	例句
特指问	疑 100%；信 0%	今天星期几？
“吗”字是非问	99%≥疑≥51%；1%≤信≤49%	今天星期六吗？
正反问	疑 50%；信 50%	今天是不是星期六？
“吧”字是非问	1%≤疑≤49%；51%≤信≤99%	今天星期六吧？
反诘问	疑 0%；信 100%	难道今天星期六？

“吗”字是非问与“吧”字是非问的这一对立，是完全可证明的：

首先，“吧”字是非问可以添加“八成”“应该”“大概”“也许”等表示肯定性猜测的词语，“吗”字是非问中是绝对不会出现这些副词的。例如：

（12）您八成是做梦了吧？（汪曾祺《八月骄阳》）

（13）这大概是对王安忆香港情结的回报吧？（新华社 2004 年新闻稿）

（14）你去过美国吗？——＊你八成去过美国吗？（自拟）

尤其是副词“八成”出现的这类“吧”字句，许多不带问号，只用逗号或者句号，这说明在说话者心目中，疑问的信息并不强烈，更多的是征求意见。例如：

（15）他老先生看的八成都是张艺谋的电影吧。（王韫佳《古老的意大利小城》）

（16）照我说，你不是怕费嘴舌，八成是字不认得你吧！（冯德英《迎春花》）

其次,“吗”字是非问几乎都可以添加“难道”“莫非”等语气副词转化为反诘问,而“吧”字是非问绝对无法添加“难道”等副词转化为反诘问。例如:

(17) 今天是星期三吗?——难道今天是星期三吗?(自拟)

(18) 今天是星期三吧?——*难道今天是星期三吧?(自拟)

二、语调是非问与“吗”字是非问功能比较

语调是非问明显不同于语气词是非问,其最重要的特点,或者说必须有的前提,那就是发问人对所涉及的话题是基本持怀疑态度的。要特别注意的是,这种怀疑态度,虽然可以从最基本的怀疑、惊疑,到嘲讽、失望、不满,乃至于愤怒。但是关键一点,语调是非问的怀疑,是倾向于不可思议、不可理解、不以为然,具有明显的否定性倾向,但是并没达到反问句的完全否定;“吗”字是非问的怀疑,是真的不知道、不明白,属于求知性的。例如:

(1) 梁样君迟疑着问:“侬是——是——老k?”【怀疑】

(2) 雨翔大惊,说:“你老虎屁股也敢摸?”【惊疑】

(3) 雨翔随手拿起诗一看,笑一声,甩掉纸,冷言道:“这也是诗?”【嘲讽】

(4) 雨翔悟出一层,不满道:“你连和儿子说话都成了‘特地’了?”【不满】

(5) “你找我谈心——就是谈这个?”雨翔失望道。【失望】

(6) “你说的?”林雨翔抬头,怒目盯住钱荣。【愤怒】

上面所引的例句都比较典型,因为作者对发问人心理状态进行了准确的描述,说明语调是非问确实有这样的功能。其实,即使文中没有这样提示怀疑心态的词语,语调是非问的功能也是清楚的。可见,选用语调是非问的关键,并非真的要求对方给以回答,而在于显示发问人的心理情绪和主观态度。这可描述为:因疑生否,用问显示否定性倾向。但是要注意,否定性语义倾向并不等同于正面的否定。试比较:

(7) 今天不是星期天。(自拟)

(8) 今天是星期天?(自拟)

(9) 难道今天是星期天?(自拟)

例(7)是正面否定,没有任何的疑惑。例(8)是疑中带否,或者更加准确地说,是未知 1/3,否定 2/3。例(9)实际上也是接近于全部否定,但是还保留着询问的外壳形式,是询问式否定。

把“疑问”区分为疑惑和询问,是研究细化的一大进步。至于对“疑惑”,历来是不加区分的,其实内部还是有所区别的。我们认为疑惑可以分为两类:

一类显示的是“知情度”,属于对信息的了解情况,疑惑就意味着“未知”,即对某个信息不清楚,不明白,它跟“已知”相对。“未知”有程度的差异:比如“今天是星期几?”就是完全未知;“今天是星期天吗?”未知比较强;“今天是星期天吧?”未知比较弱。

一类显示的是“表态度”,属于对信息的主观态度,疑惑背后隐藏着的实质就是否定性倾向,即对某个信息表示不相信,不理解,这跟“肯定性倾向”相对。否定也有程度的差异。比如“难道今天是星期天?”接近于完全否定。“今天是星期天?”否定比较强。“今天是星期天啊?”否定比较弱。

我们以前在讨论疑惑时,常常把“未知”跟“不解”混淆起来,许多问题就讲不清。所以把“疑惑度”进一步区分为“未知度”与“否定度”,我们认为非常必要。刘月华把“语调是非问”分为“S1+?”(回声问)和“S2+?”(接引性问句),后者的接引性问句,也就是我们这里讨论的“语调是非问”,她认为“有的‘S2+?’问句表示对所见所闻有些怀疑、惊讶,因而发问以求证实,这种问句以否定形式居多。”(刘月华 1988: 30)我们认为,这一判断是不准确的,关键在于发问人的目的并非“以求证实”,而是显示自己的主观态度,发问只是一种手段,因为事实上并不需要对方回答,显示否定才是本质。如果真的是要求“证实”,那就应该用疑问语气词“吧”。试比较:

(10) 你怕了吗? /今天是星期天吗?(自拟)

(11) 你怕了吧? /今天是星期天吧?(自拟)

(12) 你怕了? /今天是星期天?(自拟)

例(10)询问对方是不是真的怕,真的是星期天,要求对方明确回答,而自己的态度不明确。例(11)是发问人已有一个基本判断,认为对方有点怕,今天应该是星期天，但是自己不能最后确定，所以发问以求证实自己的判断。例(12)显示发问人的态度是因为对方表现出“怕”而不以为然，自己并不认同今天是星期天，所以很容易添加“难道”构成反问句。三种是非问各显其能，形成互补。可见，只有在三种不同类型的是非问的比较中，才能显示各自的特点。

发话人对语调是非问还是“吗”字是非问的选用，有明确的前提：前者的关键是必须有针对性，即必须针对先前发生的言论、行为或者事件，不可能是全新话题的开始。所谓的针对性，表现为三个方面：

第一，首先是针对对方的话语上文或者传达的信息。例如：

(13) 梁样君看完信说：“好！小弟，你有希望。”林雨翔激动道：“真的？”

(14) Susan 拿出一个小手电，读完以后问：“你写的？”

第二，其次是针对对方的行为和态度。例如：

(15) 这么好的人人要进来的学校，你还不想进？

(16) 你们两个都没睡着？

第三，针对当时发生的某种客观情况。例如：

(17) 他说完变成感冒的人，打了一个嚏。susan 问：“你着凉了？”

(18) 林雨翔听到要上楼，踌躇着不前。梁样君说：“你怕了？”

尽管选用语调是非问的关键不是要求对方给以回答，而在于显示发问人的心理情绪和主观态度。但是对方也可能给以回答(或者表态)，这是另外一回事，跟发问人的主观态度无关。因为既然是问句，实际上也承担着发问的功能。例如：

(19) 林雨翔不思索就说：“九点半多。”“晚上？”“晚上。”

(20) “全送给我了？”“没问题！”

我们还注意到一个有趣的细节：凡是用“吗”字是非问的，作者的叙述语言通常都用“问”，很少用“说”或者“道”的。例如：

(21) 那人便关掉随身听，问：“要吗？”

(22) 钱校长拿出脚盆，问：“这是你的吗？”

(23) 胡教导问下去：“批判现实主义的书读得很多吗？”

(24) “昨天睡得好吗？”susan 问。

可是，凡是用“语调是非问”的，既可以用“问”，也可以用“说”“道”。例如：

(25) 林雨翔听到要上楼,踌躇着不前。梁梓君说:“你怕了?”

(26) 雨翔大惊,说:“你老虎屁股也敢摸?”

(27) 雨翔随手拿起诗一看,笑一声,甩掉纸,冷言道:“这也是诗?”

(28) 雨翔悟出一层,不满道:“你连和儿子说话都成了‘特地’了?”

甚至于凡是用“问”的也可以改为“说”或“道”。例如:

(29) 林雨翔把话岔开问:“你没有中文名?”——林雨翔把话岔开道:“你没有中文名?”

这说明作者在写作时的潜意识,“吗”字是非问真的在询问;而语调是非问可以理解为问,也可以理解为“陈述”。当然这不是绝对的,只是一种语用倾向,因为我们也发现少数“吗”字是非问也有用“说”“道”的,但是数量明显比较少。例如:

(30) 女孩脸上迅速一片红色,摆弄衣角道:“现在吗?”

(31) 她淡淡说:“你很在乎那些话吗?”

疑问句,通常人们注意到了疑惑和询问两大功能,却忽视了隐含的另一个重要功能:求答。我们发现,现代汉语疑问句实际上可以分解为三个方面的功能:表疑、提问、求答。不同的是非问句类型,在这三个方面以及话题功能的侧重点方面是有区别的:

表 2 三类是非问的功能对比

类 型	未知度	否定度	提 问	求 答	话题功能
“吗”字是非问	强	弱	强	强	有
“吧”字是非问	弱	弱	强	强	有
语调是非问	弱	强	弱	弱	无

“吗”字是非问未知度、提问和求答都是“强”,是在是非问内部相对而言,当然比起特指问还是差一点。“吧”字是非问其他跟“吗”字是非问一致,只是未知度弱一些。至于语调是非问则除了未知度是“弱”,其他几项都跟语气词是非问句形成对立。可见,首先是语调是非问跟语气词是非问对立,然后才是“吗”字是非问与“吧”字是非问对立。这属于两个不同的层次。

三、是非问结构类型与功能类型的关系

回声问、附加问以及反诘问，都是疑问句的功能类型。跟语调是非问密切相关的是回声问；跟语气词是非问密切相关的是附加问；跟“吗”字是非问以及语调是非问都有关的是反诘问。这些是非问的功能类型，跟一般的是非问还是有所区别的。

1. 回声问

关于回声问，我们曾经讨论过，主要是针对上文的句子或者句子中的部分词语发出疑问，这可以从不同的角度区分为：狭义回声问和广义回声问、全称回声问和偏称回声问、同形回声问和异形回声问。其最大的特点是：第一，跟上文部分或全部或意义重合；第二，体现理解焦点；第三，不能有疑问语气词。这是不同于其他疑问句的区别性特征（邵敬敏 1992）。

回声问属于语调是非问，它可以分为两类：

一类是“倾否型”：表示不理解、不明白、不赞同，明显的否定性倾向，往往不要求对方回答，所以常常可能自问自答，关键是绝对不能有疑问语气词“吗”或者“吧”。这类跟一般的语调是非问一致，属于“回声否定型”。例如：

(1) “那——你会有崇拜的人吧？”“崇拜的人？我——我只崇拜我。”

(2) “我们怎么没分班考试？”余雄说：“我们？你也不想想我们是什么人，像拣剩的肉，随便搭到哪个班就哪个班。”

一类是“求答型”：由于没听清楚，要求对方回答证实。可以伴随“你是说……？”也可以带疑问语气词“吗”或“吧”，这类明显跟一般的语调是非问不同，属于“回声求答型”。例如：

(3) 钱荣问：“你家有多少藏书？”谢景渊问：“藏书？连语文数学书吗？”

(4) “十个字！”“十个字？”林雨翔心里拼命凑个十字句。

(5) “打哪儿来？你是问我打哪儿来？”俄国女人不知怎样回答，一边收拾货摊，一边思忖着。

(6) 忽然，那朋友问道：“这红红的小东西值多少钱？”“你是说浮子吗？噢，非常便宜。你干嘛问这个呢？”

2. 附加问

附加问又叫追问句，我们也曾经分析过（邵敬敏 1990）。是指前面一

个句子，可能是陈述句、祈使句，甚至于是个疑问句，紧接着用一个简短的问句来追问。这个追问句也可以是特指问、正反问、选择问，或者是非问。

本文只讨论是非问构成的附加问。这有两类：

一类是“求答型”：肯定式“是吗?”“行吗?”“对吗?”“好吗?”“V 吗?”主要是征求对方的意见和态度，语气词以“吗”为主，有时也可能用“吧”，但是出现概率比较低。例如：

(7) 雨翔装便道：“你是——susan，是吗?”

(8) 而且我们明天就要送去印刷了，怕时间不够了，你写写，行吗?

(9) 钱荣不肯放过，道：“也许——对，是说到我学英语的方式，对吗?”

(10) 唱给我听一听好吗?

(11) 为了一缕灰——尘埃而辛苦一辈子，值吗?

(12) 喂，你可想清楚了，这是引狼入室，懂吗?

一类是“反问型”：否定式：“不是吗?”“不行吗?”“不对吗?”“不好吗?”“不 V 吗?”表示的是强烈的否定语义，相当于“难道不是……吗?”例如：

(13) 我一心想着巾帼何必让须眉哩，不是吗?(《1994 年报刊精选》)

(14) 我应当了解，不对吗?(《法医宿舍的枪声》)

(15) 我留下来，帮你烧火煮饭，你下地回来，也有热饭吃，不行吗?(周立波《暴风骤雨》)

(16) 吃点家常便饭，不好吗?(老舍《西望长安》)

3. 反诘问

从“不解”的疑惑到否定，只是一步之遥。语调是非问，只要发问人的语气稍微再强一些，就变成反问句了，而且这类语调是非问几乎都可以轻而易举添加“难道”“岂不是”“莫非”等反问副词(下面例句中【】内的副词是句例并不存在但是可以添加出来的)，而且其语义倾向是一致的。例如：

(17) 【难道】你连这个也相信? 那些浅的文章是浅的人写出来的，叫“美化”。

(18) 车主道：“有什么好讲，快交几十块啊，【莫非】想赖掉? 乘不起就别乘，自己跑回来。”

(19) 雨翔记起昨夜大意失脚盆，难道这脚盆能开口说话?

(20) 当初梁粹君就栽在上海“夜不眠”，莫非这黑店生意兴隆又开了分店？

这几例，其实根本不需要对方回答，尤其是(17)(18)两句，发问人自己的后续句就明确显示了自己持否定的态度，可见事实上已经是反诘问了。后面两例使用了“难道”等表示反问语气的副词，更显示了说话人的否定性的态度。可见，是非问中，最容易变为反诘问的就是语调是非问。

相比较，“吗”字是非问单独就很难理解为反问句，往往需要加上“难道”等反诘语气副词才可以构成，试比较下面几个例句：

(21) 这种追求难道是一件值得别人同情的事吗？

(22) 如今吕不韦难道会放过你吗？

(23) 莫非这泥人的作者会诅咒一个爱之甚于自己妻子的女人吗？

(24) 如果我们向齐王进攻，岂不是帮助吕氏叛乱吗？

以上“吗”字是非问，如果去掉“难道”“莫非”“岂不”，就变成一般的是非问了，完全没有反诘问的口气。至于“吧”字是非问根本不存在反问的语义基础，如上所述，即使加上“难道”等副词，也无法转化为反诘问。如果硬要添加“难道”等副词，问句就无法成立。

正因为发问人持否定态度，在话语里往往会有贬义的讽刺词语或句子夹杂。例如：

(25) 读书就为钱，我现在目的达到了，还读个屁书？

(26) 最后一个上车，这么伟大？

(27) 余雄微笑说：“你受不了了？好戏还在后头。”

(28) 你听说了吗，四班里一个女的考不好自杀了，你不知道？真是消息封闭，你在深山老林里啊！

语调是非问除了跟功能型疑问句有着相当密切的关系之外，我们还发现它还有几个有趣的特点：

第一，紧接着“怎么？”“什么？”的是非问，只能是语调是非问，不能是“吗”字是非问。而且后面的是非问几乎都可以变成反问句。例如：

(29) 怎么？跑得不够快，挨骂？

(30) 林雨翔，怎么一直不说话？今天不高兴？

(31) 怎么？他打你了？

(32) 钱荣没听懂，潜意识感到不妙，紧张地问：“什么——本子?”

如果“怎么”紧跟的是“吗”字是非问，其实这里都应该是反问句，都可以插入“难道”而语义不变。例如：

(33) “怎么，你又难过了吗?”章明清紧张地问。

“还，还好，……你先……给我……一杯水，嘴里有点……”(曾卓《悲歌》)

(34) 这时，邻桌过来一个既和我们认识也和那伙人熟识的小个儿，满脸堆笑对高晋和那人说：“怎么，你们还不认识吗？给你们介绍一下……”(王朔《动物凶猛》)

第二，如果是否定形式，这样的反问语气就更加强烈，惊讶、不可思议的意味更加浓郁。例如：

(35) 你没看见现在杂志上这么这么多的交笔友启事?

(36) 沈溪儿叫了起来，说：“你连这个都不知道?”

(37) 林雨翔把话岔开，问：“你没有中文名?”

(38) 你不知道？消息太封闭了，你那个 susan 也离市重点差三分。

否定式的“吗”字是非问，也很容易构成反诘问，即使没有“难道”等副词的帮助。例如：

(39) “不是说去南京吗?”susan 一脸不解。

(40) 你不是挺高兴吗？这次怎么了?

(41) 只是我最近在转攻理科——看，这不是在补化学吗？嗨！那老师水平真破！

(42) 咦，林雨翔，你不是说你不近女色的吗？怎么?

第三，正因为语调是非问并不真正要求对方回答，有时还可以只是表示一种打招呼，其实没有一点怀疑的意味。其前提是确认事实，不求回答。例如：

(43) “你吃过饭了?”谢景渊不计打水时雨翔弃他而去的仇，笑容可掬地说。

(44) 寝室里剩谢景渊一人，仍在看书，雨翔问：“你这么早来?”

如果真想知道答案，就要添加疑问语气词“吗”。例(44)甚至于无法加“吗”，因为事实上对方已经早来了，根本不必提问。

可见语调是非问不论否定形式还是肯定形式都非常容易变成反诘问，因为从不解的怀疑到否定，往往只是程度加强就行了。而“吗”字是非问往往只有否定格式才比较容易变成反诘问，因为肯定形式的询问是常规格式，而否定形式询问则是非常规的，好像是出乎意料的，是在怀疑。试比较：

(45) 今天是星期三吗？（自拟）

(46) 今天不是星期三吗？（自拟）

例(45)是常用的肯定句式，属于无标记类型，语调平和，一般性询问求答，如果要变成反诘问，必须添加“难道”“莫不是”“岂非”等副词来帮助才行。例(46)是否定句式，属于有标记类型，所以就比较容易构成反诘问。至于“今天是星期三吧”，无法构成反诘问，因为发问人既然基本知道，只是要求对方予以证实，当然跟“反问”的激烈语气是不匹配的。

可见，“吗”字是非问与语调是非问的功能侧重是不同的。前者是因疑而问，以问为重，求答为主。后者是因疑生否，用问显否，表态为主。我们知道，“疑惑”和“询问”是不同的范畴，“吗”字是非问重在“求答”，目的是要求对方给以明确的回答；“吧”字是非问重在“证实”；语调是非问重在“倾否”，目的是显示自己从疑惑到否定的主观态度。正因为如此，“吗”字是非问可以作为话题的开头提出，不必受到语境的影响；而语调是非问则因为是有感而发，必然受到语境的制约，是对前面言行或情况的反应，不可能作为话题句发出。

四、结论

本文的主要观点归纳如下：

第一，疑问句的功能，在区别“疑惑”和“询问”两大功能的基础上，还必须建立起“求答”的第三功能。这正是语气是非问与语调是非问的根本对立所在。

第二，疑惑必须进一步细化为三类：“吗”字是非问的疑惑，是真的不知道、不明白，不清楚，属于“求知性”的。“吧”字是非问的疑惑，是在已知某些事实的前提下，不能完全确认，希望对方证实，属于“求证性”的。语调是非问的疑惑，是倾向于不可思议、不可理解、不以为然，属于“倾否性"的。

第三,从表示疑惑到表示否定,只是一步之遥,是不解型疑惑程度加强后的必然结果。语调是非问的根本特点就是表示否定性的主观倾向。

参考文献

刘月华 1987 用"吗"的是非问句与正反问句用法比较,《句型和动词》,语文出版社。

刘月华 1988 语调是非问句,《语言教学与研究》第 2 期。

邵敬敏 1990 "X 不 X"附加问研究,《徐州师范学院学报》第 4 期。

邵敬敏 1992 回声问的形式特点和语用特征分析,《语法研究和探索》第 6 期,语文出版社。

邵敬敏 1995 "吧"字疑问句及其相关句式比较研究,《第四届国际汉语教学讨论会论文选》,北京语言学院出版社。

邵敬敏 2007 《现代汉语通论》(第二版),上海教育出版社。

(本文原载《世界汉语教学》2012 年第 3 期,人大复印资料 2012 年第 11 期全文转载)

论语气词“啊”在疑问句中的作用暨方法论的反思

语气词“啊”到底算不算疑问语气词，长期以来存在着争议。20世纪80年代中，陆俭明先生(1984)一言定乾坤，几乎成了铁案。他的结论是：现代汉语疑问语气词只有两个半：“吗”“呢”和半个“吧”。换而言之，他把“啊”给开除了。他的理由是：“把‘啊’看作疑问语气词缺乏根据，在形式上得不到验证。”(1984)大家对这一结论一直深信不疑。但是现代语音实验的结果以及深层次的方法论思考却迫使我们重新来衡量这一命题的可靠性。陆先生的论证主要有三条：

第一，语气词“啊”可以出现在各种类型的句子末尾，所以不是疑问句特有的。

第二，是非问句的疑问信息是由“升调”承担的，现代汉语不存在带降调的“啊”字是非问，因此语气词“啊”并不承担疑问信息。

第三，在非是非问句中，疑问信息是由疑问词、疑问结构承担的，“啊”并未增加任何疑问信息量。

对这三点，我们将逐一进行检讨，并在方法论层面上进行反思。

一、“啊”跟其他疑问语气词的比较

“语气词‘啊’可以出现在各种类型的句子末尾”，这个判断的言下之意就是“啊”不是疑问句特有的，所以“啊”只是个普通的语气词，但不是疑问专用语气词。不过，这条理由并没有多大的说服力，因为即使被看作典型疑问语气词的“呢”“吗”“吧”也可以在其他类型的句子，包括陈述句、祈使句和感叹句末尾出现，然而这并不妨碍它们被看作疑问语气词。(本文例句除去小部分自拟，其余全部摘自北京大学CCL语料库。)

1.“呢”

(1) 小康之家也好，是有钱儿也好，他才能这么办呢。（马增志《1982年北京话调查资料》）（陈述句）

(2) 哎，这人在这儿呢。（马增志《1982年北京话调查资料》）（陈述句）

(3) 冯局长刚刚打来电话，发脾气了，让你去分局汇报呢！（谈歌《城市警察》）（祈使句）

(4) 月光歌舞厅让人砸了，小张让咱们快去呢。（谈歌《城市警察》）（祈使句）

(5) 说不定我现在已经饿得没力气说话了呢！（《中国北漂艺人生存实录》）（感叹句）

(6) 如果敌人来偷袭，不做俘虏才怪呢！（《中华上下五千年》）（感叹句）

2.“吧”

(7) 我母亲来的时候儿，那个也就是，三十几岁吧。（石昆山《1982年北京话调查资料》）（陈述句）

(8) 这大概是老天在另一方面对我的补偿吧。（《中国北漂艺人生存实录》）（陈述句）

(9) 叔叔阿姨，可怜可怜我吧！（《中国北漂艺人生存实录》）（祈使句）

(10) 老弟，听哥一句劝吧。（《中国北漂艺人生存实录》）（祈使句）

(11) 真是蜉蝣撼树，螳臂当车，太不自量了吧！（《佛法概要》）（感叹句）

(12) 一杯咖啡就想把我打发了呀，也太小气了吧！（《中国北漂艺人生存实录》）（感叹句）

3.“吗”

(13) 里边儿不认识可不就不让你们进去吗。（马光英《1982年北京话调查资料》）（陈述句）

(14) 就那请安那个姿势，溥杰先生还做过示范吗。（王亨年《1982年北京话调查资料》）（陈述句）

(15) 你也搞点市场调节嘛，让大家再说说。（新华社2004年新闻稿）（祈使句）

(16) 你去找林总说一说嘛。（《1994年报刊精选》）（祈使句）

(17) 黄书记高兴地说：“概括得蛮好吗！”（《1994年报刊精选》）（感

叹句）

(18) 毛泽东不以为然地说道："我看这是出好戏吗！"（《1994年报刊精选》）（感叹句）

其中用于祈使句的"ma"，写作"嘛"，其实跟"吗"完全同音，只是因为"吗"的疑问用法非常强势，为了区别才把汉字写为"嘛"。换言之，这仅仅是书面上的区分，有点像"ta"在书面上分别写作"他、她、它"一样。可见，"呢""吧""吗"都可以出现在不同句类，包括陈述句、祈使句、感叹句和疑问句的句子末尾，而"啊"也可以全部出现在四种句类的末尾，这四个语气词在这一点上没有什么根本性区别，如果说有区别，只是在不同的句类里使用的概率有差异而已。

如果我们并不因为语气词"呢""吧""吗"也出现在非疑问句的末尾就否认它们也是疑问语气词，那么我们也同样不能因为"啊"都能够出现在非疑问句的末尾就否认它的作用之一是疑问语气词。或者起码说，这条否定的理由是非常勉强的，对所有的语气词，我们应该一视同仁。换言之，现代汉语里的这些语气词本来就都是多功能的词，并非仅仅附属于哪一个具体的句类。

二、带降调的"啊"字是非问

陆先生认为"根据声学仪器的实验和我们的考察，带'啊'的是非问句（以下记为A″），其句调跟不带语气词的是非问句（A）一样，是'升调'……由于现代汉语中不存在句末带'啊'而句调为降调的是非问句……便不难发现，（A″）的疑问信息也跟（A）一样，是由升调所负载的"。（陆俭明，1985）这句话的关键是，认为现代汉语里"啊字是非问"全部都是升调，没有降调的。

不过，遗憾的是我们没有看到陆先生提供的声学实验数据。那么语言事实到底怎么样呢？为此我们请暨南大学华文学院专攻实验语音学的王茂林博士做了有关语调的语音实验（发音人为北京人）。[1] 结果，我们

① 王茂林博士语调实验用的是Praat软件，发音合作人是他的学生宋易康，该生自小就在北京长大。对两位的帮助谨表感谢。

发现,疑问句的语调不是简单的升或降的两分对立,需要进行专门的细致的研究。而且疑问句跟非疑问句的对立也不是单纯依靠语调就可以解决的。我们不可能对此进行全面的比较,只是就两个主要问题进行了对比分析:

(一) 带“啊”的跟不带“啊”的是非问句比较

请比较下面四句语调的“基调曲线”:

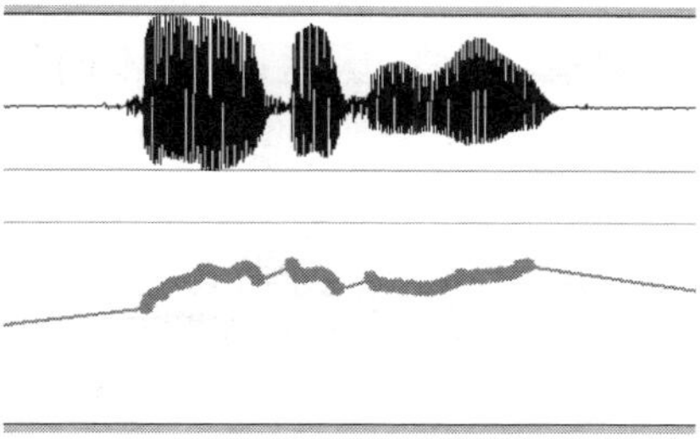

图 1 (1) 今天星期一?

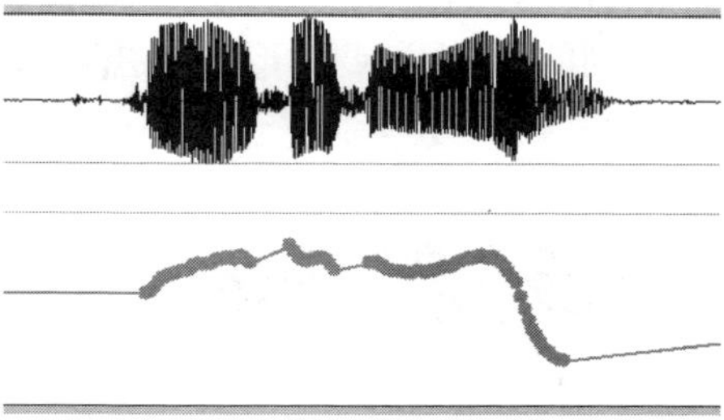

图 2 (2) 今天星期一啊?

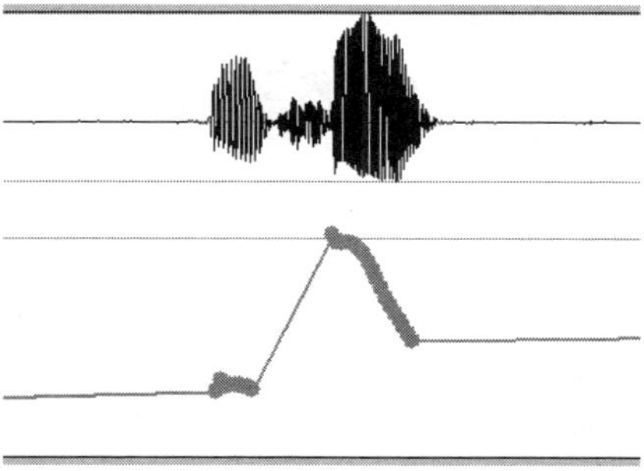

图 3 (3) 你去?

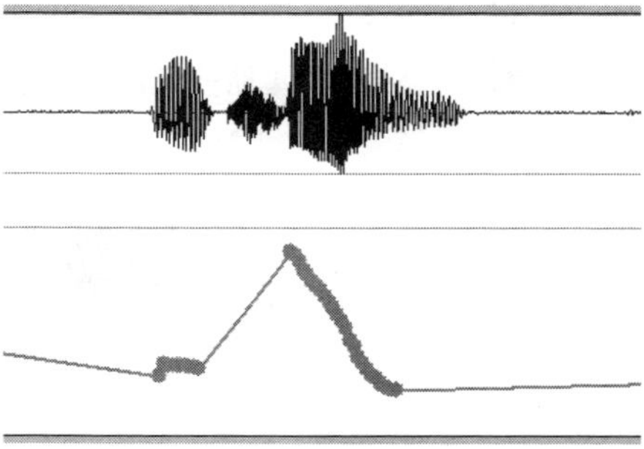

图 4 (4) 你去啊?

我们有意识选择了句尾字调是阴平的是非问例(1)例(2)和句尾字调是去声的是非问例(3)例(4)。比较各自的图谱,可以发现:(1) (2)是非问属于“语调是非问”,没有语气词,句调明显上升承担疑问信息。而(2)(4)则为“啊”字是非问,(2)的“一”的字调略微抬起就下降,到“啊”时,语调明显下降,与(1)两句形成对立,这一点是很清楚的。后一例句的句尾“去”由于本身字调就是去声降调,汉语里语调不可能颠覆字调,所以(3/4)两句的对立不如(1/2)那么明显。但是仔细比较就会发现：(3)升得厉害，降得有限；而(4)则升得有限，降得厉害，两者形成区别，因此把(4)看作降调还是有理据的，从而跟(3)形成对立。我们的解释是：由于有语气词“啊”承担了疑问信息，所以影响了语调的上扬，可见，认为带“啊”的是非问句没有降调的看法是不符合事实的。

（二）带“啊”的是非问跟非疑问句比较

带“啊”的是非问跟感叹句、陈述句的比较，如果仅仅依靠语调，是很难区别的，因为语调的形态相当接近。请观察下面“今天星期一”不同句类的“基频曲线”：

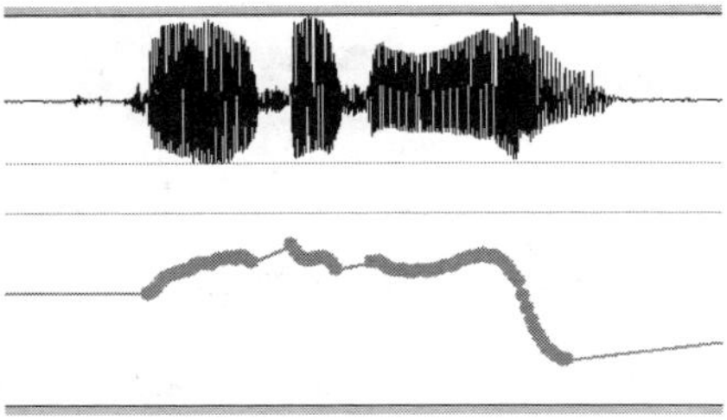

图 5 (5) 今天星期一啊？

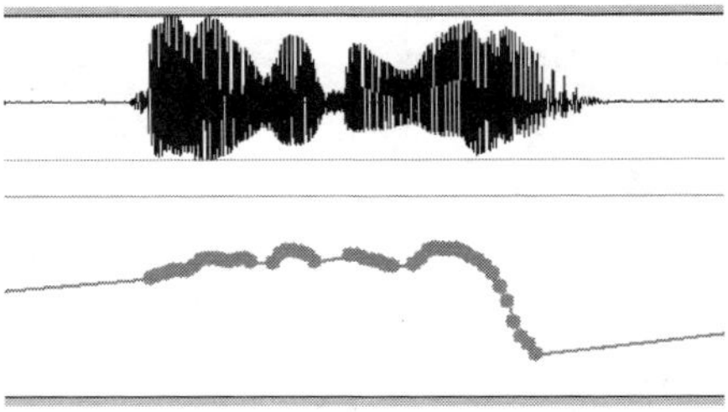

图 6 (6) 今天星期一啊！

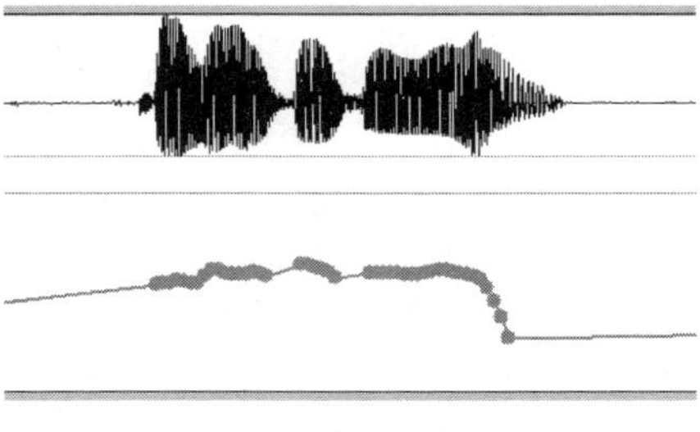

图 7 (7) 今天星期一啊。

(5)是“啊”字是非问，(6)是“啊”字感叹句，(7)是“啊”字陈述句。书面上由于标点符号的标志，我们一目了然。但是在口语上，语调的形态大体相同，很难绝对区分。可见，句类的判定往往是综合因素起作用，还需要借助于上下文语境，乃至于说话人的表情语气等的协助。语调并不是最主要的区别性标记。

通过以上的比较，我们可以得出几个结论：

(1) 带“啊”的是非问，句调可以是降调，这在现代汉语里确实存在。如果带了“啊”还是升调，当然可以，那么疑问信息就得到了特别的强调。

(2) 判断是否疑问句，不仅仅靠单一标准，往往需要多重标准。换言之，疑问信息大多数情况下不是简单地只是某一项要素来承担，而往往是几个要素共同承担。

(3) 语气词“啊”在疑问句里在承担疑问信息方面确实起到一定的作用。

三、“啊”在非是非问句中的作用

陆先生认为在非是非问句中的疑问信息是由 Q(疑问词或者疑问结构)以及升调承担的，末尾带上“啊”之后，“并未增加疑问信息量”，只是“语气和缓些”(陆俭明，1985)。“特指问”以及正反问(包括选择问)，作为疑问句来说，本来似乎不再需要“啊”，因为它们的疑问信息由疑问代词或者疑问结构来承担已经很明显了(邵敬敏，1996)。但是，我们比较有“啊”以及没“啊”的问句发现，没有“啊”的特指问，语气确实比较直接，显得有点儿生硬，而有“啊”的特指问，语气确实要缓和得多，主要出现在如下语境里面：或者对方是尊敬的人，要用“您”，如下文例(1)；或者是有求于对方，如例(2)；或者是套近乎聊天，如例(3)；或者是自问自答，如例(4)；或者是慰问之词、安抚之词，如例(5)；或者是促膝谈心如例(6)。例如：

(1) 您说那奠酒是什么意思啊？(白文渊《1982 年北京话调查资料》)

(2) 哎，北大附中在哪儿啊？(白旭明《1982 年北京话调查资料》)

(3) 咱这牛街为什么叫牛街啊？牛街啊。啊，您知道不知道？(詹国英《1982 年北京话调查资料》)

(4) 什么叫“劫石”啊？劫，是佛教里的时间单位。(《佛法修正心要》)

(5) 当家师来慰问马祖：“您近来身体怎么样啊？”(《佛法修正心要》)

(6) 给你配几辆坦克，配一个炮兵连，还要进行对空联络，你怎么指挥啊？(《邓小平文选 2》)

我们认为，这类非是非问，主要有两种情况：

第一，一个特指问句之后，再用“啊”来表示一种追问。相当于“S，W，啊？”如果语速快了，两者就可能合二为一，转化为“S，W 啊？”在口语里这样两种形式并存的例句并不少。例如：

(7) 咱们到美国去玩一趟，怎么样，啊？（施亮《无影人》）

(8) 听完罗瑞卿的汇报，还关切地问，你身体怎么样啊？（陶克、任燕军《大比武备忘录》）

(9) 这是干什么，啊？（《读者（合订本）》）

(10) 他经常找曹家干什么啊？（刘心武《曹家浮沉之谜》）

例(7)(9)都是“W，啊？”单独的特指问，自然需要对方回答，但这些特指疑问句都很容易转化为像例(8)(10)一样的“W 啊？”区别就在于前者往往显得咄咄逼人，再来个“啊？”反而显得口气和缓，是一种带有商量、征询的语气口吻。不管是“W，啊？”还是“W 啊？”语气比起单独的特指问“W？”来相对和缓一些。

第二，正反问、选择问末尾带上“啊”，情况跟特指问类似。例如：

(11) 你们喝开水不喝啊？也有凉开水，也有……（李英良《1982 年北京话调查资料》）

(12) 这个闸完了是不是得打喷嚏啊？（白文渊《1982 年北京话调查资料》）

(13) 这家不冷啊。常烧煤还是常烧柴啊？（《1994 年报刊精选》）

(14) 现在是青工多还是老的中年的多啊？这个我不太清楚。（刘伟芝《1982 年北京话调查资料》）

这里的情况几乎同样可以分析为“W，啊？”转化为“W 啊？”。例如：

(15) 你说，我这话对不对？啊？（刘流《烈火金刚》）

(16) 其实啊，我们也是受害者，对不对啊？（《编辑部的故事》）

(17) 你应该给大家讲清楚，是不是，啊？（张平《十面埋伏》）

(18) 还有几千元存款，是不是啊？（戴厚英《闻捷之死》）

语气和缓，自然不属于疑问信息的增强，问题是“啊”的使用，不论增强疑问信息还是减弱（和缓）都是起作用的。我们不能只承认增强是起作用，减弱就不是。

四、“啊”在是非问句中的作用

更为关键的是“啊”在是非问中的作用。陆先生认为，无论是非问还是非是非问句，只要带上了语气词"啊"，"在这里'啊'并不表示疑问语气，只表示说话人的某种态度或情感"（陆俭明，1985）。换言之，他觉得"啊"在非是非问和是非问中的作用是相同的，对这一点，我们以为更可以商榷。

"啊"，作为语气词的作用，其实主要在于"传递说话者的一种情绪"，这一情绪，以"惊叹"（惊讶、感叹）为主。在非是非问句里，所谓的和缓语气，只不过是由于传递了这样的感叹情绪所造成的结果，并非"啊"本身的意义。因为单独的特指、正反或者选择询问，如果没有感叹情绪的表达，就显得比较直截了当，显得公事公办，所以感觉有点生硬。一旦带上了"啊"，就带上了感情色彩，冲淡了生硬的语气，显得柔和了一些。

但是，比较带"啊"的非是非问句与是非问句，我们就会发现一个很有趣的情况：是非问句末尾用"啊"，跟特指问、正反问、选择问的情况不同，并非只是表示和缓疑问的口气，而且也表示对句子命题的惊疑（又惊又疑）。比较下面三例：

(1) 你是李部长？（自拟）

(2) 你是李部长啊？（自拟）

(3) 你是谁啊？（自拟）

例(1)表示的怀疑，是不可思议，有否定性倾向，并不要求对方回答，而且很容易转化为反诘问①。例(2)由于"啊"的使用，怀疑的程度明显减弱，语气显得和缓，但增添了惊叹的成分。相当于："你是李部长，啊?！我居然没有想到。"而且还希望对方回答。例(3)特指问则因为这个"啊"口气显得和缓，减少了直接询问的突兀和无礼，但只有缓和语气的作用，没有惊叹的语气，因为句子的焦点是在疑问代词上面，既然连信息都不知道，就无所谓惊叹。而在是非问句里，全句的焦点是已知信息，说话者可以显示惊叹的语气。对疑惑的和缓和对事实的惊叹，这两种语气不是对立的。可见(2)的语气词"啊"显示的是"惊疑"和"求答"。比较下面两例，可以看出例(4)只是和缓询问的语气，例(5)则不仅语气和缓，而且表示又惊又疑。

---

① 这一分析详见拙稿《是非问内部类型的比较以及"疑惑"的细化》，《世界汉语教学》2012年第3期。

(4) 噢,不是大力。你是谁啊?(大宋提刑官)

(5) 为朋友啊?现在这样的人不多见了。(冬至)

我们曾经对是非问句的内部类型作过比较,发现“语气词是非问”(包括“吗”字是非问和“吧”字是非问)跟“语调是非问”有着明显的区别性功能的对立。前者是因疑而问,以问为重,求答为主。后者是因疑生否,用问显否,表态为主。前者不能直接转化为反诘问,“吗”字是非问必须借助于语气副词“难道”等才行,“吧”字是非问即使借助于语气副词也不能转化为反诘问;而语调是非问直接就可以转化为反诘问,因为从高度怀疑到否定是轻而易举的。可见“语调是非问”跟“语气词是非问”从本质上说,属于是非问句内部对立的句类。

“啊”字是非问应该属于“语气词是非问”,功能完全不同于“语调是非问”。“啊”在是非问里的作用不是“和缓语气”,它承担了“惊疑”以及“求答”的双重功能。

这里其实涉及一个极为重要的原则:疑问信息的承担可能是单一的,也可能是复合的、多重的。我们在承认单一形式承担载体的同时,也不要忽略了复合形式更为复杂的情况。否则我们也无法解释,为什么一个特指问句或者正反问句,有了疑问代词或者疑问结构,还可以利用升调,甚至于加上疑问语气词“呢”来强化疑问程度。例如:

(6) 谁去?↘你去不去?↘(自拟)

(7) 谁去?↗你去不去?↗(自拟)

(8) 谁去呢?↘你去不去呢?↘(自拟)

(9) 谁去呢?↗你去不去呢?↗(自拟)

我们不能因为例(6)里的“谁”以及“去不去”已经承担了疑问信息,就否认例(7)里的升调以及例(8)里的“呢”也是承担疑问信息的。我们把例(6)称之为“单一承担型”,例(7)(8)是“复合承担型”,例(9)是“多重承担型”。

“语调是非问”的疑问信息,无疑是由升调承担,或者说“升调”这一形式在是非问里表示怀疑的信息,一旦添加了语气词“啊”之后,原来的是非问功能就发生了变化,“啊”字是非问的疑问信息不仅仅是表示怀疑,而是转化为怀疑基础上侧重于询问,要求对方回答,而且显示发问人的惊叹口气。其中“惊叹”“求答”显然不属于“升调”这一形式所蕴含的语义,事实上应该是语气词“啊”承担的。

因此,我们认为,“啊字是非问”中的语气词“啊”,也应该是疑问语气词。跟“吗”“吧”具有同等的语法地位。

五、“啊”研究的启示以及对“呢”的反思

《语气词“呢”在疑问句中的作用》(邵敬敏,1989)一文认为,在疑问句中,疑问信息是由语调决定的,跟“呢”无关。我们论证的方法似乎很严密,但犯了个基本错误,那就是认定有关疑问信息载体时采取了简单化的办法,即只承认单一的载体,而否认了复合载体和多重载体。通过对语气词“啊”的研究,我们需要对“呢”的研究方法论进行反思,并且提出以下修正意见:

第一,通常认为:“是非问句中,只有句调呈降调时,‘吗’才负载疑问信息,而呈升调时,‘吗’实际上是羡余信息。”通过上文的分析,我们认识到,“语调是非问”跟“吗”字是非问是不同的类型,即使在升调的“吗”字是非问里,“吗”也绝对不只是个“羡余信息”,而是传递“求答”的重要信息。在语言中,没有绝对的羡余信息。它往往承担了其他的语义或者功能。如果真的是多余的,就必然会被淘汰。

第二,“非是非问句中,由于特指问、选择问、正反问都具有特殊的疑问形式,它们已负载了疑问信息……因此‘呢’也不一定非出现不可。换言之,升调和‘呢’也都是羡余信息。”这一看法显然也是偏颇的。因为,比较“谁去?”和“谁去呢?”,就会发现,后者有深究的意味,而这正是疑问范畴里的重要语法意义,绝不仅仅是一种羡余信息。

第三,我们正确地指出了在一定的语境中“NP?”或者“VP?”也可以构成非是非问句的简略格式(如“你?”“你去?”),因此就推论:“呢”在任何一问格式中都不负载疑问信息,包括“他呢?”或者“他不去呢?”这显然也是片面的。事实说明,即使在“他呢?”“他不去呢?”里面,“呢”也是承载“深究”这一疑问信息的。

从方法论上检查,我们需要改变过去的单向思维,不要把复杂的问题简单化,错误地以为,为某种意义寻找其匹配的某一类语法形式,而且一旦找到,就排斥其他的可能性。而必须认识到世界是复杂的,某种语法意义完全可能有几种语法形式来分别负载，或者说，某种语法意义在不同形式承担时，是存在差异的。反之，一种语法形式，也可能负载几种语法意义。换言之：语法意义跟语法形式之间，往往不是一对一的匹配关系，而往往是一对多，或者多对一的交叉、复合、分载关系。比如说，橘子水，酸甜；这一感觉是由橘子汁决定的；现在加上了蔗糖，还是酸甜，不过比较甜。我们怎么能够断言，这一比较甜的酸甜只是由橘子汁决定的而跟蔗糖没关系呢？因为现在这一甜度明显强于原先的橘子水的甜度了。这一"橘子水理论"无疑可以帮助我们加深"复合形式"的作用，这对我们加深认识语法意义和语法形式的关系是至关重要的。

参考文献

胡明扬　1981　北京话的语气助词和叹词，《中国语文》第5—6期。

陆俭明　1985　关于现代汉语里的疑问语气词，《语法研究和探索》(三)，北京大学出版社。

邵敬敏　1989　语气词"呢"在疑问句中的作用，《中国语文》第3期。

邵敬敏　1996　《现代汉语疑问句研究》，华东师范大学出版社。

邵敬敏　2012　是非问内部类型的比较以及"疑惑"的细化，《世界汉语教学》第3期。

本文在"第四届海外中国语言学者论坛"(徐州师范大学，2011年12月)上宣读。

（原载《语言科学》2012年第4期）

疑问句的结构类型与反问句的转化关系研究

疑问句有两大类型：第一，结构类型，通常认为有三大类：是非问、特指以及选择问（含正反问）。第二，功能类型，主要有反诘问、附加问、回声问和假设问等。这两大类型划分的标准与出发点显然是不同的。

通常认为，疑而不问，是猜测句；疑而询问，是疑问句；无疑而问是反问句。虽然说反问句是“无疑而问”，但是反问跟疑惑似乎并非绝对无关。换言之，既然反问句的本质是否定，而否定跟肯定是两端，那么，中间是什么因素在起转化作用？我们觉得这个因素应该是“怀疑”，换言之，肯定的反面是否定，那么在这两者之间的过渡地带应该是疑惑。怀疑越强，离开否定就越近；怀疑越弱，离开否定就越远。换言之，一点不怀疑，就是肯定；怀疑到底，就转化为否定。

真性问是有疑而问，而且希望对方给予回答；反问句实际上是一种假性问，假性问跟真性问的区别主要有两点：第一，表层形式是疑问句，深层含义是已有明确看法，实质表示否定；第二，问只是手段，并不真的需要对方回答，对方即使回答，那也不是发问人的真实意图。那么问题在于：

第一，我们曾经在《现代汉语疑问句研究》（邵敬敏，1996）一书中就反问句的类型与语用意义作过专门的论述。反问句是一种功能类型，在结构上跟一般疑问句没有显著的区别。从理论上说，所有的疑问句都可以变成反问句，但是事实上并非如此。我们最感兴趣的是，反问句是如何形成的？换言之，哪些疑问句最容易转化为反问句，哪些疑问句根本无法转化为反问句。

第二，为什么要利用这个“疑问句”的形式外套来包装呢？这可能是一种话语策略，因为直截了当地否定某种看法，不是不可以，但是从话语交际来说，显得不够礼貌、不够策略，不够含蓄。那么代之的最好的形式包装就是询问。因为询问是最接近于否定的，同时因为“询问”的本质是自己不了解而请教别人，这样就保留了某种回旋的余地，也给了对方一种解释的弹性空间。因此，反问句显然是话语交际中避免激烈交锋的滑润剂，也是双方交际得以展开的缓冲地带。当然由于反问句的长期广泛使用，这一最初的功能显得淡化，因为有的反问句语气还是比较激烈的，甚至于常常引起听话者的反感或不满，从而背离了使用反问句的初衷。

第三，“反问”是不是就等于直接否定？关于汉语反问句的论述，当以吕叔湘(1982)的最为精辟且富有启发性。他说：“反诘实在是一种否定的方式，反诘问里没有否定词，这句话的用意就在否定；反诘问里有否定词，这句话的用意就在肯定。”(1982)可见，肯定与否定构成了相反又相成的两极，反诘本质上就是一种否定。但是，问题显然要比这复杂得多。由于反问句内部类型繁多，否定程度各不相同，而且还有自己的特殊的语用意义，所以反问绝对不能简单地跟否定画上等号，而且反问还能够传递说话人的某种主观意图以及感情色彩。因此对反问句的功能我们需要作进一步的探讨。

归纳起来，我们希望探求的问题是：

1. 疑问句的结构类型跟反问句的转化关系到底如何？

2. 否定与反诘的差异在哪里？两者是如何转化的？

3. 反问句的话语功能到底是什么？有哪些特殊的作用？

一、是非问与反问句的转化关系

通常认为，陈述句只要给以升调，或者句尾添加疑问语气词，就可以变为是非疑问句，而且是非问只要添加反诘副词，或者添加重音，就非常容易转化为反诘问句。比如：

今天是星期天。→今天是星期天(？/吗)→(难道)今天(′)是星期天(？/吗)

那么，是否所有是非问句都可以轻而易举地变为反问句呢？如果能够转化，又有什么条件制约？反问句的形式标记究竟有哪些？

1. 通常认为，是非问的疑问信息是由语调或疑问语气词来承担的，换言之，把上升语调跟疑问语气词几乎看作是等价的。根据最新的研究，“语调是非问”与“语气词是非问”实际上是是非问内部两个对立的类型，换言之，通常的疑惑，需要进一步区分为两类：“语调是非问”，是发问人对所涉及的话题基本持怀疑态度的。这种怀疑，是倾向于不可思议、不可理解、不以为然，具有明显的否定性倾向，但是还没达到反问句的完全否定。例如：

(1) 他父亲做尽了坏事弄钱，他会是个好东西？（曹禺《曹禺选集》）

(2) 他……还配上报纸？（北京人的自述）

(3) 江山是唱戏唱出来的？（北京人的自述）

(4) “你找我谈心——就是谈这个？”雨翔失望道。（韩寒《三重门》）

所谓“语调是非问”并非真的要求对方给以回答，而主要在于显示发问人的心理情绪和主观态度。这可描述为：因疑生否，用问显示否定性倾向，但这并不等同于正面否定。

而语气词是非问，包括“吗”字是非问、“吧”字是非问与“啊”字是非问，它们体现的疑惑指的是未知，是不清楚、不知道，所以提出询问，要求回答。我们以前在讨论疑惑时，常常把“未知”跟“不解”混淆起来，许多问题就讲不清。因此，“疑惑度”需要进一步区分为“未知度”与“不解度”。

从“不解”的疑惑到否定，只是一步之遥。“语调是非问”，只要发问人的语气稍微再强一些（如添加重音），就变成反问句了，而且这类语调是非问几乎都可以轻而易举添加“难道”“岂不是”“莫非”等反诘副词，可见其语义倾向是一致的。例如：

(5) 【难道】你连这个也相信？那些浅的文章是浅的人写出来的，叫“美化”。

(6) 车主道：“有什么好讲，快交几十块啊，【莫非】想赖掉？乘不起就别乘，自己跑回来。”（韩寒《三重门》）

(7) 难道他老了？（北京人的自述）

(8) 当初梁粹君就栽在上海“夜不眠”，莫非这黑店生意兴隆又开了分店？（韩寒《三重门》）

(5)—(8)这几例，实际上都不需要对方回答，例(5)(6)两句（句中【 】原文没有的，表示这里可以添加反诘副词，那么就变成典型反问句），发问人自已的后续句就明确显示了自己持否定的态度，可见事实上已经接近于反问句了。例(7)(8)本来就已经使用了“难道”等表示反诘副词，更显示了说话人的否定的态度，显然已是反问句了。可见，是非问中，最容易变为反问句的就是“语调是非问”。

而且，正因为发问人持否定态度，在话语里往往会有贬义的讽刺词语或句子夹杂其间。例如：

(9) 读书就为钱，我现在目的达到了，还读个屁书？(韩寒《三重门》)

(10) 你听说了吗，四班里一个女的考不好自杀了，你不知道？真是消息封闭，你在深山老林里啊！(韩寒《三重门》)

2. 相比较而言，“吗”字是非问的怀疑是真的不知道、不明白，属于求知性的。“吗”字是非问，单独时很难理解为反问句，往往需要加上“难道”等反诘语气副词才可以构成，试比较：

(11) a. 这种追求难道是一件值得别人同情的事吗？

b. 这种追求是一件值得别人同情的事吗？

(12) a. 如今吕不韦难道会放过你吗？

b. 如今吕不韦会放过你吗？

(13) a. 如果我们向齐王进攻，岂不是帮助吕氏叛乱吗？

b. 如果我们向齐王进攻，是帮助吕氏叛乱吗？

以上三例“吗”字是非问，如果去掉反诘副词“难道”等，就变成一般的是非问了，除非在口语里，使用特别的语气，重音落在“是”“会”“是”上面。

需要注意的是，如果是否定形式的语调是非句，这样的反问语气就更加强烈，惊讶、不可思议的意味更加浓郁。例如：

(14) 你没看见现在杂志上这么这么多的交笔友启事？(韩寒《三重门》)

(15) 这不就等于罚了一份书钱？(北京人的自述)

同样，否定形式的“吗”字是非问，也很容易构成反问句，即使没有“难道”等副词的帮助。例如：

(16) 你不是挺高兴吗？这次怎么了？(韩寒《三重门》)

(17) 不是四年一回探亲假吗？(北京人的自述)

可见，“语调是非问”不论否定形式还是肯定形式都非常容易变成反问句，因为从不解的怀疑到否定，往往只是程度略微加强即可。而“吗”字是非问往往只有否定格式才比较容易变成反问句，因为肯定形式的询问是常规格式，好像是出乎意料的，表达的是非常怀疑。试比较：

(18) 今天是星期三吗？(自拟)

(19) 今天不是星期三吗？(自拟)

例(18)是常用的肯定句式，属于无标记类型，语调平和，一般性询问求答，如果要变成反问句，必须有另外的形式标记，包括口语上的重读、书面上的反诘副词"难道"等。例(19)是否定句式，属于有标记类型，所以就比较容易构成反问句。

"啊"字是非问情况介于语调是非问跟"吗"字是非问之间，由于语气词"啊"带有惊讶的意味，更加接近于反问，但是如果添加反诘副词或句子重音，那就特别容易构成反问句。试比较带或者不带"难道"的"啊"字是非问句，就能够体会出其中的差别：

(20) a. 这是唱啊？(曹禺《曹禺选集》)

b. 难道这是唱啊？

(21) a. 噢，我就该一辈子趴在椅子上改作业啊？(北京人的自述)

b. 噢，难道我就该一辈子趴在椅子上改作业啊？

3. 至于"吧"字是非问根本不存在反问的语义基础，即使加上语调、重音，也无法转化为反问句。如果硬要添加"难道"等副词，问句更加无法成立。例如：

(22) a. 这儿大多数是临时工吧？(白文渊《1982 年北京话调查资料》)

b. *这儿大多数岂不是临时工吧？

(23) a. 您在北京住了好几代了吧？(何秀珍《1982 年北京话调查资料》)

b. *您在北京难道住了好几代了吧？

否定形式的"吧"字句也无法构成反问句，因为发问人既然基本知道否定性答案，只是要求对方予以证实，当然也跟"反问"的否定性语义倾向是不匹配的。例如：

(24) a. 他不敢打你吧？(李英良《1982 年北京话调查资料》)

b. *难道他不敢打你吧？

(25) a. 你可满意了吧？(《佛法概要》)

b. *你岂不是可满意了吧？

总之，在是非问句中，语调是非问是最容易转化为反问句的，“啊”字是非问以及“吗”字是非问可以有条件地不同程度的转化，只有“吧”字是非问是绝对不能转化为反问句的。是非问变为反问句，最容易的办法就是添加反诘副词“难道”“岂不”“何必”；其次则是句子重音，如落在能愿动词或判断动词上面；再次则是否定句构成的是非问。可见，反诘副词、句子重音以及否定式是是非问转化为反问句的形式标志。

二、特指问与反问句的转化关系

特指问的疑惑是真的不知道，疑问词是疑问的焦点。问题是这个疑惑跟询问是紧密结合在一起的，既有疑惑，也是询问，要求对方明确地给以回答。因此，特指问构成的反问句就不可避免地有其自身的特点：

1. 对特指问来说，要理解为反问句有一定的难度，因为特指问的疑问代词代表的是未知信息，是个传递疑问信息的强式标记，人们在识别时特别容易理解为对方希望获得某种答案。因此，上下文语境对特指疑问句构成的反问句有重要的制约作用。比如：

(1) a. 谁要钞票？

b. 谁要钞票？要现大洋！（老舍《老舍剧作选》）

(2) a. 吃什么呢？

b. 我不弄点钱来，吃什么呢？（老舍《老舍剧作选》）

比较例(1)例(2)的 ab 两个问句，a 句都是普普通通的特指问句，b 句补出上下文，就清楚地看出这两句其实都是反问句。这类反问句跟一般的特指问在形式上没有任何区别，这时就必须依赖于上下文语境，否则很难作出准确的判断。再如：

(3) (个体，)谁给你党票？（北京人的自述）

(4) (都快到更年期了，)嫁什么人呢？（北京人的自述）

(5) (她没有说，)你们怎么知道她要嫁人呢？（曹禺《曹禺选集》）

(6) (因为性生活不协调的，)你知道有多少？（北京人的自述）

(7) (四凤在这里又没事，)我为什么不带她走？（曹禺《曹禺选集》）

(8) 我上哪儿去？（我不认识人，我没有钱。）（曹禺《曹禺选集》）

以上例句孤立地看，都是一般的特指问句；联系上下文，这些特指疑问句都是反问句，对特指问转化来的反问句，语境是至关紧要的，上下文制约了常规特指问与特指反问句的对立。

其次是必须密切联系语音情况，尤其是重音所在点。如果重音落在特指问的疑问代词上，则为常规特指问；如果不落在疑问代词上，或者重音超强，则可能就是反问句。例如：

(9) 谁让你走的？

(10) 你怕什么？

由于常规特指问的疑问代词属于疑问信息的焦点所在，因此重音必然落在这一疑问代词上。一旦重音移动，不在疑问代词上，句子的焦点就会转移，这标志着反问句的形成。例(10)如果重音落在“什么”上，是真性问；如果落在“怕”或者“你”上面，就是反问句。此外，超强重音也是反问句的一个重要标记。比如，“谁”或者“什么”特别重读，就是反诘问句。需要指出的是，反诘副词在特指疑问句的转化中不起作用，换言之，特指疑问句不能添加反诘副词。例如：

*(11) 难道谁让你走的？

*(12) 难道你怕什么？

例(11)根本不能成立。例(12)似乎可以成立，但是这里的“什么”显然不是疑问用法，而是特殊用法，属于疑问代词的虚指，回答必须是“是”或者“不是”。

2. 由疑问代词虚用构成的问句，表面上好像也是特指问，其实不然。换言之，句中的疑问代词属于任指、虚指等，并不承担任何疑问信息。例如：

(13) 十五六岁的人逃犯……谁不嫌丢人？(北京人的自述)

(14) 大家不怕，我怕什么？(北京人的自述)

(15) 您看，哪个不说她年轻，好看？(曹禺《曹禺选集》)

(16) 我骗你干吗？(老舍《老舍剧作选》)

(17) 可是吃不上饭，怎么教书呢？(老舍《老舍剧作选》)

(18) 在那里，劳改的，判刑的，什么人没有？(北京人的自述)

应该承认，疑问代词构成的特指问转化为反问句还是很方便的，也是很普通的。尤其是在某些条件下。例如句中带有能愿动词“敢、肯、会、能”等，或者否定句式，句中带有否定词“不、没、别”。例如：

(19) 奇怪,怎么这个地方会有鸡叫?(曹禺《曹禺选集》)

(20) 连公民权都还没有就成了阶级斗争的对象,谁不怕?(北京人的自述)

要注意的是,特指问常常构成混合型的反问句,换言之,既具有一般问句的询问含义,也可以理解为表示否定语用倾向的反问句。这样,就显得反问的语义不那么强烈,口气比较和缓,同时,也可以让对方有解释申辩的余地。例如:

(21) 太太,怎么您下楼来啦?我正要把茶送上去呢!(曹禺《曹禺选集》)

(22) 什么都改良,为什么钱不跟着改良呢?(老舍《老舍剧作选》)

(23) 有人又怎么样?住在这个对方还怕人?(曹禺《曹禺选集》)

(24) 义务劳动,种种树有什么不好?(北京人的自述)

例(21)"怎么您下楼来啦?"的意思是你不应该下楼来,但是似乎也可以理解为询问下楼的原因。例(22)"为什么钱不跟着改良呢?"的意思是钱也应该改良,都是也可以理解为询问不改良的缘由。这类反问句兼具询问句的特色,可以看作混合型的疑问句,这样,就显得反问的语气不那么强烈,口气比较和缓;同时,也可以让对方有解释申辩的余地。所以,鉴别是不是属于反问句,必须借助于上下文语境。至于简略特指问句,例如"人呢?""他不去呢?"绝对不能转化为反问句。因为本身已经确有所问,只是省略了疑问代词。

总之,疑问代词虚用的问句,由于疑问代词并不承担疑问信息,所以,这类问句一定是反问句。一般的特指问句构成反问句,往往是混合型的,句中如果带有能愿动词"敢、肯、会、能"或者否定词语,比较容易构成反问句。简略特指问句则绝对不能构成反问句。

三、选择问、正反问与反问句的转化关系

(一) 选择问与反诘问

选择问变化为反问句,相对地说比较困难。因为选择项的存在,与只是否定其中某一项,形成语义上的悖论。这就要求我们不仅要结合语境,而且更要结合说话者的主观意愿倾向。

1. 选择问由并列几项构成,一般的选择问要求对方从中选择一项进

行回答。这类问句转化为反问句比较困难,因为既然出现的并列项是供对方选择的,本身就隐含着希望对方选择一项(肯定)而舍弃另一项或几项(否定)。因此,选择问构成的反问句,其真实含义也可能是否定其中一项而肯定另外一项。例如:

(1) 是我挤对他,还是他挤对我?(陈建功、赵大年《皇城根》)

(2) 到底个人事大?还是天下事大?(郭沫若《郭沫若选集》)

(3) 要是我去了,人家是看新娘子还是看我呀?(北京人的自述)

(4) 看看还是我对?还是把女儿关在家里对?(曹禺《曹禺选集》)

(1)(2)是否定前项肯定后项,(3)(4)是肯定前项否定后项。其语义倾向必须结合上下文语境以及说话人的主观意图才能确定,离开了语境和主观意愿,我们无法确认否定项和肯定项。

2. 在语言交际中,选择问的若干项也可能全部否定而另有他选。例如:

(5) 问:你打算去上海,还是去广州?

答:都不去,我去北京。

正因为如此,选择问转化为反问句,更为常见的是对全部选择项进行否定。例如:

(6) 看看咱们这个对方,是有个干净的厕所?还是有条干净的道儿?(老舍《老舍剧作选》)

(7) 我跟你是亲戚,是老朋友?还是我欠你的?(曹禺《曹禺选集》)

由于这种反问句的形式跟一般选择问没有区别,所以更为依赖于上下文的语境以及说话者的态度,问句前后往往需要出现表态性的词语或句子。比如例(8)的反诘问"这么碰不起",例(9)的否定语"没有"。例如:

(8) 咳!这个通知,是面做的?泥捏的?这么碰不起?(沙叶新剧作选)

(9) 她欺行霸市了?危害四邻了?偷鸡摸狗了?贪污盗窃了?杀人放火了?没有。(红尘)

(二) 正反问与反诘问

正反问的并列两项恰好是肯定项与否定项,构成两歧格式,转化为反问句特别不易,在语义理解时,往往不好把握,正如吕叔湘(1944)所指出的:"两歧的形式,反诘的语气不显。"有时可能是肯定前面的肯定项,从而否定后面的否定项。例如:

(10) 可他是个老人是不是？得孝敬……(北京人的自述)

(11) 全不懂，全不会，可悲不可悲？(北京人的自述)

有时则可能是否定前面的肯定项，从而肯定后面的否定项。例如：

(12) 全世界找得到这样的政府找不到(老舍《老舍剧作选》)

(13) 这价码要是传出去，在这穴头儿还当不当？(陈建功、赵大年《皇城根》)

显然，这里的语义倾向必须结合语境以及说话者的心理与认知才能够准确把握。

总之，疑问句的结构类型跟反问句存在着复杂的转化关系："吧"字是非问与"特指简略问"是绝对不能转化为反问句的；其他大多数都可以转化为反问句，只是出现的频率不同，反诘的程度不同，转化的难易度不同，对语境以及说话者的主观态度的依赖性不同。因此，当我们需要准确鉴别并且理解反问句时，反问句的结构类型、形式标记、语境制约就显得特别重要。从转化为反问句的角度看，语调是非问最容易，其次是疑问代词虚用的疑问句、"啊"字"吗"字语气词是非问，再次是特指问句，最后才是选择问句以及正反问句。

四、反问句的特殊功能意义

反问句的主要功能在于表示否定义，这一点当然极为重要，但只是触及表层语义。我们还必须进一步了解使用反问句跟直接否定句有何区别，为什么在否定之外还有一个反问，换言之，它的核心交际功能到底是什么？

首先来观察一下反问句在不同语境中表示的不同的语用意义。大致可以分为三个层次六种类型：

第一层次，否定度比较弱，表示困惑或者申辩。主要有两种意义：

1. 困惑意义。对所议论评述的对象、事件不能理解，不可思议，心底里认为这是不应该也不可能发生的，以反问来表达自己的否定性倾向，反问语气比较舒缓。例如：

(1) 什么都改良，为什么钱不跟着改良呢？(老舍《老舍剧作选》)

(2) 奇怪，怎么这个地方会有鸡叫？(曹禺《曹禺选集》)

2. 申辩意义。往往是对对方的话语表示不以为然，认为不应该这样要求，多数是下属对上级，晚辈对长辈的口吻，因此反问语气比较客气。例如：

(3) 太太，不是您吩咐过，叫我回去睡吗？（曹禺《曹禺选集》）

(4) 我给谁提意见啊？这儿的副经理都是资本家……（老舍《老舍剧作选》）

第二层次，表示提醒或催促，否定度中等。主要有两种意义：

1. 提醒意义。对方本应该记住，或者知道，但没有做到，说话者表示某种不满，用反问表示提醒，希望对方加以注意。反问语气比较平稳。例如：

(5) 你没看见这儿有客么？（曹禺《曹禺选集》）

(6) 他不是土匪头子吗？（老舍《老舍剧作选》）

2. 催促意义。对方本应该实施某种行为却没有去做，致使说话者感到不满，用反问催促对方马上实施该行为，反问语气比较急促。例如：

(7) 糊涂东西，你还不跑？（曹禺《曹禺选集》）

(8) 叫你上学，你怎么还不去呀？（老舍《老舍剧作选》）

第三层次，表示埋怨或反驳，否定度相当强。主要有两种意义：

1. 埋怨意义。对对方的言行或发生的事情表示极为不满，有埋怨、责备、批评的口吻，反问语气比较强烈，可以对人，也可以对己。例如：

(9) 看谁叫你跳了行，改唱戏了呢？（老舍《老舍剧作选》）

(10) 嘿！怎么这些事都出在我家里呢？（老舍《老舍剧作选》）

2. 反驳意义。对对方言行表示强烈不满，甚至于可以达到愤怒的程度，针锋相对地提出不同看法，反问语气相当激烈。例如：

(11) 谁说我要吃药？（曹禺《曹禺选集》）

(12) 有人又怎么样？住在这个地方还怕人？（曹禺《曹禺选集》）

综上所述，反问在不同的语境中有不同的功能，反诘的程度也是有差异的，从最温和的困惑、申辩，到中等语气的提醒、催促，直到语气比较强烈的埋怨和反驳，逐步提升，因而适用于不同的对象和不同的场景。

其次，我们关心的是反问句的核心功能到底是什么？否定之外，还有反问，这起码说明反问实际上跟否定绝对不是等价的。反问，是利用询问的形式表达说话人的否定性倾向，这没有问题。但要真正理解反问句的特点，必须结合说话者的心理与认知，即问一问为什么要使用反问这一句法手段。

第一，反问不是简单地表示否定，而是对交际对方、所评述或议论的对象、话题显示某种不满或反感的情绪，是说话人心理上的一种宣泄，包括沮丧、埋怨、气愤、讽刺、鄙视、斥责、反驳、厌恶、憎恨等。

第二，彰显说话者与众不同的"个性"。以询问作为方式，实际上是表达自己否定的意图，这是一种话语策略，也是交际手段多样化的表现之一，由于语气、语调、重音的多变，比较容易彰显自己的独特的个性。

第三，传递说话者对听者的一种"约束"力量。尽管反问并不需要对方真的回答，但是这一问实际上就包含了对对方的一种约束力，具有强制、规约作用，显示出言语的控制力，导致对方不得不认真应对，并且倾向于强制认同。

正因为反问句还具有如此丰富多变的特殊功能，所以反问这一交际手段才能够如此盛行，与否定相辅相成。更确切地说，是对否定的一种强有力的补充，是用询问的手段显示说话者的否定性倾向，同时又为进一步的交际留有一定的回旋余地。

参考文献

常玉钟　1992　试析反问句的语用含义，《汉语学习》第5期。

郭继懋　1997　反问句的语义语用特点，《中国语文》第2期。

胡孝斌　1999　反问句的话语制约因素，《世界汉语教学》第1期。

刘松汉　1989　反问句新探，《南京师范大学学报》第1期。

刘松江　1993　反问句的交际作用，《语言教学与研究》第2期。

吕叔湘　1982　《中国文法要略》，商务印书馆。

邵敬敏　1996　《现代汉语疑问句研究》，华东师范大学出版社。

邵敬敏　1996　现代汉语正反问研究，《汉语言文化研究》第4期，天津人民出版社。

许皓光　1985　试谈反问句语义形成的诸因素，《辽宁大学学报》第3期。

殷树林　2009　《现代汉语反问句研究》，黑龙江大学出版社。

于根元　1984　反问句的性质和作用，《中国语文》第6期。

本文得到国家社科基金项目“汉语虚词词典编撰的方法论创新及其实践研究”(12BYY101)资助，并在“承继与拓新：汉语言文字学国际研讨会”(香港中文大学，2012 年)上宣读。

（原载《汉语学习》2013 年第 4 期，人大复印资料 2013 年第 8 期全文转载）

特指是非双层问句的功能及其话语策略

一、疑问句的结构类型与功能类型

疑问句是实践语法研究三个平面的最佳窗口，它囊括了句法结构、语法意义以及交际功能这三个方面的内涵，问题在于我们如何理解这三个平面及其相互关系。

疑问句可以根据不同的标准进行分类，我们在《现代汉语疑问句研究》(增订本)一书中，把现代汉语疑问句首先分为两大类型：结构类型与功能类型。结构类型以疑问句的结构特征为标准进行区分，汉语语法学界的主流看法是分为四类：是非问、特指问、选择问和正反问。区分的依据主要是形式特征：1. 有无疑问代词？2. 各自可以携带什么样的疑问语气词？3. 有无正反结构或并列结构承担疑问信息？4. 语调是升还是降？一般地说，根据这样的特征就足以鉴别这些结构类型了，因此几乎没有什么争议。

每种不同的结构类型当然会有不同的语法意义，比如：是非问主要针对某个命题进行单项是非选择；正反问是在正反两项之间进行双项是否选择；选择问是在两个以上选项里进行选择；特指问则是在某个范围内不确定的选项中进行选择。因此，我们认为疑问句背后的认知机制，从本质上讲，就是“选择”。疑问句的结构类型体现的是不同选择的形式标记。可见，关键之处在于这样的选择意义是跟结构特征紧密结合在一起的，可以说，两者相互匹配，合二为一。但是，我们以往的分析往往只注意它们显而易见的结构特征及其意义，而不大关注隐藏在其背后的功能特点，尤其在结构主义语法理论盛行的年代。

疑问句的功能类型，其实主要指的是疑问句在交际过程中显现的功能特点。我们比较关注的疑问句功能类型主要是：附加问、回声问、反问、设问等。决定这些交际功能的不是其结构特征，换言之，相同的结构类型既可能有相同的功能，也可能有不同的功能。反言之，不同的结构类型可能具有相同的功能特点，而相同的结构类型可能有不同的功能特点。

二、疑问句交际功能类型的特殊品种

按照现代汉语疑问句的结构分类，是非问与特指问是属于对立的两大类型。换言之，如果是特指问句，就不可能属于是非问句，反之亦然。它们起码有以下四点区别：

1. 疑问焦点不同：特指问的疑问焦点就是那个疑问代词。即使是特指问的简略格式，也有隐含的疑问代词焦点。至于是非问的疑问焦点是有争议的，吕叔湘(1982)认为整个问句就是疑问焦点，林裕文(1985)则认为没有疑问焦点。我们支持吕叔湘的观点，即使这样，这两类疑问句的疑问焦点也是对立的。

2. 疑问信息承担者不同：特指问的疑问信息主要由疑问代词承担，语气词以及语调只起到辅助作用。是非问句则由疑问语气词或者表示疑问的升调来承担。

3. 语气词不同：特指问主要用“呢”，也可以用“啊”，但是不能用“吗”；是非问则主要用“吗”，也可以用“吧”或者“啊”，但是不能用“呢”。(邵敬敏，1989)

4. 回答针对性不同。一般情况下(对方遵循合作原则的话)，特指问要求对方针对疑问词进行回答；是非问则只要求针对肯定或者否定(是/对/行；不是/不对/不行)来回答。

这两类疑问句的区别性特征是比较清楚的。但是，我们发现有一类特殊的问句，无法直接归为是非问句或者特指问句，但是兼有是非问句的特征(带疑问语气词“吗”)以及特指问句的特征(带有疑问代词“什么”等)。例如：

(1) 你有什么瞒着我吗？

(2) 你们知道乘客中哪位是医生么？

这类句子从结构特点来看，兼有是非问与特指问的某些特征，但是显然不能简单地归为特指问或者是非问。从功能看，兼有是非选择与特指选择。而且在交际中，还具有其他的特殊功能。换言之，这不应该属于疑问句的典型结构类型，是一种特殊的混合型的结构类型，而且从功能角度看，也是一种与众不同的功能类型，有其独到的功能意义，是由语境决定的运用话语策略的一种特殊类型。

三、是非特指双层问的特殊功能

对这类特殊疑问句，前人主要还是从结构上进行了解释：吕叔湘(1982)认为“特指问句后头，如果用‘吗’，就把疑问点移动了……从特指问变成是非问”。可见，吕先生的意思，这样的疑问句应该看作是非问，因为贯穿全句的疑问语气词毕竟还是“吗”。邢福义(1987)对此进行了比较深入的论述，他基本同意吕叔湘的看法，并且予以修正和完善，进一步指出，这种问句既问是非又问特指，是一种二重性特殊疑问句，故而命名为“特指性是非问”。

我们比较倾向于邢福义的看法，但是不主张是二重性的，因为二重性是指事物本身所固有的互相矛盾的两种属性，即一种事物同时具有两种互相对立的性质。如商品，一方面它有使用价值，另一方面它有价值。(《现代汉语词典》(第六版))也可以说二重性具有双面性，两者的地位是平等的、并行的。但是问题在于，在这样的疑问句里，问是非与问特指，两者的地位并非均衡平等的。因此，我们认为“二重性”这一解释是不够准确的。与其说是二重性，不如说是主次包孕性的。换言之，“是非问”仅仅是引导，是一个包装，而“特指问”才是实质，才是关键，因此这应该是“是非特指双层问”，简称“双层问”。

换言之，是非问与特指问的地位不是平等的，而是主次分明的。我们在下面的实例中也可以清楚地感觉出来，因为仅仅针对是非问的回答显然是不能满足对方询问的真实目的，只有针对特指问的回答才是符合询问者企望的。因此，这不是一般的结构类型能够解决的问题，而应该从功能特点上去分析，才能得出恰当的结论。比如：

(1) 你有什么需要我帮忙吗？

如果是否定性回答，那还比较简单，例如：

(1A) 哦,不需要。谢谢!

但如果是肯定性回答,则可能有三种不同的回答,或者是是非简答 1B,或者是针对性回答 1C,当然也可以是两者结合起来的回答 D(B+C):

(1B) 是的。

(1C) 你借我十块钱好吗?

(1D) 是的。你借我十块钱好吗?

回答尽管可能是多种类型的,但是,(1C)与(1D)是比较好的,(1B)则显然是没有完全达到交际的目的。我们在“北京大学 CCL 语料库”里发现了有趣的实例:

(2) 我们学校和美国一所高中是友好学校,最近他们要来我们学校做交流活动,我们准备了一台民族服饰走秀,衣服借到了……傣族朝鲜族什么的都有,但是我们觉得这个节目面对老外可能趣味性少了一些。请问大家在互动或者创新方面有什么好的建议么?(百度,2009-03-06)

在该实例中,具体回答有好几种,除了一个最为简单的否定回答“没有”,其他 4 个正面回答都比较详细,都是针对性的。例如:

A. 关键看你们的成员会什么。比如民族舞,英语相声(穿上长袍拿折扇,可讲述中国人在外国的趣事,绕口令和唱腔就算了,他们听不懂,找些小笑话串进去),都可以拿来表演。上纲上线地讲一句,为国争光啊,呵呵。

B. 我认为应该演一些少数民族的神话或一些民间故事,民族歌舞呀,再让老外自己也上台表演,增加趣味性。

C. 我认为可以穿上民族服装进行现代版的演出,就是不要专注于传统的节目,而是加入流行元素。例如京剧、脱口秀、换成英语讲台词等。

D. 别光走秀,主要是要加上互动环节。比如让他们猜这是什么民族的服装啊,找个人上来一起表演民族结婚啊对歌啊求爱啊什么的(比较有噱头的)环节,加个民族歌舞(邀请他们一起来学着跳)啊,之类的。总而言之就是互动,让大家都参与,把气氛搞热闹点。

显然,这样的问句实际上是双层问句,由外层问与内层问构成。外层是是非问,内层是特指问。表面上只要听话者回答第一问句,实际上要求回答第二问句。所以，只是针对第一问的回答是信息欠缺的，只有针对第二问的回答才是符合交际需求的，而且实际上也包含了第一层的回答。当然，针对双层询问的双重回答则是比较全面的，但缺点是稍微累赘了一些。这样的例句可以说比比皆是(以下例句摘自北京大学语料库或北京语言大学语料库，分别标记 CCL 或 BCC)。例如：

(3) 老人问我："你知道她是谁吗?"我当然知道。我一看照片就认出是李宁玉。(CCL)

(4) 你知道怎么办吗? 做这种事，不能操之过急，不能一头栽进悲剧里去。(CCL)

四、是非特指双层问的内部类型

邢福义(1987)对该句类进行过比较深入的研究。他的主要观点归纳起来有三点：

第一点，邢先生认为，构成该类疑问句的基本形式有四种："有"字式、"想"字式、"能"字式、V 过/了式。

"有、想、能"确实出现频率比较高，但是实际上并不仅仅就这么几个动词。我们根据实际语料考察，应该有三种情况：

(一) V_1，由能够构成兼语句的动词组成。包括"有、是、派、请、叫、让"等，当然也可以直接带名词性宾语。例如：

(1) 是要请哪位姑娘、奶奶么? (BCC)

(2) 今天临别，您有什么好主意告诉我吗? (CCL)

(3) 你教我请谁么? (BCC)

(二) V_2，由能带谓词性宾语的动词构成。主要是意愿类动词"想、猜、希望、愿意、打算、计划"与认知类动词"知道、晓得、了解、清楚"等。例如：

(4) 你希望他们哪位来帮助你们吗?

(5) 你想知道他们是谁吗?

(6) 你们了解大家怎么帮助你们吗?

(三) V3，由一般的动作动词构成，如"问、看、关、吃"等，经常带"过、了、着"。例如：

(7) 你问过什么地方最好玩吗?

(8) 你们看到里面有谁吗?

(9) 里面关着谁吗?

由于语料库里的例句绝大多数是书面语的,所以找到这样的句子不太容易,但是,我们的口语里还是经常使用的,而且我们的语感也觉得这样的问句应该没有问题。

第二点,邢先生认为,该疑问句只能是肯定形式,不能是否定形式。

这一点也是可以商榷的。因为,我们发现否定形式也可以构成该类疑问句,不过疑问语气词应该是"吧",而不是"吗",表示的是估测义。例如:

(10) 小妹妹,你没有什么事吧?

(11) 你们没有谁吃过吧?

(12) 我们不能带什么礼物吧?

换言之,带语气词"吧"的疑问句是咨询性的,口气比较缓和,如果回答是否定的,似乎其中的疑问代词就不起作用了;但是如果回答是肯定的,那么显然对其中的疑问代词是有所指的。比如例句(10)的肯定性回答就可能是:当然有事,我肚子疼。关键是这样的疑问句不能带上语气词"吗",因为如果否定形式再带上语气词"吗",就构成反问句了。

第三点,邢先生认为,该疑问句区别于"接引性是非问"以及"探测性是非问"。

这个分析,我们同意一半。前者"接引性是非问"就是通常说的"回声问",当然不属于该类疑问句,比如:

(13) 甲:你在吃什么?

乙:(没听清楚)你是在问,你在吃什么吗?

鉴别标准就是,在整个疑问句之前,可以添加;"你是在问/说……吗?"

至于所谓的"探测性是非问",主要由"知道、了解、清楚、明白"等动词构成。例如:

(14) 知道哪儿有卖任溶溶的诗集吗?(CCL)

(15) 听清这两人是谁了吗?(CCL)

(16) 你了解这是谁干的吗?

这应该也是属于"是非特指双层问",因为它符合几个标准:

第一，形式特征完全符合。既有疑问代词，也有疑问语气词“吗”。

第二，句子可以分析为双层结构，由外层是非问句与内层特指问句双层而成。

第三，回答也可以分为两层。

五、“是非特指双层问”的焦点分析

如果我们从焦点分布的角度来观察，也可以得出一些有趣的结论。焦点可以分为表层焦点与深层焦点、句法焦点与语用焦点、主要焦点与次要焦点。事实上，是非特指双层问的焦点就同时具备了这两种焦点。例如：

(1) 于开怀静静地问：“你要找什么吗？”

方纤慢慢地回过身：“没什么，找一本书！”（万方《献给爱丽丝》）

“没什么”说的是“没有什么重要的”，这是针对句法焦点与外层焦点的，但他明显是理解对方真实意图是在问“你在找什么？”所以接着就针对内层焦点回答：“找一本书！”这才是核心焦点和语用焦点。可见外层焦点仅仅是次要焦点，内层焦点才是主要焦点。只有针对主要焦点作出了回答，这一问答话轮才是完整的，问话人的交际需求才得到了满足。

这类问句最常见的格式是出现在“你知道/了解/清楚/记得……吗？”例如：

(2) 你知道哪儿有吗？

(3) 你了解这是谁干的吗？

(4) 哪位前辈还能记得曾问过什么问题吗？

显然，仅仅回答“是/不是”“有/没有”是不可能满足问话人的需求的。如果仅仅如此，问话人必然会再次发问。这更可以证明，外层询问不是主要的，而内层询问才是关键。而且更多的时候是针对内层焦点直接进行回答。例如：

(5) 你知道为什么吗？小明回答道：可能是因为小阳手里还拿着斧头。(BCC)

(6) “你知道他一刀杀死过几个人？”卓玉贞道“两个？三个？五个？”(BCC)

但是要注意，如果疑问代词确实属于虚指用法，尤其是遍指用法，则不属于这类功能类型。（下面例句内在括号【 】里的词语原句没有，笔者添加的）。例如：

（7）真的【无论】谁都会这样做吗？

（8）不至于【无论】什么都拍吧。

（9）大概是因为他们已经不用再争【什么】什么了吧？

（10）这些地方肯定不会在乎【什么】什么北京户口的吧。

检测的方法很简便，第一，看疑问代词前面能不能添加“无论/不管”。第二，疑问代词重复多次而语义不变。第三，看肯定性的简单回答“是/有/对”是不是已经满足了对方的要求。如果满足，那句子里的疑问代词就是虚用，否则就是“特指性是非双层问句”。

六、“是非特指双层问”的话语策略

这类特指疑问句得以广泛使用，主要得益于其特殊的交际功能，以及背后特定的话语策略：

（一）这一用法形式简短而内涵丰富，一个疑问形式包含了双重疑问信息。试比较：

（1）你有建议要提出来吗？（是非问句）是的。

（2）你有什么建议要提出来呢？（特指问句）我看你最好马上出发。

（3）你有什么建议要提出来吗？（是非特指双层句）是的，我看你最好马上出发。

疑问句的疑问信息无疑就是句子的焦点：是非问句的疑问焦点是整个句子；而特指问句的疑问焦点则往往是其中的疑问代词。我们必须指出：这一双层疑问句第一层次的疑问焦点仅仅是外层的，相对比较次要；第二层次的疑问焦点是内层的，而且是主要的。这一点是可以证明的。因为，如果被询问者仅仅针对第一层次的焦点做出回答，询问者是不满意的，他还可能继续询问。而反之，如果针对第二层次作出回答，询问者就得到了满足，一般情况下，就到此为止，不必再问。

（二）这一混合疑问句式之所以会产生，并且得到广泛应用，关键是其话语策略的优势。

这一特殊疑问句里，是非问并非发问人真实的意图，这仅仅只是一个引子，一个先导，一个铺垫。换言之，询问者真实的交际意图，并非希望对方仅仅就这一是非问来进行回答，重要的是隐藏在背后的更为关键的是：你到底需要什么？因此，这是一个双层型疑问句。其话语策略表现为：

1. 礼貌策略。该问句是一种十分有礼貌而且很友好的问法。我们去香港的商店购物，常常碰到售货小姐问道："有什么可以帮助你的吗?"这样的问句通常给人的感觉是亲切友好，而且并不唐突，这符合话语交际礼貌原则中的慷慨准则，让被询问人感到亲切、友善、温馨、礼貌。考虑到对方进商店实际上有两种可能性：如果想购买，自然会针对性回答；但还有另外一种可能只是随便看看，并不一定有明确的购物目标，如果直截了当询问："你想买点什么呢?"显得唐突无礼，而这一询问就比较留有余地。

2. 经济策略。话语交际要尽可能地用比较少的词语来表达尽可能丰富的意义，因此在不妨碍理解的前提下，采取比较经济的简略形式，显然是明智的抉择。直接针对特指问的回答是在对是非问肯定的前提下继续的，因为，实际上这样的针对内层的回答就包含了针对外层的回答，这是一箭双雕的策略。当然，如果是否定的，就只需要针对外层回答了。

3. 灵活原则。这也是一种非常聪明的问法，为对方提供了一个两便的回答场景。如果简便回答，就只要针对是非问："是""不"或者"随便看看"，如果确有需要帮助的对方，就回答："是的，你可以把那双鞋子给我看看嘛?"这显然是为对方考虑的提问方法，既照顾了可能不需要购买的顾客的面子，也为确实有购买愿望的顾客提供了进一步服务的方便。这显然符合话语交际合作原则的数量准则与质量准则。

可见，这类特殊问句是适应话语交际的需求，讲究话语策略而产生的。因为这类"双层问"实际上包含了两个不同层次的问句：既满足一般问句的需求，也适应更进一层特定问句的需求，体现了彬彬有礼的"礼貌原则"、双重功能合为一体的"经济原则"与可进可退的"灵活原则"。

因此，我们主张，"双层问"应该归属于跟附加问、回声问、反问、设问等类似的功能类型。

七、双层疑问句形成的历史轨迹探讨

这类特殊的是非特指双层问到底是如何产生的？其历史演变的轨迹怎么样？根据我们观察到的历史语料，这类双层问大约在清代中期萌芽，起源于两类特殊的反问句。第一类反问句的特点是：1. 带语气词“吗”，属于是非问句；2. 句中出现“疑问代词”，但属于虚指用法；3. 常伴随着语气副词“难道”“莫非”“岂不”“还”等，带有推测义或诱导义。例如：

(1) 邓元吉说：“你还敢怎么样吗？”黄云说：“怎么样？不留你两个人！”（郭小亭《济公全传》）

(2) 秃丫头说：“你去还瞧什么呢？莫非还要偷谁吗？”忠良说：“你这个姑娘知道什么？这院内不大干净。”（《施公案》）

第二类反问句的谓语属于“认知性”动词，构成“你（你们）知道/晓得/认得/了解/清楚/发现＋疑问代词＋吗？”构式，这类反问句，发问人其实心中是有答案的，只是故意询问而已，因此常常能够自问自答：

(3) 你怎么不明白，你没发现今天这明军有多少吗？（齐秦野人《武宗逸史》）

(4) “嘿！乡下人，放着灯不逛怎么多管闲事呀？你知道这是谁吗？这是九贝勒爷府的阿哥爷弘涛。”（常杰淼《雍正剑侠图》）

(5) 你说后藤新平十几岁的时候干什么吗？他在福岛县县署里当底下人。（平江不肖生《留东外史》）

这类反问句的诱导义比较明显，因此被问人常常给出答案。例如：

(6) “金钗呀！皇上难道没交给你什么东西吗？”“噢，临行前，皇上告诉臣，有个金钗，不小心丢了。”（齐秦野人《武宗逸史》）

(7) “你等可知道这贼是哪里人氏？姓什么？叫什么吗？”那高通海说：“大人明鉴，那盗御马之贼留下诗句。”（贪梦道人《彭公案》）

(8) “你向她说了什么吗？”何达武嚷道：“我头上没有癞子，我刚进来，没说的十句话，怪我呢……”（平江不肖生《留东外史续集》）

反问本身实际上就包含有一定的诱导因素，所以从反问句到诱导句，在交际功能上看，是可以理解的。这时实际上已经开始具备了双层提问的询问机制。回答可能是双层回答，也可能是直接针对特指问回答。比如民国时期的《雍正剑侠图》里例句就不少，而且各种类型都已齐全，说明该类特殊双层问已经成型。例如：

(9) “朋友，你知道这两人是谁吗？”“知道。一个上岁数的老头，家住在山东东昌府巢父林侯家庄。”（常杰淼《雍正剑侠图》）

(10) “您知道谷老仙长的二师兄、三师兄是谁吗？”“我二师伯谈笑清居无极子尚道明，三师伯爱莲居士太乙剑客何道源。”（常杰淼《雍正剑侠图》）

(11) “嗷！好好好！你知道我是谁吗？”“哎哟！不知道您呐。”（常杰淼《雍正剑侠图》）

可见，开始时由于反问句的功能导向，这类问句往往心中自有答案，或者自问自答。由于谓语动词“知道/了解”等的诱导作用，加上助反问的语气副词的脱落，反诘语气开始弱化，其本身内含的诱导功能慢慢凸显，很快就演变成一种比较常用的具有特殊功能而且可能会有双层回答的疑问句了。

参考文献

林裕文 1985 谈疑问句，《中国语文》第2期。

吕叔湘 1982 《中国文法要略》，商务印书馆新1版。

邢福义 1987 现代汉语的特指性是非问，《语言教学与研究》第4期。

邵敬敏 1989 语气词“呢”在疑问句中的作用，《中国语文》第3期。

邵敬敏 2014 《现代汉语疑问句研究》（增订本），商务印书馆。

本文曾在“第八届现代汉语语法国际研讨会暨30周年庆典”（浙江大学，2015年10月）上宣读。获得中央高校基本科研业务费专项资金资助（暨南远航计划15JNYH002）。

（原载《语言教学与研究》2017年第1期，与王玲玲合作）

四、语法研究的理论探讨与战略思考

论汉语形容词重叠与变量的关系

大千世界主要由三类要素构成：事物与概念、动作与行为、性质与状态。语言与之相对应的则是名词、动词以及形容词，从而形成语言的主体词。这三类要素，或者有数量的多少，或者有程度的大小。这在语言表达上就构成了“量范畴”。

汉语表示“量”范畴可以采取多种手段，包括词汇手段和句法手段。重叠就是其中比较重要而且颇有特色的手段之一，其作用就在于“变量”。从词类角度讲，主要是三大类主体词动词、形容词和名词的重叠，此外还有量词的重叠。其中，动词的重叠，历来最引人注目，对此，我们曾经进行过论证（邵敬敏，2000），指出动词重叠变量的特点是兼有“少量”“轻量”与“短时”三大特色；单音节名词与量词的重叠，表示“全量”，比如“人人都是英雄汉”“个个都说普通话”；此外，还有一些特殊的重叠形式，例如名词性的 AABB（村村寨寨、瓶瓶罐罐）；动词性的 AABB（打打杀杀、磕磕碰碰）等。对此，我们也曾经做过专门的分析（邵敬敏，2001）。可见，重叠不仅是汉语语法的重要句法手段，也一直是汉语语法研究的热门话题。

形容词的重叠更是多姿多彩，包括 AA、AABB、ABAB、ABB，乃至于 A 里 AB 等特殊变式。我们最感兴趣的就是形容词为什么要重叠？即重叠式跟基式在语法意义上有什么差异？比如“大鼻子”与“大大的鼻子”，“漂亮的孩子”与“漂漂亮亮的孩子”，区别在哪里？“变量”是怎么变的？朝什么方向变量？有什么条件制约？本文重点分析性质形容词的变量，并且从方法论角度进行反思。

一、量范畴的内涵

"量"范畴,一直没有准确的定义。不过前贤提出过一些很有创意的见解,尤其是吕叔湘先生,他早就指出:"物件有数量,形状无数量",接着又特别提醒:"其实程度的差别就是数量的差别。"(吕叔湘,1944)根据我们的理解,这里起码有三层含义:第一,所谓的"量"可以分化为两大类:(1)"计数的量"指多少;(2)"程度的量"指轻重。第二,"计数量"与"程度量"是息息相通的,关键是针对哪一类词。第三,名词通常表现出来的是"计数量",形容词通常表现出来的是"程度量",而动词则兼有"计数量"与"程度量"。

汉语词的重叠主要作用是显示变量,一般认为,变量就可能两头变化,包括"增量"和"减量"(变大或变小;变重或变轻)。跟变量相对的是常量。在讨论变量之前,我们需要对"量"的概念进行一些必要的分析。

1."计数量"可以分为"定量"与"约量"。比如:

名词定量:一本书、三支军队

名词约量:一些书、几支军队

2."程度量"也可以分化为"借喻量"与"模糊量"。例如:

形容词借喻量:冰冷、雪白、蔚蓝、金黄

形容词模糊量:很冷、较白、最蓝、有点黄

3.动词的量既有"计数量",也有"程度量"。比如:

动词定量(计数量):去一次、打一拳

动词约量(计数量):去几回、打一会儿

动词借喻量(程度量):飞跑、熊抱

动词模糊量(程度量):比较同情(她)、很吃了几碗饭

二、客观量和主观量

汉语的重叠,既可以是构词手段,如"姐姐、爷爷、宝宝、娃娃、星星",也可以是句法手段,而且是比较有趣也很有表现力的句法手段。

我们研究的重点是分析形容词所显示的"变量",对其内涵进行分解,区分出不同层次、不同角度的"量"。在这些有关"量"的概念里,我们最感兴趣的是形容词的"潜在量"与"凸显量"、"客观量"与"主观量"。

形容词潜在量、客观量：高(楼)、大(碗)、干净(衣服)、漂亮(姑娘)

形容词凸显量、主观量：高高的(楼)、大大的(碗)、干干净净的(衣服)、漂漂亮亮的(姑娘)

所谓“潜在量”，实际上也是一种“常量”“客观量”，指的是根据使用该语言的社区、社团的人们认知水平和习惯看法给予的规定。通常性质形容词就是用来表述这样的“量”，包括“物量”和“动量”。前者是针对名词的，后者是针对动词的。比如：

物量：大房子、小铁锅、高学历、低水平/干净衣服、漂亮姑娘、灵活措施、丑恶面貌

动量：大吃一顿、高喊口号、狂叫一声、瞎蒙他们/彻底解决、坚决克服、认真研究、客观分析

作为形容词的基本式，也就是通常所说的性质形容词，显示的是一种客观量，要注意，客观量并不等于定量。客观量取决于该社区的共识；定量则是确定无疑的量。比如这里的形容词“大”“小”“高”“低”，是符合该语言使用社区共识的常规标准。其房子是“大”还是“小”，完全是大家具有共识的。换言之，这里形容词的选择是建立在该社区使用语言者认知共识基础上的。这里的“大”“小”都是相对的，比如同样都是“大”，大房子跟大铁锅和大鼻子相比较，其实际尺寸是完全不同的。即使尺寸不同，但是仍然都可以使用“大”来描述其量。但是，一旦变成了“大大的房子”“大大的铁锅”，那就不同了。那是个变量，是个主观量，体现说话人的一种主观性判断。当然，这里“大大的”也是建立在“大”的认识基础上的，但是问题的关键在于，是不是真的“大”并不要紧，要紧的是主观认识上是不是倾向于看作大。

物体如果符合一般常规情况，这在语言中处于默认状态，是无标记的。如在某一方面超出这一常规情况，就需要用“大”或“小”等来标示出来，与“大”一致或同向的有“高、深、宽、粗、老”等；与“小”一致或同向的有“低、浅、窄、细、嫩”等。以“大”为例，指在体积、面积、容量、数量、强度、时间等方面超过一般(常规量)或所比较对象(客观量)。例如：

(1) 吴莫愁吧，你妈妈真会生你，大嘴、大眼、大鼻子、大嗓门，真棒。(人民网，2013-01-26)

(2) 因此金刚石具有高硬度、高熔点、高绝缘性、化学稳定性、耐酸性等特点。

例(1)的“大嘴、大眼、大鼻子”是在面积、体积上超过一般;“大嗓门”是在强度上超过一般。至于一般是什么样子,则取决于百科知识与生活经验,即生活中见到的大多数人的“嘴、眼、鼻子”这些面部器官的绝对尺寸跟脸的比例;“嗓门”音量的高低程度也受制于日常听觉感受。例(2)的“高硬度、高熔点、高绝缘性”也是这样的道理。

而“凸显量”则是与“客观量”相对立的“主观量”,其关键是取决于人们的主观认识。它必然以客观量作为基础,但是增添了说话人主观的认知与倾向。例如:

(3) 大熊猫,小小的耳朵朝天翘。大大的头圆圆的脸,小小的尾巴朝天翘。戴着一对黑眼镜,身穿一件黑皮袄,脚穿两只黑皮鞋,走一走来翘三翘……(人民网,2006-07-13)

(4) 它耳朵小小的;毛短短的;身子圆圆的;是黑白色的,走起路来一扭一扭的,很可爱。(人民网,2005-11-01)

例(3)的“大大的头”跟“大头”比较,“圆圆的脸”跟“圆脸”比较,“小小的尾巴”跟“小尾巴”比较。显然“大头”是客观量,背后实际上存在着比较对象“常规量”:一是纵向比较本范畴内的其他成员。二是横向比较同类范畴的同类成员。量是超过还是没有达到一般?超过用“大”标记,没有达到用“小”标记。而“大”的重叠则显示出是主观化的标记,“大大的头”表示说话人主观性的判断,强调“头”看上去比较大的认识,是对这一客观超量的凸显。

主观量,强调的是一种主观性感受,实际情况并不一定就是完全这样的。比如“方方的脸”难道真的那么四四方方?“圆圆的脸”真的那么滚滚圆?其实不一定,只是显示心理上的主观感受。例如:

(5) 个子不高,却敦敦实实;方方的脸上长着一对亮晶晶的小眼睛。

(6) 我主人那没有血色、微榄色的脸,方方的大额角、宽阔乌黑的眉毛、深沉的眼睛、粗线条的五官、显得坚毅而有力。

(7) 第三人却是个十来岁的小孩子,圆圆的脸,圆圆的眼睛。

(8) 一个约4岁的男孩站在他身后,一对溜圆的大眼睛,圆圆的脸蛋。

潜在量尽管实际上有量，但是处于潜在位置，不特别明确显示这个量。凸显量是说话者有意使之处于显著位置，渲染这个量。在句法形式上，潜在量与名词的组合常常是黏合式的，即不需要借助于“的”而直接黏合；而凸显量则必须借助于结构助词“的”或者“地”来组合。例如：

(9) 父子俩，不论是鹅蛋的长脸，戴着眼镜的圆眼，还是大大的鼻子，如出一辙，唯一不同的是，儿子的眉毛可比老爸浓得多。（人民网，2009-07-31）

(10) 此时，他正为两位白人姑娘画像。画第一位夸张在鼻子，鼻子大大的，向前突起，尖端有点儿上翘，夸张而不失真；圆圆的脸，漂亮极了。（人民网，2012-03-27）

潜在量是指没有特别标明的量。如例(9)里的“鹅蛋的长脸”以及“戴着眼镜的圆眼”，那么这个“长脸”的“长”，到底有多长？“圆眼”的“圆”，到底有多圆？文中没说，那就是潜在量，不是没有量，而是没有说出来，存在于交际双方的共知背景里。

与潜在量相反，凸显量就是说话人有意识要强化的主观量。例(9)“鼻子”是要凸显的对象，“大大的”是要凸显的量，这里有了比较的对象，一是儿子与父亲比，但比较的结果是相同“如出一辙”；二是跟一般人相比，是“大大的”，超过一般人的“鼻子”体积，这是所要凸显的对象。例(10)“鼻子”是话题，“大大的”是陈述，而“圆圆的脸”则是进一步的评述，补充“大大的”给人的感受。

可见形容词基式显示的量有三个基本属性：客观量、潜在量、常规量；而形容词重叠的量则拥有相对应的另外三个特殊属性：主观量、凸显量、变化量。两者显然不同：前者是记叙性的，后者是描写性的。

三、形容词重叠的基本方式

汉语形容词的重叠应该说基本上有两种：

1. 语素分别重叠：A—AA；AB—AABB

单音节或双音节的性质形容词，重叠以后的结构，朱德熙命名为“状态形容词”。其实这已经不是一个词了，起码不是词汇词，只能叫作形容词的重叠式，或者叫“重叠语法词”。如果作为词汇词，任何词典都是不收的，而且每个形容词基本式的语义各不相同，但是重叠形式显示类似的语法意义与语法功能。例如：

大——大大　　　　高——高高

大方——大大方方　干净——干干净净

2. 词形整体重叠：AB—ABAB

双音节的状态形容词，可以整体重叠，却不能语素分别重叠，没有“AABB”的形式。例如：

冰冷——冰冷冰冷　＊冰冰冷冷

笔直——笔直笔直　＊笔笔直直

雪白——雪白雪白　＊雪雪白白

通红——通红通红　＊通通红红

“ABAB”应该是重复，因为在口语里，可以有三次以上的重复。如：

(1) 二凡脸通红通红通红(腾讯微博：金一凡，2013－08－17)

(2) 火热火热火热火热火热(白云二中吧，2012－07－24)

其实严格地说来，只是因为书面上需要节省篇幅，所以很少出现三次以上。而两次重复的高频使用，最终就语法化为“ABAB”重叠式。这是典型的由重复演变为重叠的情况。重叠虽然不同于重复，但是两者还是有一定的渊源关系的。两者的区别主要有三点：

第一，重复允许三次以上，如果只能两次，那就是重叠。有人说英语也有重叠，举的例是：gogo！那就很可笑了。因为汉语里其实这样的说法也很多，如“滚滚滚！”“去去去！”“走走走！”甚至于“结婚！结婚！结婚！”“吃饭！吃饭！吃饭！”显然这只是重复，而不是重叠。形容词的重复实际上很普遍，例如：

(3) 九在东方人心里是个吉祥的数字，他不画七只猫而画九只猫，妙妙妙。

(4) 白石老人把两道诗对照地看，连说：“好好好！都把我的画的虾写活了。”

(5) 他突然惊醒过来，睁开眼睛一看，面前站着一个小小小女孩子。

(6) 厉害厉害，你那么小会记得。

(7) “满意满意。”少妇拿出钱包给马青钞票。

第二，重复的每个词语语音形式是基本相同的，中间可以出现停顿，书面上有标点，而且绝对不能附带结构助词“的”；而重叠则语素间不能停顿，必须连读，后面的语素往往发生音变，或轻声，或一律阴平，而且往往附带结构助词“的”。比较：

(8) 好，好！——好好(的一本书)

(9) 高，高。——高高(的白杨树)

第三，重复只能加强语气，语法意义基本不变；重叠由于语法化了，语法意义也随即发生变化。重复不能反方向往减弱方向发展，而重叠则可能引起语法意义的双向变化，尤其是减弱的反方向的变化。

双音节性质形容词按照 ABAB 重复，由于跟双音节动词的重叠式 ABAB 同形式，也有类似与动词的用法。例如：

(10) 有很多先生都毕业了，要离开昆明，临走总得干净干净，来找文嫂洗衣服，拆被子的多了。

(11) 难道我们相互温暖一下，或者说是让我来温暖温暖你，一切就会好起来的吗？

(12) 我的血汗不能白流，我该歇下来舒服舒服。

(13) 今天我认了你这位弟弟，应该高兴高兴。

简而言之：重叠是语法现象，重复是语用现象，两者显然属于不同的性质，但是语法现象往往是语用现象演变而来的，两者有着千丝万缕的关系。区别开了重复与重叠，我们才有可能对重叠的语法现象进一步观察和分析。

四、形容词重叠的语法意义

朱德熙先生(1956)认为：形容词“原式单纯表示属性，重叠式同时还表示说话的人对于这种属性的主观评价。换句话说，它包含着说话人的感情在内”。这话说得极为到位，我们认为关键就是点出了这个“主观评价”。那么言下之意，形容词没有重叠的话，就应该是“客观量”了，这一点确实是朱先生的贡献，但是他还认为形容词重叠后所表示的语法意义有所不同，有的似乎增强了，有的似乎减弱了。比如：

状　语	补　语	定　语	谓　语
大大地请一次客	写得大大的贴在墙上	大大的眼睛	眼睛大大的
高高地挂了起来	挂得高高的	高高的个子	个子高高的
细细地看了一遍	碾得细细的	细细的枝子	枝子细细的

朱先生研究的结论是：句法位置决定了语法意义：

1. 在状语与补语位置上，“往往带着加重、强调的意味”。

2. 如果“在定语和谓语两种位置上的时候，完全重叠式不但没有加重、强调的意味，反而表示一种轻微的程度”。

简单来说，AA 式，有时表示加重的意味，有时则表示轻微的程度。两种语法意义是对立的，其决定因素在于 AA 充当什么句法成分。前者是“状语和补语”，后者是“定语和谓语”。可是这又是为什么呢？朱先生没有回答。

如果单就这几个例子来体会来比较，朱先生的分析以及结论似乎很有道理，以至于近几十年来没有人认真提出过质疑。那么事实及其规律是否真的这样呢？

首先，我们来观察北京大学 CCL 现代汉语语料库，以“大大的”为例，我们发现能够被“大大的”充当定语被修饰组合的词语，起码有五种类型：

1. 大大的＋眼睛、鼻子、耳朵、手掌、嘴巴/足球、鸟笼、蒲扇、窗户、照片

2. 大大的＋海洋、高原、庄园、中国、亚洲、世界

3. 大大的＋错误、折扣、好人、问号、冷门、希望

4. 大大的＋改善、帮助、发展、误会、鼓励、拥抱、欺骗、同情、冲击

5. 大大的＋惊喜、幸福、欢乐、高兴、沮丧

仔细揣摩后，我们发现，事实上只有第 1 行的例子似乎才符合朱先生所说的情况，好像带有轻微的意思，因为不管怎么样，“眼睛”也好，“足球”也好，事实上都不可能很大很大，换言之，绝对值不可能大，只是说话人感到比较大而已。因此，即使用“大大的”修饰或说明，在人们的心理上，也不可能造成真的很大的感觉，换言之，它只是主观上觉得大，并非客观上真的很大。其余 4 类则不然，无论 2“海洋”类名词、3“折扣”类名词、4“改

善"类动词、5"惊喜"类形容词，实际上都可能真的很大很大(数量大或程度大)。这说明在定语位置上，也完全可能是强调的意味。那么"大大的"作谓语，情况怎么样呢？比如：

6. 眼睛、鼻子、耳朵、手掌、嘴巴/足球、鸟笼、蒲扇、窗户、照片＋大大的

7. 海洋、高原、庄园、中国、亚洲、世界＋大大的

8. 错误、折扣、好人、问号、冷门、希望＋大大的

9. 改善、帮助、发展、误会、鼓励、拥抱、欺骗、同情、冲击＋大大的

10. 惊喜、幸福、欢乐、高兴、沮丧＋大大的

结果发现，除了第6类，可能有表示轻微的程度，其余4类还是表示强调的意味。

我们再来观察并比较"大大的"作定语、谓语与作状语、补语的对立情况。例如：

11. 大大的瞪着眼睛(状语)

12. 瞪着大大的眼睛(定语)

13. 眼睛瞪得大大的(补语)

14. 眼睛大大的(谓语)

15. 大大的犯了一个错误(状语)

16. 犯了一个大大的错误(定语)

17. 错误犯得大大的(补语)

18. 这个错误大大的(谓语)

我们真的很难说清楚，11与12"大大的"在形容"眼睛"的程度量上有什么根本区别。也看不出13与14的区别。反过来，15—18"大大的"修饰的是"错误"，在不同句法位置上出现，其语法意义也看不出有什么实质性的变化。也许有人会说："大大的"11/15是描写动作行为的，12/16是修饰事物的，13/17是结果程度，14/18是直接说明主语话题的。不错，这些区别是存在的，而且确实跟句法位置密切相关，但是这不是变量问题，换言之，跟"量"没有任何关系。

那么为什么很多人会跟朱德熙一样，觉得"大大地请一次客"跟"写得大大的"一致，表示加重的程度；而"大大的眼睛"跟"眼睛大大的"一致，表示"轻微的程度"呢？我们认为，问题不在于"AA的"占据什么句法位置，

而在于与之组合的词语的语义特征。简而言之,结构组合后所产生的主观量并非是句法形式句法位置决定的,而是被修饰的词语的语义特征决定的。

因为第1类跟“大大的”组合的名词有两类,一类是人类的器官,都是比较小的,所谓“大大的”,只是在说话人的心目中,比较常规的尺寸显得大一点而已。所以,就会产生所谓“轻微”的感觉。因为即使再大,也不可能无限大。另外一类,都是一些日常使用的物件,多数也是不很大的,用上“大大的”,也只是比较而言显得大一些,或者说话人心目中看得大一点而已。事实上不可能有极大超大的,比如足球都是有标准尺寸的,所以我们的语感也不可能往顶端程度上去感受。但是这毕竟只是少数情况,第2—5类都是强调性的,无论出现在定语、状语还是补语、谓语的位置,都是如此。因此,我们的结论跟朱先生的截然不同:不是句法位置决定形容词重叠的属性,而是与之搭配的名词的语义特征决定了这一切。

比较“大眼睛—大大的眼睛”,前者是客观量,眼睛比一般的眼睛要大一些,这是以常规量为衡量的标准。后者是主观量,显示说话者的倾向性意见,其实不一定很大,凸显的是一种主观感受。换言之,这是描述角度的不同。

朱先生还认为:“双音形容词的重叠式放在定语和谓语的位置上就只有小称意义,没有爱称意义”。这句话仔细想来也有问题。他举的例是:

(1) 内中又有袭人,也还是个妥妥当当的孩子。

(2) 没有什么,平平常常的话。

(3) 我哪里知道这些事? 罪罪过过的。

只有例(1)似乎有小称意义,其实那也是中心语“孩子”的语义特征决定的。换个其他的例句,比如“妥妥当当的安排”“妥妥当当的计划”,就完全看不出什么小称的意义,当然更没有爱称的意义了。至于例句(2)(3)也看不出小称和爱称的意思。可见,这里的问题还是受到被修饰中心语的语义特征的影响。

总之,我们认为性质形容词的重叠,作用是显示变量,从客观量变为主观量,从潜在量变为凸显量。无论“大眼睛”变为“大大的眼睛”,还是“大草原”变为“大大的草原”,后者并不是程度加强了或者减弱了,而在于添加了说话人主观的色彩。而这一色彩由于搭配的名词的语义特征的不同,也会随之发生变化。这样,我们也就可以合理解释,为什么"红红的脸儿"感觉其实并不是非常红,而"红红的太阳/唇膏/花豆"则感到很红。因为脸儿根本不可能非常非常红,太阳与唇膏却可能很红很红。

五、方法论的反思

我们还需要进一步询问:这样的对比是否符合语言比较的基本原则?因为按照科学的原理,所有的比较,都必须控制住其他的条件,否则得出的结论是不可靠的。比如一般认为紫色石蕊溶液遇酸性溶液就会变成红色,遇碱性溶液就变成蓝色,但还需要其他条件制约,比如溶液中氢离子和氢氧根的浓度,石蕊溶液的变色范围是5—8,意思是说当溶液的pH值在小于5时,变色为红色,当pH值大于8时,石蕊试剂才会变色为蓝色。但是如果换用一些其他的指示剂来判断溶液的酸碱性时,每一个都有它不同的变色范围,例如甲基橙指示剂的变色范围在3.1—4.4之间,不同的酸度,就会变为不同的颜色。可见,所有的化学实验都是在条件控制下进行的。社会科学的比较亦然,也需要强调条件的控制。换言之,只有在其他条件都相同的情况下,我们才可能就某一不同点进行对比,并且把由此产生的差异归结为这两个不同点所造成的。如果不讲条件控制,随意进行比较,所得出的结论是没有任何意义的。

"AA的"带有强烈的主观色彩,但是由于修饰描写的主体不同,所以实际上的量度并非最重要的,关键恰恰是说话人心理上的感受,可见汉语的重叠是一种主观化的手段,显示的是主观性的认识。比如:

(1) 昔阳城东南5公里处高高的虎头山筑有高高的寨门。

这一句里,同样"高高的"修饰"虎头山"以及"寨门",显然,前者比后者要高得多,但有趣的是都用"高高的"修饰。可见,这里的"高高的"不在乎绝对的事实上的高度,而在于相对的心理上的高度。比较下面的主体,就可以看出来都用了"高高的"作定语,实际上其高度是完全不同的。但是,在说话人心目中,都是"高高的"。

(2) 那些在高高的蓝天下迎风挺立的白杨,不就像您的身影。

(3) 太阳升上高高的云天,迎宾锣鼓奏得罗东沸沸扬扬。

(4) 从印度次大陆、马来半岛出发，越过高高的喜马拉雅山脉及横断山脉，来到这里生儿育女。

(5) 把 200 多吨水灌下去，使大庆的第一口井终于喷出了高高的油柱。

(6) 过去它们的网点几乎都设在高高的写字楼里。

(7) 迎着歌厅门放着一个高高的陈酒柜，里面陈码着各种洋酒。

(8) 三位男性端坐在高高的木凳上，脸对着正前方。

(9) 他高高的个子，紫铜色的脸，一副结实、硬朗的好身骨。

(10) 其中唯一的那个男孩只有七八岁光景，戴一顶高高的尖帽，样子十分可爱。

(11) 路旁长出高高的草，路上布满深深浅浅的坑。

(12) 他疲倦地靠在高高的枕头上，眼里闪烁着老人特有的智慧的光。

(13) 石像雕刻得十分生动，高高的鼻子，深深的眼窝，长长的耳朵和撅翘着的嘴。

(14) 但他那高高的前额，却使人相信他胸中自有韬略。

这里 13 个例句都用了"高高的"形容词的重叠式，绝对高度显然不同，但是主观量都显示说话者认为是属于相当"高"的。

汉语语法学界，一直认为单音节性质形容词重叠后，可以表示两种语法意义：一是表示程度较轻；一是表示程度较重。现在看来，这一认识是不符合事实的。我们认为，形容词的重叠式表示的是主观凸显量，而所谓的程度显示轻或者重，并非形容词重叠的功能，而是取决于与之匹配的名词的语义特征。

石毓智(2000)认为，"不论是哪个词类，基式通常都是中性量的，然而相应的重叠式都是定量的"。我们觉得不是这样的，基式表示的才是定量、客观量，重叠式表示的不是定量，而恰恰是变量，是主观量。

关于"量"的研究，还有许多课题需要深入。比如"静态量"与"动态量"；"增量"与"减量"，"适中量"与"超量"，"多余量"与"不足量"；等等。

参考文献

陈　光　2010　《现代汉语量级范畴研究》，上海人民出版社。

吕叔湘 1944 《中国文法要略》,商务印书馆。
邵敬敏、徐烈炯 1997 上海方言形容词重叠式研究,《语言研究》第2期。
邵敬敏、吴 吟 2000 动词重叠核心意义、派生意义和格式意义,《汉语学报》第1期。
邵敬敏 2001 试论名词重叠AABB式语法意义及其他,《语文研究》第1期。
石毓智 2000 《语法的认知语义基础》,江西教育出版社。
朱德熙 1957 现代汉语形容词研究,《语言研究》第2期。

本文在中国语言学会年会(北京,2014年)上宣读。

(原载《中国语言学报》18期,商务印书馆2016年)

主观性的类型与主观化的途径

世界上万物的存在及其运动，是客观存在的，这是世界的客观性；人们的表述反映这类客观存在，这是言语的客观性。前者是基础，后者是影射，两种客观性密不可分，但是显然不是一回事。因为人是有思想的，当主体者用语言表达自己对外界的看法时，就有两种基本途径：一是尽可能客观如实地反映，但是不管如何客观，必然带有一定的主观性，表现为带主观判断的客观性；二是在客观性基础上凸显自己的主观看法，这就显示为某种比较鲜明的主观性（subjectivity）。

我们的意思是：世界的客观性与言语表述的客观性应该是两回事，并不对等。这样，句子就可能呈现出两种态势：倾向于客观的表述与倾向于主观的表述。换言之，尽管事物、事件可能是客观的，但是一旦用于表述，这个表述经过了人的思维，就不可能是完全客观了，只能说是尽可能的客观。比如：

（1）老实说，他是个聪明人。

（2）客观地评价，这件事真的不错。

这两句话前面有"老实说""客观地评价"，显然都是说话者力图说明他的表述是客观的，但即使如此，这样的话语还是不可能全部客观的，但是一旦作为表述说出来或者写出来，那就必然带有主观判断。因为这个命题可能是真，也可能是伪；也可能程度上打折扣。可见，完全客观的，跟世界客观性百分之百吻合的表述是不存在的。当然，完全百分之百的主观表述也是不存在的。因为即使是神话、童话，或者谎言、胡话，也必然有客观的因素。因此，问题就是客观性与主观性在言语里各占多少的比例。

当这两句变化为：

（3）他可能是个聪明人。

(4) 这场雨总算下得很及时。

“可能”与“总算”,显然表露出相当的主观性。其实,每一种表述都不可能单纯的客观,或者单纯的主观,只是客观性与主观性的强弱不同而已。所谓客观不必依赖于主观性而存在,说的是事实本身,而非对这一事实的表述。我们关心的就是这个语言表述的主观性,包括主观性的类型与主观化途径。

一、汉语主观性的类型

“世界的客观性”是指一种客观存在,是不以人的意志为转移的。而“语言主观性”是人区别于动物的本质属性之一,它以主体自身的需求或感知为基础去看待客体。所以,主观性必然是建立在客观性的基础上,没有客观性,也就无所谓主观性。但是主观性要通过语言表现出来,就有个转化的过程,这一转化过程,就是“主观化”。因此,主观化也可以理解为从表述的客观性转化为表述的主观性的复杂过程。

这种主观性应该而且必须依赖于某种载体显示出来,对汉语来说,主要是借助于某些附加功能成分。语言里的三类主体词(名动形)是表现客观性的主体,而表现主观性的句法手段是多种多样的。从词类角度来看,主要借助于“副词、助动词、语气词”,甚至还包括“代词、量词、助词”等。当然也可以借助于句法手段,例如各种各样的重叠、话题化、焦点重音等。

这种语言的主观性,认知语言学通常认为主要表现为三个方面:从主体看客体,从客体对主体的提示,主体与客体关系。这就分别表现为:主体特定的视角、客体特别的背景、主体对客体特殊的情感。

(一) 显示特定的视角。即主体者在观察世界时所采取的角度,这个角度,应该作广泛的理解,比如是从自身的角度,还是从对方的角度,或者站在第三者的立场上看待问题;是从世俗的角度看,是从道德的角度看,还是从法律的角度看;是从时间的角度,还是从空间的角度,还是从三维的角度;等等。不同的解读将可能产生不同的结论。比如副词“幸亏”,既可以表示避免了不利的可能,也可以表示获得了有利的结果,这本来就是相辅相成的两个方面,问题在于说话者观察问题的视角。因此,即使同样一个行为或事件，就可能采用正反不同的方式来表达。例如：

(1) 幸亏我们及时赶到，否则就错过这班火车了。

(2) 幸亏我们及时赶到，才赶上了这一班火车。

同样一个赶火车的事件，分别采用“否则”与“才”与前面照应，这显然主要取决于说话人话语视角的不同。

说话视角的不同，首先表现为说话人站在什么立场上说话。例如：

(3) 这个东西，你不能吃。

(4) 这个东西，咱们不能吃。

例(3)显然是站在“你”的角度，是阻止对方的某种行为，因而显得比较“冒犯”“不客气”，带有强烈的主观性。例(4)则变换了角度，是站在“你与我”双方一致的立场上，也有强烈的主观性，但是显然不同于例(3)，由于把自己也拉进来了，大大降低了“冒犯性”，显得“婉转”与“利益一致性”。这就是选择不同代词显示的主观性。

说话视角的不同，其次还取决于时间、地点、对象等外界语境的不同。比如副词“随处”与“随地”，都表示选择处所的随意性，但角度是有区别的。“随处(处所)”强调立体空间选择的随意性，“随地(地面)”则仅仅表示平面地点选择的随意性，因此有时不能互换。例如：

(5) 他一疼起来就随地(*随处)打滚，真吓死人！

(6) 类似议论随处(*随地)都能听到。

这一选择正显示了主观性视角的不同。

(二) 表示特别的背景。这是隐藏在句子背后的背景认知，即与众不同的认知，这往往表现为某种潜台词，说话者通过某些手段暗示了某种信息。例如：

(7) 昨天终于下雨了。

例(7)首先陈述的是一个基本客观事实：昨天下雨了。由于使用了副词“终于”，其背后的潜台词是“已经很多日子没有下雨了”，这一背景事实是由副词“终于”带来的。这就是主观性的“特别的认知”。

这种特别的认知，主要表现为对某一事件不同的认识，而且往往在句法结构上显示出来。比如“幸亏”构成的句式，有三种类型：完整式、前省式、后省式。分别显示了说话者不同的认知。

1. 完整式：Z，幸亏 X，Y

作为对一个完整事件的认知，“完整式”在语义表述上最齐全，一般由三部分构成：前发句 Z 通常表示不利的情况，“幸亏”句显示有利的条件或原因，后续句 Y 则表示避免了不利后果或获得了有利结果。例如：

(8) 不多时，敌人包上来(Z)。幸亏群众已给他换上老百姓衣服(X)，没被查出来(Y)。(冯德英《苦菜花》)

(9) 这一来，得罪了肃宗(Z)，亏得有人在唐肃宗面前说了好话(X)，才把他放回家去(Y)。(《中华上下五千年》)

2. 前省式：幸亏 X，Y

表示不利情况的前发句没出现，其内容实际上是隐含的，否则“幸亏”就无从说起。例如：

(10) 幸亏我是男的(X)，要不早被你们逼良为娼了(Y)！(张欣《今生有约》)

(11) 幸亏被及时送往医院(X)，她才从死神身边转了回来(Y)。(《人民日报》1995 年)

例(10)后续句引出完全可能出现但是实际上没有出现的不利后果 Y，例(11)的后续句则显示出现了好的结果，两例都显示庆幸口吻。

3. 后省式：Z，幸亏 X

没有后续句 Y 照应，实际上有利的结果是隐含的，可以从上下文或者按照常理、常规推导出来的。例如：

(12) 他们躲进一座土围子里(Z)，幸亏没被元兵发现(X)。(《中华上下五千年》)

(13) 一辆汽车爆炸，14 人受伤(Z)，幸亏此时学校还没放学(Y)。(《人民日报》1995 年)

(三) 流露特殊的感情。人的感情是丰富多彩，形形色色的。这是体现语言主观性的一个极为重要的因素，也是语言生动活泼的最主要的根源之一。特殊感情主要表现为主体对客体的喜怒哀乐等情感，是附加在前面两者基础上的。请比较下面两例：

(7) 昨天终于下雨了。

(14) 昨天总算下雨了。

两句都带有某种潜台词“已经很多日子没有下雨了”这一背景事实。但是，相比较例(7)的“终于”，例(14)的“总算”还流露出某种庆幸义，庆幸义也是一种主观感情，换言之，例(14)的主观性明显高于例(7)，因为“终于”倾向于客观性描述，而“总算”带有强烈的庆幸主观色彩。可见，主观性是有强弱不同层次的。

(一)(二)(三)这三类主观性是有区别的。它们的共同点都显示出说话人主观上的判断。区别在于：

“特定视角”是指“说话人主体在观察客体时所采取不同的角度变化”，强调的是主体观察的出发点。

“特别背景”是指“说话人主体对客体，包括事物或行为的背景认知”，强调的是主体感受到的客体特点。

“特殊感情”是指“说话人对待客体，包括事物或行为的形形色色的感情色彩”，包括贬义、中性、褒义以及讽刺、庆幸、妒忌、羡慕等，体现的是附加在视角与认知之上的主观感情色彩。

换言之，“视角”是从主体出发观察客体的角度，体现出主体变化的主动性；“背景”是主体对客体背景的认知，体现出客体背景的区别性；“感情”是在视角与认知基础上产生的主体的特殊感情，体现出主体与客体的特殊关系。

比如副词“定向”“定点”“定量”“定时”，都表示“事先确定了某个标准才实施某种行为”。关键是这一预定的标准，就决定了主体观察客体不同的角度，分别是“方向(目标或对象)、地点、数量、时间”。例如：

(15) 定向培养研究生640名。

(16) 鼓励采取家禽定点屠宰等有效措施。

(17) 王永庆长期坚持早睡早起，定量运动。

(18) 每天都有6场定时鼓乐表演。

视角不同之外，还要进一步注意背景。比如“定量”还可以表示按照有关标准对某种指标着重进行数量统计与考察，与“定性”相对，这是科学研究上两种相辅相成不同的手段。前者偏重于数量上的统计与比较，后者偏重于性质上的定位与比较。例如：

(19) 企业注册官的工作考核将从传统的定性考核转变为更科学、更合理的定量考核。

(20) 同时采用定量与定性分析相结合的方法。

此外,“定时”实际上也有两类:预定时长与预定时点,这显然不同于视角,是进一步的主观背景问题了。例如:

(21) 若要它定时报信,它又能准时发出“嘟——嘟——”的声音。

(22) 恐怖分子使用的是装有烈性炸药的定时爆炸装置。

二、主观化与主观性

在句法中要表现出主观性,前提条件当然首先是具有某种客观性。然后再以此为基础进行“主观化”(subjectivisation)。所谓主观化,可以是一个漫长的历史进程,也就是我们常常说的“语法化”;但是一旦“主观化”了,在共时平面,就表现为某些词语选择或句法特征。比如有条新闻,它的标题是:

(1) 男子下载割腕图片,逼女孩儿约爱,女孩儿竟然报警。

这一标题最吸引人眼球的是用了副词“竟然”去修饰“报警”。什么叫作“竟然”?按照《现代汉语八百词》的解释:“表示出乎意料;居然。”我们观察实际使用情况,确实有既可以用于褒义,也可以用于贬义的。用于褒义的情况,例如:

(2) 这样大的工程,竟然在两年内完成了。(《现代汉语八百词》)

(3) 他的计算竟然如此准确。(《现代汉语八百词》)

但是,问题是表示贬义的占绝大多数,换言之高频组合的是贬义。我们随机去核查BCC语料库前100个例句,发现只有10个是褒义或中性的,其余占到90%的是明显带有贬义的。例如:

(4) 这么好的天气,上班竟然迟到了!!!

(5) 一年半不看英语,四级考竟然会有压力了。

可见,上述标题的潜台词是“本来不应该这么做,没料到对方做了”,明显带有不满意的感情色彩。可是新闻内文说:“本案中女子报警的举措十分正确。”既然如此,为什么要用“竟然”呢?似乎很不满意似的。可见,这里的“竟然”会引起误解,意味着说话人对女生报警不以为然。这里的主观化可能是“化”错了。

再比如副词“无故”与“无端”，都可以修饰贬义动词，因此有时可以互换。但是两者还是有明显不同。

1.“无故”还可以修饰一般没有贬斥义的甚至是正面意义的动词，“无端”不可以。例如：

(6) 款项不可能无故(＊无端)失踪。

(7) 平日里警察不会无故(＊无端)来检查身份。

(8) 无故(＊无端)不能发兵，遂想出下书的计策。

2.“无端”则往往修饰强贬斥动词，这时更不能换为“无故”了。例如：

(9) 美媒体关注中国女商人无端(＊无故)被殴事件。

(10) 这种无端(＊无故)指控，根本不值一驳。

(11) 几名歹徒无端(＊无故)向公安干警寻衅。

可见，在认知域里，两者都有“没理由”的因素，但是“无端”在感情域里还多了“指责”的感情色彩。相比较，“无故”的客观性要比“无端”强一些。

再比如：“快速”与“飞速”，都形容速度很快，常常可以互换。例如：

(12) 我的专业知识在短时间内快速(飞速)提升。

(13) 清华转身快速(飞速)下楼。

前者倾向客观描述，后者带有比喻“像飞一样”，显然主观性强得多。而“全速”开始主要用于机器或机器发动的交通工具，表示用最快或最大的速度运作或前进。例如：

(14) 万枚纱锭正在全速运转。

后来也泛化，可以修饰一般的双音节移动性动词，其实背后还是有个隐喻：像机器似的运作。这时也具有了主观性，可能介于“快速”与“飞速”之间，因为隐喻毕竟不如明喻鲜活。例如：

(15) 德军放心大胆地集中兵力全速推进。

(16) 全速进行开发建设。

三、主观化的途径

说话者在话语里必然要表现出某种主观性，这也可以说是不可避免的，或者说是必然的。因为说话者既然要说话，一定要表现出自己的态度与看法，并且以此来影响听话人。这种主观性的流露，是通过主观化来实现的。

共时平面的主观化，通常是通过语音、词语、句法这三条常规途径。当然，对汉语来说，词语途径大概是最主要的。例如：

1. 语音途径。比如重音：

(1) 三个人'就吃了两百元！

(2) '三个人就吃了两百元！

重音落在副词"就"上面，表示主观上认为花钱少，落在"三个人"上，则显示"花钱多"。事实本身是一样的：吃了两百元，但是由于重音的移动，主观表意则完全不同。

2. 句法途径。比如对举格式。例如：

(3) 你是你，我是我。

(4) 法律是法律，亲情是亲情。

本来单纯的同语式"N 是 N"，表示某种特定的含义，但一旦构成对举的同语式"N_1 是 N_1，N_2 是 N_2"，意思就变化了，变成表示 N_1 与 N_2 泾渭分明，互不相干，必须画清界线。这一主观性渲染是通过"句法对举"获得的。

再比如重叠也是汉语中非常有效的主观化的手段。

名词重叠必须出现在句首，表示全量：

(5) 人人都是英雄汉。

(6) 家家户户都亮了灯。

形容词重叠则显示主观上的变量：

(7) 眼睛瞪得大大的。

(8) 小小的眼睛、小小的鼻子。

动词的重叠显示小量、少量与轻量：

(9) 你先在这里随便看看。

(10) 他摸摸胸口，心跳得厉害。

3. 词语途径。比如添加或替换某个词语。例如：

(11) 被自杀、被小康、被毕业、被民主。

这与传统的大家习以为常的"被"字句显然不同。关键是三点：第一，表示不是一般的被动，而是指事实上不是却被别人强加的。第二，与"被"组合的不仅是动词，也可以是名词或形容词。第三，句法结构上不再需要后续成分来表示结果,“被X”的X也就是结果。其主观性就由添加介词“被”得到实现。

四、主观性的程度

主观性有强弱之分,换言之有程度的差异。比较“私下”“私自”与“擅自”,相同点都表示“暗地里、瞒着别人去做”,但是区别也是明显的,而且主观性也是有强弱的。“私下”的“下”强调底下,侧重于“封锁消息,不让别人知道”,可以是中性,即使贬义也比较弱,即主观性不是很强;“私自”则凸显的是“自”,侧重于“自作主张,没得到批准,往往违纪违法”,指责义比较明显,主观性就很强了。比较:

(1) 私自(私下)签署协议。

(2) 近些年因私自(私下)堕胎而出人命的事并不鲜见。

因此当句义处于中性甚至于褒义时,就只能用“私下”而不能用“私自”。例如:

(3) 父亲私下(*私自)给我一笔钱表示支持。

(4) 两人私下(*私自)交换了爱情信物。

再看“私自”与“擅自”,都有“自”语素,都表示背着上级领导或有关人士,自作主张去做违反规章制度的事,或没得到有关方面的同意,是不正当的或不应该的,明显的贬义,两者可以互换。例如:

(5) 开源煤矿置荥阳市的要求于不顾,私自(擅自)组织人员下井违规作业,导致了此次事故的发生。

(6) 深圳公司的一位副经理,未经公司法人代表同意,私自(擅自)同意该施工队挂靠在本公司名下。

(7) 未取得这种签证擅自(私自)出入国境,称非法越境。

(8) 在发现病禽地点周边50平方公里范围内禁止擅自(私自)运输禽类。

虽然以上四例“私自”与“擅自”都可以互换,但是“擅”有“自作主张”的意思,更强调“没经相关人员或机构批准”,彻头彻尾属于违纪违法,后果更为严重,贬义程度更高。这样,从主观性角度来看,显然“擅自>私自>私下”。

主观性的程度有差异,但是如何测试并且鉴定,目前似乎还没有一个完善的办法，还需要我们进一步探索。目前主要是同类的词语或者格式进行横向比较，在对比中显示其主观性的强弱。

参考文献

崔　蕊　2014　《现代汉语虚词的主观性与主观化研究》，知识产权出版社。

邵敬敏　2016　论汉语形容词重叠与变量的关系，《中国语言学报》第18期。

邵敬敏　2016　副词释义的精准度及其方法论探讨，《暨南学报》第1期。

邵敬敏　2012　是非问内部类型的比较以及“疑惑”的细化，《世界汉语教学》第3期。

沈家煊　2001　语言的“主观性”和“主观化”，《外语教学与研究》第4期。

吴福祥主编　2001　《汉语主观性与主观化研究》，商务印书馆。

本文在“第二届主观化理论与语法研究学术研讨会”(渤海大学，2016年8月)上宣读。

(原载《汉语学报》2017年第4期)

汉语语法研究的战略思考

中国的汉语语法研究，自 1898 年创建以来，在中国语言学诸多分支学科里面一直独领风骚，独树一帜，不仅理论意识突出，而且研究成果丰硕。近年来，一直有人试图否认我们在汉语语法研究方面所取得的成绩。有极少数人总是喜欢戴着有色眼镜来看问题，在他们眼里，语法研究历来是欧美语言学界的强项，中国人怎么可能比得过他们？中国人怎么可能提出新的研究理论？也有人念念不忘我们老祖宗的"赫赫战功"，对现代汉语语法研究怎么看也看不惯，横挑鼻子竖挑眼，一心希望继续用中国传统的小学研究，特别是训诂学和辞章学，乃至文字学的研究来替代语法研究。这是两股非主流的思潮，但是我们不能不警惕。我们在埋头做语法研究的同时，必须进行宏观的战略思考，牢牢把握研究的走势和方向，不断完善我们的研究意识和方法。

一、要做战术语言学家，更要做战略语言学家

我们要在做战术语言学家的同时，更要做战略语言学家。换言之，我们在埋头研究一个个具体语法专题的同时，千万不要忘记学术界研究的新动向，不要丢失学术的敏感性，要经常性地对全局、对历史、对趋势进行理论思考。只有这样，我们的研究才能与时俱进，才能出奇制胜。当然，我们也不赞成只是空谈理论，不作具体的分析。一句话，从战略入眼，从战术入手，即用宏观的战略指导微观的战术。

所谓的"战略"，有四层含义：

第一，对汉语语法研究的历史发展进程要有清醒的认识。汉语语法研究在整个汉语语言学里是属于新兴的分支学科，即使从《马氏文通》算起，也不过 100 多年的历史，但是充满活力，能量巨大。尤其是自 1978 年

以来，汉语语法研究更是日新月异，跌宕起伏，充满生机。我们必须对这些有充分的了解，清醒的认识。

第二，对汉语语法研究的全局情况要了如指掌。汉语语法研究现在的热点、焦点、亮点是什么？有哪些最新的进展，有哪些困惑和不解？人们在思考什么？在担心什么？在争论什么？哪些是主流？哪些是非主流？哪些是逆流？哪些是新兴的萌芽？将会影响学科发展的趋势是什么？有哪些问题和症结急需解决？了解全局的目的不是自我欣赏，沾沾自喜，评功摆好，而是不断地发现问题，并且进一步询问为什么？怎么办？从中找到突破口。

第三，对当代汉语的发展变化需要保持一种可贵的"敏感性"。语言，尤其是高度成熟的语言在运用、接触中必然发生变化，对此我们不要麻木，不要视而不见，听而不闻。现代汉语的面貌在进入 20 世纪以后这 100 年的时间里发生了三次翻天覆地的急剧变化，分别是 1919 年、1949 年和 1978 年，大致 30 年一变，特别是 20 世纪 90 年代以来，尤其是进入 21 世纪以后，中国社会的语言生活发生了前所未有的变化，许多旧有的规律正在被突破，新词新语、大量的科技术语产生速度一次次被刷新；新的组合方式、新的结构格式、新的表达手段，正在大踏步地进入我们的生活。比如"U 盘"(优盘、闪盘)的崛起，比如"美女"的称呼，比如"手机"的普及，比如"男生女生"的泛化。为此，我们就提出"当代汉语"的概念，指出现代汉语目前已经开始向"当代汉语"转型。汉语正在迅速改变着自己的面貌，其内因是语言的活力明显加强，语言的接触和交融加剧，而推动这一改变的动力就是电脑、网络以及多样化的通信工具(如智能手机)的普及与更新。

第四，对语法研究的理论最新动态要有精准的把握。我们必须与时俱进，必须对国际语言学界的最新动向密切关注，保持一种敏锐的眼光、积极的态度。我们需要跟国际接轨，但是注意这样的接轨必须是双向的，不是只进不出的单向的；有进有出，这样的接轨才有意义，才有生命力。

我们不仅要对具体专题研究的历史有进行概括和综述的能力，而且更为重要的是对整个汉语语法研究有全局的把握，对历史与现状、特点与不足、趋势与前景有比较清醒的认识和估计。所以，需要我们对汉语语法研究的流派，研究的队伍，研究的热点、焦点、亮点都应当熟悉。只有养成这样一种“登高望远”的良好习惯，我们的研究才有可能超越前人。这样最直接的好处就是在自己的研究过程中少走弯路；同时，长远来看，还可以培养自己的鉴别能力、逻辑能力、思辨能力和概括能力，其实这也是一个做研究的基本功。

二、当代汉语语法研究的三大意识

进入21世纪，我们有一个强烈的感觉，那就是学术研究队伍的新陈代谢在“提速”，好像铁路建设，开始进入“高铁”时期。以20世纪80年代为观察基点，当年的老先生大多已作古（以吕叔湘、朱德熙、胡裕树为代表），少数健在的也基本退出学术第一线；当年作为“主力军”的中年一代（以陆俭明、邢福义为代表），也大体上完成了历史使命。有一批早期相当活跃的学者也开始“淡出江湖”，以新时期培养的研究生为主体，被称为“生力军”的年轻一代，已经成为语法研究的主力军。可喜的是，近年来“新生代”开始崛起，他们主要是20世纪90年代以来新培养的以博士为主体的年轻学者。他们年轻有为，富有朝气，头脑灵活，反应敏捷，外语娴熟，知识面宽，对电脑技术、信息处理，对国际研究行情都比较熟悉；而且更为重要的一条是不拘一格，没有那么多的条条框框，敢于创新，敢于突破。更值得欣慰的是，他们不是少数人，而是一批人，一个群体。中国汉语语法学界已经基本完成了新老更替，队伍的年轻化，在研究观念上也带来了可喜的变化，那就是研究的开放性、动态性、多元性和综合性，并随之而来的科学化、国际化以及中国化。

现在我国有两个“汉语语法研讨会”：一个是语言研究所主办的“讨论会”，它继承当年中老年语法讨论会的优秀传统；一个是从原来的青年语法“研讨会”发展而来，由我国若干著名高校联合主办，包括北京大学、复旦大学、华中师范大学、上海师范大学、浙江师范大学、暨南大学以及香港大学、香港城市大学、香港理工大学、香港中文大学等。这个研讨会从21世纪开始改为国际会议。两个研讨会交替隔年分别举办一次，都出版论文集，前者出版的论文集是《语法研究和探索》，后者出版的论文集叫作《汉语语法研究的新拓展》。两个研讨会各具特色，携手共进，相互支持，良性竞争，对推动现代汉语语法研究起到了积极的作用，特别是对培养年轻人，形成学术梯队有无可替代的作用。

在这一研究背景下，进入新时期后的 30 多年来，汉语语法研究开始形成了一些新的走势、新的特色，并且逐渐形成了一些新的共识。这主要体现在以下几个方面：

1. 现代条件下的科学意识

什么叫做科学？作为一个专业术语，意思是遵循历史、自然发展的规律的知识。语言学是科学，问题在于它并不完全是自然科学，因为它具有人文属性、社会属性；但是它也并非人文科学，因为它具有浓郁的自然属性（物理属性以及生理属性）。语言学是一门特殊的科学，是介于自然科学与人文科学之间的科学，任何一面倒都可能导致我们的研究走上歧途。因此，我们既可以有数理语言学、计算语言学、工程语言学、实验语言学、生理语言学、脑神经语言学等，也可以有社会语言学、人类语言学、心理语言学、文化语言学等。语言学的科学意识得到了空前的加强，在激烈的辩论中，人们的认识越来越接近于真理。

2. 竞争前提下的多元意识

具有多元意识，是学术繁荣的一个重要标志，也是当前学术研究的主流。以往那种以为自己信奉的理论才是唯一正确的，对别人的研究理论不屑一顾的看法已明显落伍，已经越来越不得人心了。我们必须容许发表不同的意见，绝对不能搞“一言堂”。经过反复的比较、思考、反省，我们逐渐认识到：语言是非常复杂的，没有一种语法理论能够完全解释所有这些语言现象。无论是形式语法，还是功能语法，还是语义语法、认知语法、构式语法，其实都是各有所长，也各有所短，都只能够解决其中局部的问题。所谓“多元”，应该有三层含义：并存、互补、相促。

首先，这些理论必须共存。不要试图我吃掉你，或者你吃掉我，只要能够合理解释部分语言现象的理论，都有生存、发展的权利。

其次，必须互补。研究者必须承认自己所研究理论的缺陷与不足，不要以为自己做的研究就是一切，不要自我感觉太好，要认识到自己的不足，才能进步，才能发展。事实上，各种理论正呈现出一种互补的格局，研究者们各自解决面临的问题。

最后，则是必须相促，在交融与批驳中达到更高层次，如果两种或者三种理论真正融合起来，就可能形成新的研究理论或者特色。

理论的高明，不在于你是否说得天花乱坠，而在于你是不是能够确实解决语言研究中形形色色的问题，是不是能够解释语言中各种新鲜的现象，是不是能够对我们的各个层次的语言教学或语言交际，乃至信息传递与处理有所帮助，包括直接的作用和间接的作用。

除了鼓励理论本身的多元化，还应提倡“个人研究的多元性”，即可以针对不同的课题，根据研究的需要采用不同的理论；或者在同一个课题中，根据不同的目的采用不同的理论。中国语法研究的传统强调“博采众长，熔为一炉”。也就是说，决不拒绝对我们研究有用的一切，每个人由于自身学术背景的不同，学术品味的区别，学术追求的差异，在理论上有不同的倾向，这是完全正常和合理的。但我们最忌讳的是唯我独尊，盲目的自我欣赏，对别的学派不屑一顾，故步自封。

3. 国际背景下的中国意识

我们的研究应该服务于汉语走向世界。我们国家已经在一定程度上开放了，我们的研究也要开放，年轻一代要勇于走向世界，去学习，去交流，去比较，去拼搏，在国际舞台上赢得自己的一席之地。我们的“汉语语法国际研讨会”，就是通过中国香港这一平台走向国际舞台，不但已经在中国香港、中国台湾举办，还要去新加坡，乃至日本、韩国举办。

前30年的引进、借鉴是完全正确的，后退是没有出路的，我们要防止有人打着“中国特色”的旗号，拒绝引进和借鉴；但是，我们在反对一种倾向的同时，也要密切注意另外一种倾向，那就是盲目地推崇国外的理论而放弃自我的做法。所以我们必须在更加开放、进一步引进借鉴国外经验的大前提下，坚持独立原创，高举起“中国特色”的大旗。

汉语正在走向世界，有可能在21世纪成长为“强势语言”。我们的语法研究也正在大踏步地登上世界舞台，必将进一步跟国际接轨，这对汉语语法研究将会提出更高的要求。如何根据汉语语法的特点，一方面继承我国语言学研究的优秀传统，另一方面借鉴国外先进的语言学研究的理论与方法，在此基础上产生出具有中国特色的语言学理论来，这是摆在我们每一个人面前无法回避，也不可以回避的问题。因此，我们一方面要

“借鉴西方”“跟国际接轨”，另一方面要“立足汉语”“形成自己特色”。这两者的有机结合才是我们唯一的出路。

三、改变传统思维模式，注重动态研究

我们做语法研究，往往希望有一个单纯的研究对象，一个纯洁的语言，但那只能是一种不切合实际的空想。没有进入现代社会的原始语言，也许是比较纯的；任何高度现代化的语言，发达的语言，广为使用的语言，其实都是杂交的产物。在北京话发展的历史上，不止一次受到非汉语的冲击、渗透和影响，阿尔泰语、女真语、蒙古语、满语，甚至包括日语、英语、法语、俄语等，在北京话里都可以找到它们的踪迹和身影。这一影响，不仅指外国语、外族语，还包括汉语自身的方言，它们跟北京话是“兄弟姐妹”的关系；而且，语言本身因为自身发展的规律，特别是在受到外界社会、政治、经济生活剧变的情况下，有可能发生超乎寻常的变化。

语言观念的变化，必然会给语言研究带来极大的冲击，最重要的变化就是由原来偏重于静态研究转向在静态研究基础上偏重于动态研究。所谓动态研究，可以有不同视角的理解：

1. 历时动态：历史演变和发展，以及语法化的进程

历时动态注重历史的发展演变，用以打通现代、近代，乃至古代的演变进程。

比如表示侥幸语义的“幸亏”，考察历史语料，我们发现，“亏”本来是动词，《说文》解释为“亏，气损也”。段注引申为“凡损皆曰亏”，再引申为“欠缺、短少”，与“盈”“满”相对。在元杂剧中已经出现大量的表示“庆幸”义的“亏”“多亏”“全亏”“亏的”等词。其中出现频率最高的是“多亏”。这时“亏”“多亏”还是动词，所带宾语基本上都是名词性词语。例如：

(1) 小生多亏[这白马寺长老]：一日三斋，未尝有缺；每谈清话，甚得其清致。（关汉卿《山神庙裴度还带》）

(2) 你专医人那枕冷衾寒，亏了[姑姑]！（关汉卿《望江亭中秋切鲙》）

名词性宾语后面，有时跟着动作行为，如果去除中间的停顿，就变成小句了。例如：

(3) 此一场大功，多亏了[大夫也]。（郑廷玉《楚昭王疏者下船》）

(4) 秀才，多亏[你也，寄书到此，远路劳神]。(尚仲贤《洞庭湖柳毅传书》)

(5) 非小官之能，多亏[大夫用计也]。(高文秀《保成公径赴渑池会》)

例(3)“多亏”带名词性宾语，用“也”煞句；例(4)的名词性宾语，接着还有动词性的下文；例(5)则干脆带了动词性的宾语。这三个例句正好反映了从名词性宾语到动词性宾语的演变过程，“多亏”的词义也开始虚化，词性也开始从动词向副词转化。

2. 共时动态：语言或者方言之间的互动格局

共时动态关注语言接触和交融，包括不同的语言和方言，包括社区变异地域变异。一个语言系统，包括比较发达或相当高级的语言系统，实际上不可能是十全十美的，总是存在这样或那样的问题，在表达方面更是有许多可以改进的地方。比如，北方方言的正反问句，以往主要采用“AB不A”(吃饭不吃?)的形式，南非方言主要采用“A不AB”(吃不吃饭?)的形式。经过几十年的竞争博弈，显然，南方的格式占据了优势，并且发展到大量双音节的形容词正反问也使用这一格式了，例如，“漂不漂亮?”“大不大方?”甚至于可以问“O不OK?”显然语言具有自我完善的机制，在应用过程中，或者进行弥补，或者进行调整，或者从别的语言或方言中吸取营养。再比如，原先北京话里用“有没有”提问时，后面只能够带着名词性宾语，例如“有没有钱?”“有没有票?”如果后面是动词性宾语，只能够问“吃饭了没有?”“理发了没有?”南方方言，包括吴方言、闽方言以及粤方言，却都可以在“有没有”后面带上动词性宾语，这一说法显然比北京话原先的说法更为便捷，根据语言格式的类推原则和互补原则，现在北京人用“有没有吃过饭?”“有没有理过发?”提问的可以说已经比比皆是了。而且回答“有”或“有吃”的也时有所闻了。

3. 交际动态：语言交际过程中所发生的变化和趋势

交际动态注重语言交际过程中的变化，关注社会、科技、网络等给语言乃至语法所带来的变化。

1978年之后，由于实施改革开放的新国策，中国社会各个层面都发生了急剧的变化，这些变化在语言层面必然有所反映。一些新的程度副词冒出来了，如“暴、狂、巨、超、奇、贼”等；还出现了一些新的结构模式，它们突破现有语法结构模式的框架，重新组合为某种新的结构类型，如“经典中国、新闻广东、奥运北京、小吃苏州”；出现新的使用规律，如新的贬斥义被字结构“被××”：“被就业、被自愿、被增长、被失踪、被自杀、被退休、被下降、被强大、被潜规则、被小康、被艾滋”；新的骂人框式结构“×你个头”，针对对方的话语表示反驳或者否定的，包括调侃、讽刺、挖苦、质疑、否定、愤怒……。不仅如此，还突破旧有的语法结构规律，比如“V给”结构中，以往只有“给予”类动词才能构成“V给她一本书”，但现在表示获得义、制作义的动词也可以构成类似的句子，例如，“赢给我们一个安定的家，买给你一本书，抓给我们一把弹壳，沏给你一杯茶”，这实际上就是“卖给你一本书”（V有给予义）这类结构格式的类化和泛化的结果。

其深层次的原因，就在于一切现有的语法形式用久了，就可能失去它固有的特色，就会产生新的形式来替代它，这反映了人们求新求异求变的心理追求。比如状态形容词有ABB、AABB、A里AB、BA、AA等。重叠，通常认为是汉藏语系表示“量”的重要语法手段之一。由于这类重叠式状态形容词所表示的程度已经相当高了，所以一般不能再接受程度副词的修饰，然而现在这样的用法就如雨后春笋到处都是了，显然无法再看作例外了。例如，“非常冰冷、很雪白、非常冰凉、很火红”。

也许我们对动态有各种不同的解释，其实更为重要的是我们在进行语言研究时，需要的是一种动态的观念：即把语言，包括语法看作是一种永远在变化、不断在发展、互相制约、互相渗透、互相影响，有生命力的、开放式的，并能够自我完善的网络系统。

四、打破单视点的局限，提倡双向选择的研究方法

我们以往的研究往往是单视点的，孤立地分析某个词语或结构的语法意义。我们需要打破这一束缚，树立起“双向选择”的意识，只有这样才能真正揭示句法结构内部的制约关系。比如“框式介词”的提法很有启发性，但是既然是“框式”，那就不是一个介词的问题，而应该是个结构问题，“连……也/都”就是一个“框式结构”。即某些词语构成非连续性的结构，形成一个框架，这个框架由前后两个部件构成，框架的整体意义大于两个部件意义之和，换言之，就是1+1>2。这一解释，也解决了“A了去了”

“越来越A”“V你个头”中如何定义定性“了去了”“越来越”“你个头”的困惑。

双向选择的关键是在解释某个结构组合时，打破单视点的局限，不只是从A的特点和作用来看B，还要从B的角度来看A。比如，名词与量词的组合，从名词选择量词的角度看，“一条黄瓜”可以说，“一根黄瓜”也可以说，似乎两者可以互换，当然两者其实还是有区别的，“条”凸显的是“柔软性”，“根”则凸显的是“硬度”。但是如果我们从量词角度看其与名词的组合，就会发现，可以说“一根香蕉”，却不能说“一条香蕉”，因为“香蕉”给人的具象是倾向于“立体圆柱形”的。至于“一条线”跟“一根线”虽然都能够说，所指却不同，前者是指抽象的“线”，后者指的是具体的针线的“线”。同样，在动名组合、形名组合中，我们也需要运用双视点来分析，不能拘泥于单视点。

五、做好拳头产品，树立鲜明的学术形象

一个企业需要有自己的特色产品，我们做学术研究，也需要有自己的拳头产品，要有自己的研究强项和研究特色，需要树立自己鲜明的学术形象。最忌讳的是学术上的万金油，好像什么都懂一点，什么都搞过一点，但什么都不精，什么都平平淡淡。这就需要我们锲而不舍，对某个课题进行系列性的钻研。现在的学术太急功近利，太追求数量，受行政干预太多。学术研究也好像工厂用机械生产杯子、碗筷一样，厂长、车间主任、小组长一层一层下达生产指标，限时定量必须生产出来，这显然是违背学术研究规律的。

学术形象，也有微观和宏观的两种。微观的是你专门研究什么，比如，有人专门研究副词，也有人专门研究时体，也有人专门研究语法化，等等。宏观的就是你主要运用哪一种理论来进行研究，比如，有人专门研究形式语法，有人专门研究功能语法，也有人主要从事语义语法的研究。

形式语法引进几十年了，功能语法也兴旺一阵子了，可是我们中国优秀的语法研究传统呢？我们具有中国特色的语法理论又是什么呢？我认为，这就是建立在认知基础上的语义语法理论。不仅仅因为语义研究是我国语言学研究传统的强项，而且也因为这是现代语言学研究的弱项，更

在于它是语言结构中的决定性要素，是语言形式依附的基础，是语言运用的依据、根本。

语义语法的雏形，实际上是吕叔湘在《中国文法要略》中提出来的，他开创了“从意义研究形式”的汉语语法研究新思路，他提出了涉及汉语语法意义的六大系统：动词时态系统、语义角色系统、语义范畴系统、语义关联系统、句子功能系统以及句子语气系统，这是吕叔湘先生关于语法研究的核心思想，也是他对汉语语法研究最为重要的贡献。20 世纪 80 年代，朱德熙指出，语法研究的最终目的是搞清楚意义和形式的关系，并且提出了“对应说”“结合说”和“验证说”。胡明扬也提出了“语义语法范畴”，胡裕树和张斌提出在进行语法研究时，既要区分句法、语义和语用三个平面，又要结合起来。这些前辈学者的研究为我们开展“语义语法”研究打下了坚实的理论基础。目前国内提出的研究语义语法的观点虽然不完全一致，但是基本构想还是比较接近的，也就是继承了吕、朱的学说，并且有所发展。这主要是以下八点：

1. 意义与形式的关系是语法研究的永恒的主题；
2. 形式与语义可以互为研究的出发点；
3. 语义决定形式，语义与形式的结合才是语用的基础；
4. 语义是汉语语法研究的重点、焦点和亮点；
5. 汉语语法研究可以从形式出发，但是更适合于从语义出发；
6. 语义研究应该有相对的独立性；
7. 扩大对语法形式和语法意义内涵的理解；
8. 语义语法研究的重点，在于重建语义范畴、梳理语义关系、分配语义角色、揭示语义特征、确定语义指向和建立语义结构。

六、与时俱进，不断变化研究思路

学术研究最重要的是原创意识，决不要人云亦云，对同行，对前辈，尤其对权威，既要尊重，更要有一种大胆质疑的精神，要敢于提出挑战，提出自己不同的见解；首先是大胆质疑，不质疑，就没有进步的动力；但是质疑了，还要小心求证；不求证，则永远只是质疑，而不是真理，两者必须有机地结合。第一位的还是要质疑，要敢于质疑，还要善于质疑。只有这样，我们才能在汉语研究的基础上，在汉藏语系研究的基础上形成自己的特色理论。这就需要我们转变观念，自觉地不断地换个角度看问题。

美国出了一本畅销书《蓝海战略》，意思是大家习惯在红海里拼杀，海水一片血红色，我们为什么不换个思维方式，另外开辟一个蓝海，寻找新的契机呢？用到语法学研究上，就是不要盲目地“跟风”，别人做什么，我也来做什么，那就永远也只能跟在别人屁股后面跑。我们是不是可以另辟蹊径，也许会“柳暗花明又一村”。这也许可以叫作换个方式看世界，换个角度玩儿语言。这个“玩儿”，不是玩世不恭的“玩儿”，而是玩赏的“玩儿”，希望少一点功利主义，多一点兴趣主义。

在汉语语法研究中，我们特别提倡语法研究理论的原创意识。一方面，我们当然要注意从国外吸取一切有用的理论和方法，但是，我们不是“拿来主义”，而是采用“借鉴、改造、融合”的方针，更为重要的是自己原创。比如，语义指向的理论实际上就是我们汉语语法学家的原创。最早是吕叔湘(1979)的“指向”，后来又有胡树鲜(1981)的“作用点”，一直到刘宁生(1984)的正式命名，中间又经过沈开木(1983)、邵敬敏(1987，1990)、陆俭明(1993，1997)等人的研究与补充，一直到税昌锡的博士论文《汉语语义指向论稿》(2005)，集中了许多学者的智慧，这才形成了语义指向的比较完整的理论。

前辈学者当年一再提醒我们：要求实，这并没有成为过去时。换言之，就是要求我们必须坚持田野调查，或者借助于大型语料库进行研究。现在有些文章，只是根据一个或几个少数例句，翻来覆去地讨论，那确实很难解释更多的语言现象，在教学上也没有太大的指导意义。在求实的基础上，我们必须提倡四新：新语料、新角度、新方法、新理论；必须提倡“为文之道创新意，语若无变死不休”。

我先后出了三本语法论文集：第一本叫作《汉语语法的立体研究》(商务印书馆，2000)，第二本叫作《汉语语义语法论集》(上海教育出版社，2007)，即将出版的第三本叫作《汉语语法的动态研究》(商务印书馆，2013)，这正好反映了我30年来做汉语语法研究的三个阶段，三个不同的研究重点：(1) 三个平面交叉的立体研究；(2) 以语义为出发点和重点的语义研究；(3) 以关注当代汉语最新发展趋势为主的动态研究。

第一阶段是20世纪80—90年代，那时初出茅庐，在上海受到胡裕树、张斌先生关于语法研究"三个平面"思想的潜移默化，主要精力是做形式、意义、语用的立体交叉研究，尤其是语义与形式的关系。如果说爱情和死亡是文学创作的永恒主题，那么语义和形式的对应关系就是语法研究的永恒主题之一。当年《现代汉语疑问句研究》也是体现三个平面研究思路的一个尝试。

第二阶段是20世纪90年代后期到21世纪初，那时我的语法研究思想正在转型，正在向纵深方向探索。我痛感形式语法、功能语法虽然声势浩大，也确实有许多长处，但是他们没有能够抓住语法研究的核心问题，也深感吕叔湘、朱德熙先生的学说需要进一步的发扬光大，所以试图以句法语义作为语法研究的出发点和突破口，研究的重点转向语义特征、语义指向、语义角色、语义结构、语义范畴等，开始有意识地鼓吹汉语语义语法理论，探求具有中国特色的语法研究途径。

第三阶段研究是21世纪，研究眼光转向语言的变化、发展、变异。1996年以后我有机会到世界各地访学，特别是多次到中国香港、中国台湾多所大学交流讲课做研究，有了比较，视野明显开拓，我开始关注汉语语法的动态变化，开始关注汉语的最新发展趋势，并提出"框式结构"的解释模式。

学术研究，就好比一条长河，跌宕起伏，奔腾不已；千回百转，终归大海。我们的研究，也许只是这条长河里的一滴水，但是千万滴水珠凝聚起来，就形成了浪；后浪推着前浪，风起浪涌，就构成潮；潮起潮落，生生不息。所以，我们不必自卑，也不必骄傲。做一滴浪起潮涌的水珠，足矣。

参考文献

胡树鲜　1982　两项副词的多项作用点，《四平师院学报研究生论文专刊》。
刘宁生　1984　句首介词结构"在……"的语义指向，《汉语学习》第2期。
吕叔湘　1979　《汉语语法分析问题》，商务印书馆。
陆俭明　1993　《80年代中国语法研究》，商务印书馆。
陆俭明　1997　关于语义指向分析，《中国语言学论丛》(一)，北京语言文化大学出版社。

邵敬敏 1987 80年代汉语副词的新突破,《现代汉语研究的现状和回顾》,语文出版社。

邵敬敏 1990 副词在句法结构中的语义指向初探,《汉语论丛》,华东师范大学出版社。

沈开木 1983 表示"异中有同"的"也"字独用的探索,《中国语文》第1期。

税昌锡 2005 《汉语语义指向论稿》,东北师范大学出版社。

(原载《河南大学学报》2014年第4期,《高等学校文科学术文摘》2014年第5期全文转载)

汉语语法的动态研究

引言

我们做语法研究，往往希望有一个纯洁的研究对象，有纯洁的语言，但那只能是一种不切合实际的空想。没有进入现代社会的原始语言，也许是比较纯的；任何高度现代化的语言，发达的语言，广为使用的语言，其实都是杂交的产物。在北京话发展的历史上，不止一次受到非汉语的冲击、渗透和影响，阿尔泰语、女真语、蒙古语、满语，甚至包括日语、英语、法语，乃至俄语，在北京话里都可以找到它们的踪迹和身影。这一影响，不仅指外国语、外族语，还包括汉语自身的方言，它们跟北京话是兄弟姐妹关系；不仅如此，语言本身因为自身发展的规律，特别是在社会、政治、经济生活剧变的情况下，有可能发生超乎寻常的变化。

语言观念的变化，必然会给语言研究带来极大的冲击，最重要的变化就是由原来偏重于静态研究转为在静态研究基础上偏重于动态研究。所谓动态研究，包含三重含义，或者说是三种动态观：

1. “语际接触动态观”：倾向于不同语言、地域方言以及社区方言的接触、碰撞与渗透，着眼于语言的横向互动的发展。

2. “历时演变动态观”：联系历史的演变与发展来研究汉语，着眼于纵向发展的进程。

3. “共时交际动态观”：研究语言在实际交际过程中的变化，着眼于语言运用以及语言应用过程中适配社会需求的变化脉络。

更为重要的是，我们在进行语言研究时，需要牢牢树立一种动态观念：把语言，包括语法，看作是一种永远在变化，不断在发展、互相制约、互相渗透、互相影响，有生命力的、开放式的、能够自我完善的网络系统。

在历时和共时这个纵横交叉的坐标上，语言永远处于运动的态势之中。我们只有具备了这样一种基本观念,才不会对语言的种种变化现象感到惊讶,才有可能洞察语言的客观规律和发展趋势。

一、语言或者方言之间的接触互动格局

由于语言是流动的,不可避免地跟其他语言,包括地域方言以及社区方言发生接触与碰撞,语言就可能发生种种互动性变化。

(一) 地域方言,特别是强势方言的影响

比如北京话的正反问句,以往主要采用“AB 不 A”(吃饭不吃?)的形式,南方方言(粤方言、闽方言、吴方言)主要采用“A 不 AB”(吃不吃饭?)的形式。经过几十年的互相竞争,显然,南方的格式占据了优势,其原因主要就在于“(A 不 A)B”格式疑问焦点集中,“A 不 A”正反两项同时指向 B,特别符合人的认知寻求简洁的途径。而“AB 不 A”格式疑问焦点分散,而且语义指向既有顺指,也有逆指,可能不是认知的最佳途径。“A 不 AB”格式的大量运用,发展到双音节形容词正反问也使用这一格式,例如,“漂不漂亮?”“大不大方?”甚至于可以问“O 不 OK?”可见,语言具有自我完善的机制,在应用过程中,或者进行弥补,或者进行调整,或者从别的语言或方言中吸取营养。

再比如,原先北京话里用“有没有”提问时,后面只能够带着名词性宾语,例如“有没有钱?”“有没有票?”如果后面是动词性宾语,只能够问“吃饭了没有?”“理发了没有?”而南方方言,包括吴方言、闽方言以及粤方言,都可以在“有没有”后面带上动词性宾语,这一说法显然比北京话原先的说法更为便捷,根据语言格式的类推原则和互补原则,现在北京人用“有没有吃过饭?”“有没有理过发?”这样提问的可以说已经比比皆是了。而且回答“有”或“有吃过”的也时有所闻了。

(二) 社区方言的影响

由于中国的国情,汉语的使用除了中国大陆之外,还有中国香港、中国澳门、中国台湾等地区。这些地区的汉语随着近年来地区关系日益密切,语言的相互影响也明显加深。

比如大部分由动宾结构构成的动词属于不及物动词,即不能带任何宾语,例如,挂钩、毕业、放心、带头、示威、播音、革命。但是,在港式中文

里这样可以带宾语的动宾结构式动词比较多。例如：

(1) 身在北京的南方在电视机前看着女友超前郭晶晶，第三次夺得奥运冠军……(《明报》2009 年)

(2) “伊文”登陆雷州带来暴雨。(全球首个华语语料库)

(3) 到时不但可免却收不到股票的麻烦，而且也有益环保。(《星岛日报》2000 年)

(4) 意大利接壤瑞士的伊夫雷亚村在连日倾盆大雨后，附近的多拉巴迪河水万马奔腾。(《星岛日报》2000 年)

(5) 克林顿在八年任期内，也曾监工几项翻新工程。(《星岛日报》2000 年)

(6) 他将去信英国首相贝里雅，要求外交部或内政部道歉及赔偿。(《明报》2000 年)

“动宾”结构的不及物动词再带上宾语，可以说是近些年来出现的一种句法的新现象，而且这类用法还有扩大化的趋向。这说明，这类句法结构有其独特的优点，就是比较简洁明了，特别在广告语、标题语里大量运用，比如：

登陆上海滩、牵手咬文嚼字、解密档案、遇难太平洋、授意秘书、卧底黑帮、落户深圳、把脉地铁、做客凤凰卫视、讲学南京师大、进军黄金市场、造福人类、卖身敌人、约会张玲、致电美国、减产石油、出土文物、聚会亚特兰大、作别微软移情谷歌、新欧宪碰壁爱尔兰

我们利用北京大学中文系的语料库进行了核查，发现这类语言现象已经有所反映，根据数据统计，“登陆”有 370 条例句，其中 6 条是带宾语的，例如“登陆台湾”“登陆月球”“登陆金门岛”“登陆京城”“登陆内地市场”“登陆诺曼底”。(动词重复的有 11 条)。

“有益”1 746 条，绝大部分都是“有益于”再带宾语，但是也出现“有益”直接带宾语的条目，例如“有益卫生”“有益社会”“有益母亲”“有益健康”“有益环境”“有益发展”等。

“去信”168 条，有 4 条是直接再带宾语的。例如“去信主编者”“去信外交部”“去信萧军”“去信羊城晚报”。

造成动宾式不及物动词带宾语的原因可能多种多样，但是港式中文

的影响也是值得注意的。

二、历时的演变和发展以及语法化进程

我们做现代汉语语法研究的，以前往往不太重视历史的研究，认为这跟我们没有太大关系。这可能是过分狭隘理解区分历时语言学与共时语言学的观点，甚至于隔断了两者应有的联系。大量的研究事实说明，现代汉语的语法研究有必要联系历史来进行，否则看待很多问题往往是知其然不知其所以然。

(一) 语法意义的变化

比如表示侥幸语义的“多亏”“幸亏”，考察历史语料，我们发现，“亏”本来是动词，《说文》解释为“亏，气损也。”例如：

(1) 日极则仄。月满则亏。(《管子·白心》)

“亏”的语义的演变，我们怀疑这是反训的结果。因为“亏”和“盈”是相对的。你亏则我盈，亏盈相辅相成。古人很早就认识到这一哲理。例如：

(2) 入人园圃。窃其桃李。众闻则非之。上为政者得则罚之。此何也。以亏人自利也。(《墨子·非攻》)

(3) 妇，养姑者也。亏姑以成妇，逆莫大焉。(《左传·襄公二年》)

当说某人“亏”时，实际上就可能对其他人产生有利的情况。因此，表示庆幸的“幸亏”“多亏”“亏得”等词语，最早应该是从表示亏损义的“亏”发展而来。

根据历史语料考察，明代是“亏”从动词向副词演变的关键时期。明代的文学作品语言里，“亏”的动词属性还未消失，表示在让对方亏损的同时，也可能给另外一方带来了好处。例如：

(4) 又亏着那老妪这几钱银子，将就半饥半饱，度到临洮府。(冯梦龙《醒世恒言》)

(5) 郓哥道：“……我便一头顶住那婆子，你便奔入房里去，叫起屈来。此计如何?”武大道：“既是如此，却是亏了兄弟……”(兰陵笑笑生《金瓶梅》)

(二) 实词虚化的进程

语义之外，还有词语的虚化，这在结构形式上可以得到证明。在元杂

剧中出现了大量的表示"庆幸"义的"亏""多亏""全亏""亏的"等词。其特点主要有两个：

第一，这时"亏""多亏"所带的基本上都是名词性词语。例如：

(6) 小生多亏[这白马寺长老]：一日三斋，未尝有缺；每谈清话，甚得其清致。(关汉卿《山神庙裴度还带》)

接着，名词性宾语后面出现了表示动作行为的后续句；再进一步，如果去除名词性宾语与后续句中间的停顿，就变成完整的小句了，"多亏"也完成了从动词转变为副词的进程。下面三例正好反映了这一演变过程。例如：

(7) 此一场大功，多亏了[大夫也]。(郑廷玉《楚昭王疏者下船》)

(8) 秀才，多亏[你也，寄书到此，远路劳神]。(尚仲贤《洞庭湖柳毅传书》)

(9) 非小官之能，多亏[大夫用计也]。(高文秀《保成公径赴渑池会》)

例(7)"多亏"带名词性宾语，用"也"煞句；例(8)也带名词性宾语，也用"也"煞句，接着还有动词性的后续句；例(9)则干脆带了主谓短语的宾语，最后也用"也"煞句。

三、共时的适配交际需求的语言演变

共时的语言演变注重于语言交际过程中的变化，关注社会、科技、网络等给语言乃至语法所带来的变化，包括语言运用和语言应用所带来的变化。

(一) 词类功能的扩大

1. 名词直接用作动词

名词跟动词的主要区别之一就是看能不能直接带宾语，或者能不能带上状语。现在有些名词往往直接带上对象宾语使用。例如：

伊妹儿你、电话你

或者在名词前面添加介词结构、副词作状语。例如：

跟你 QQ，一起 MSN

这类名词主要是通信工具的名称，本身包含有动作的语义因子。

或者名词直接带数量补语，这类名词往往是搜索工具的名称，带的是动量词"一下"，其语义内涵实际上也具有动态属性。例如：

搜狐一下、百度一下、QQ 一下、博客一下有的名词可以直接带上动量词“一把”，表示来这么一下。例如：

权威一把、花痴一把、文学一把、格言一把、网恋一把

2. 名词直接作为状语去修饰动词

目前这类用法多为表示通讯联系方式的名词，可看作状中结构的发展。例如：

电话联系、短信回复、手机对话、博客交流

3. 名词直接用作形容词

名词跟形容词的根本区别就在于能不能接受副词，尤其是程度副词的修饰。以往也有少数名词由于长期受到副词修饰，变成了名形兼类词，比如“土、毒、铁、牛”。不过以前这些组合常常看作修辞手法，现在却比比皆是，跟以前已经不可同日而语。(邵敬敏、吴立红，2005)例如：

非常广东、最中国、很阳光、很女人、很生活、很传统、很逻辑、很散文、很东方、很淑女、很青春、很绅士、相当北京、特知音、颇潮流、太喜剧、很绅士、比较现代、很技术、挺个性、很潮流、很大陆、很家庭、很幻觉、很邪气、很散文、很学生气、非常智慧

这一用法还经常跟形容词并列使用，说明在人们的心目中这些名词的属性和功能起码在这里跟形容词是基本等同的了。例如：

(1) 以前我们认为日本女性很东方、很贤淑，实际上日本受教育的女性已经不是这个样子了。

(2) 她十分得意的是：人们评价她的表演很真实，很生活。

(3) 据店主介绍，“Dans le vent”是意大利文，就是“很潮流、很时尚”的意思。

(4) 那些在高档酒店促销的所谓人头马小姐，肯定是城市的、比较漂亮的、比较有内涵的、有气质的，而不是那种很肤浅很花瓶的。

4. 程度副词可以修饰状态形容词

原先程度副词只可以修饰性质形容词，但是不可以修饰状态形容词。可是，现在情况发生了根本性变化。例如：

(5) 当时的我还是非常冰冷的，我们只是经常打电话聊天，直到我和李大齐见面之后，我才知道男人是怎样疼女人的。

(6) 蓝色把肌肤显得很雪白，也很优雅。

(7) 上好了子弹，然后调了一碗盐水喝，水非常冰凉，使我的牙齿都咯咯打战。

(8) 相声没萎缩，很火红。

这种现象，可以称为“程度磨损”。所谓状态形容词的程度磨损，指的是某些表示程度高或者比较高的表达方式，由于长时间的使用，原有的程度量不再那么凸显，已经不能够被人们敏锐地感觉到，从而寻求换用其他的表达方式。换言之，冰冷、火热等状态形容词原来表示的程度高的含义已经弱化，甚至于逐渐消失，混同于一般的性质形容词了。为了显示其程度，办法之一就是再添加程度副词来重新“提升”“加温”原有的程度。

5. 程度副词可以修饰绝对性质形容词

性质形容词通常分为两类：相对性质形容词和绝对性质形容词（朱德熙，1956）。原先程度副词只能够修饰相对性质形容词，不能修饰绝对性质形容词。因为所谓的绝对性质形容词，例如，真、假、圆、方、横、错、紫、温，在语义上是无所谓程度差异的，其特点就是不能受程度副词的修饰。但是，现在绝对性质形容词意念上也出现了程度区别，也可以接受程度副词的修饰了（邵敬敏，2007）。例如：

(9) 笑，不需太真。

(10) 这样的戏太假了。

(11) 足球太圆，梦想太方。

(12) 两个立着的字在上下，中间不好加太横太胖的字体。

(13) 此言不能说太错，却不精确。

(14) 第一张化妆太西化，唇膏太紫，眼影太黑，眉毛太浓。

(15) 李亚鹏太温胡兵太花哨。

(二) 新兴的语法现象

1. 结构重组

所谓的结构重组，就是突破现有语法结构模式的框架，重新组合为某种新的结构类型。例如“名名组合”，如果前面的名词是表示地点和处所的，通常构成偏正短语。例如：

中国经典、广东新闻、北京奥运、苏州小吃

现在两个词语一颠倒，就成了一种新的结构：

经典中国、新闻广东、奥运北京、小吃苏州

显然，这已经不是偏正结构，而是新的主谓短语。尽管这些短语主要还只是出现在媒体栏目以及广告语体中，但频率非常高，加之是媒体的影响，已经成为一种非常能产的格式。（周日安，2006）例如：

数字中国、人物中国、历史中国、财富中国、财经中国、婚姻中国、手机中国、图片中国、博客中国、媒体中国、青春中国、雅虎中国、时尚北京、美食广州、新闻电视、动感亚洲、魅力重庆

2. 新兴程度副词的产生

这些新的程度副词有“暴”“狂”“巨”“超”“奇”“贼”等，它们之所以能在年轻人口中及网络用语中流行，除了其自身的语义基础之外，在语用价值上，它们具有传统程度副词所无可比拟的独特的语用功能。试比较：

（16） A. 那老师讲课十分/非常乏味，我实在受不了就逃课回来上网。

B. 那老师讲课超乏味，我实在受不了就逃课回来上网。

（17） A. 我的腰十分/非常粗，都不敢穿低腰的牛仔裤。

B. 我的腰暴粗，都不敢穿低腰的牛仔裤。

（18） A. 这次考试考得十分/非常差，真是无颜见江东父老！

B. 这次考试考得巨差，真是无颜见江东父老！

显然，B 例更为形象、生动，“超”有“超出一切”的意味；“暴”则显示“大而猛”；“巨”的情感要强烈得多。换言之，程度副词的程度也发生了磨损。

3. 量词的泛化

一种是普通话原有量词的泛化，比如原来的“一把”只跟手的动作结合（邵敬敏，2007）。例如：

抓、拉、推、扯、捏、拍、摸

后来开始泛化，扩大到一般的动作动词，例如：

帮、赌、玩、赚、练、试、博、耍、驾、钓、拼、搜、算

接着就是跟不及物动词的组合。例如：

笑一把、哭一把、醉一把、死一把、疯一把、自责一把、娱乐一把、沸腾一把

最后，部分具有变化属性的形容词也可以进入这一格式，例如：

红一把、爽一把、俗一把、湿一把、懒一把、酸一把、忽悠一把、伤感一

把、浪漫一把、幽默一把、轻松一把、感动一把、腐败一把、感叹一把、忧伤一把、郁闷一把、感慨一把、刺激一把

甚至于出现了英文或者拼音文字带上“一把”的例子。例如：

秀一把、酷一把、PK 一把、FB 一把(腐败一把)

另外一种是方言量词用法进入普通话范畴，并且开始泛化。比如“粒”，普通话里的组合很有限，主要限于“微小、坚硬而圆的颗粒状物件”。例如：

一粒＋米、豆、种子、子弹

粤方言里“粒”组合的范围就很大。由于粤方言是强势方言，所以，现在“粒”的组合也开始泛化，不仅扩大到比较大的物件，而且还可以修饰比较抽象的名词。例如：

一粒＋星、足球、佛珠、词语

4. 框式结构迅速泛化

近年来，大量框式结构涌现，不仅结构义特殊，而且具有强大的能产性。例如“X 你个头”“A 了去了”“连 A 也/都 B”“非 X 不可”“想 X 就 X”“要 A 就 A”“半 A 半 B”等。

“X 你个头”是当代汉语里极为流行的一个框式结构，X 是可变项，“你个头”为不变项，主要用于对对方的话语表示反驳或者否定。该结构式很能产，出现频率非常高。整个框式结构的语义是针对对方的话语表示反驳或者否定的，包括调侃、讽刺、挖苦、质疑、否定、愤怒……例如：

(19) 六师弟：还你个头！把蛋还给我！！！！(《少林足球》)

(20) 刘凯火了：“结你个头！怎么对工作这么不负责任！”(《冬至》)

近年来该框式结构还出现了一些特殊的变式。例如：

a. 拷贝式结构：好你个头好！(沪江英语)

b. 动宾内嵌“X 你个头”：考你个头的研，西南财经大学的研究生们帮帮我！

c. “X 你个头”的简略变式：准确预见每次大跌，跌个头。(股市论坛，2010－09－13)

更为有趣的是汉语方言里还有“X 你个脚”格式。例如：

(21) 夏天智骂道：“给你个脚！墙高的人了，倒还有脸向我要钱？”(贾平凹《秦腔》)

(22) 廖珍嘟囔着:“嫂子、嫂子、嫂子你个脚!”(蚂蚁上树,2011-02-26)

(23) 贵你个脚贵!(南大幸福花城,2008-01-11)

(24) 杜丽娟说:“卡什么卡,卡你个脚!”说着取了碗筷去洗。(先占个座,2010-07-10)

有意思的是,英语中居然可以用“X your foot”(“X 你个脚”或者“X 我个脚”)表示跟现代汉语相近似的意思。例如:

(25) Mother: She was honest enough to tell me that ...
Father: Honest your foot! She's fooled you — deceived you.
(诚实你个脚,她骗了你。)

(26) But it's a serious matter for you.
Serious my foot. Why should I worry?
(重要我个脚。我为什么要担心?)

这个 your foot 或 my foot 的用法,《牛津英语词典》第二版,包括国内出版的《英汉大词典》都收录了。

四、语言演变的深层次原因

(一) 语言交际的简约性追求

当代社会追求高速度、快节奏,语言希望用最简短的形式来表述尽可能复杂丰富的内容。这反映在语法上,则尽量不使用介词,促使词语直接组合。这显示了当代汉语更加追求效率,讲究语言形式的简明,动宾式动词带宾语、形容词直接带宾语等这些新的用法均属于句法结构的简约化。

(二) 弥补汉语表达的空位

我们必须清醒地明白,汉语尽管非常具有表现力,但也不是无懈可击的,换言之,也还存在着“表达空位”,需要有新的表现形式去填补。比如“V 给”结构中的 V 大致具有三种语义特征:给予、取得、制作。朱德熙先生认为只有“给予”类动词才能构成“V 给她一本书”,非给予动词不能构成这类句式,但是现在大量语言事实说明:这样的句子已经比比皆是。例如:

赢给我们一个安定的家、买给你一本书

抓给我们一把弹壳、沏给你一杯茶

这实际上就是“卖给你一本书”(给予义)这类结构格式的类化和泛化的结果。

(三) 增添汉语表达新的特色

吕叔湘早在《中国文法要略》(1942)中就指出:“一切表示高度的词语,用久了都就失去锋芒。”同理,一切现有的语法形式用久了,就可能失去它固有的特色,就会产生新的形式来替代,这反映了人们求新求异求变的心理追求。最典型的莫过于新兴程度副词的出现,以及状态形容词以及绝对性质形容词还能够接受程度副词的修饰了。

我们必须明白,汉语语法结构的演变不是单一原因造成的,是多种原因共同促成的。所以我们必须从语言的外因、内因以及人的认知各个方面去寻找解释。人们的求新、求异、求简、求变的需要往往超越语言表达需要遵循的一些基本规则,其中,社会交际要求语言最大程度的高效率表达跟语言自身存在的种种问题,可能是推动语言演变的最重要的原因。

语言的变化和发展是客观存在的,问题是,我们在研究时是否能够主动地、深刻地认识到这一点,并运用动态变化的理论去观察、分析与解释。我们提出“三个动态观”,目的就是希望突破以往静态研究的束缚,变换视角,从动态变化的理念出发来重新审视各种语言新现象。

参考文献

邵敬敏、吴立红　2005　“副+名”组合与语义指向新品种,《语言教学与研究》第6期。

邵敬敏　2007　论“太”修饰形容词的动态变化现象,《汉语学习》第1期。

周日安　2006　“XY中国”的语义、功能与成因,《语言文字应用》第3期。

朱德熙　1956　现代汉语形容词研究,《语言研究》第1期。

本文在“第二届语言科技高层论坛暨《语言科技文库》发布仪式”(南京师范大学,2013年6月)上宣读。

(原载《互动与共鸣》,世界图书出版公司2014年)

论汉语语法研究的北大精神

如果说新时期的汉语语法学是一个百花盛开的大花园的话，那么北京大学的语法研究就是其中最有魅力的一朵鲜花。北京大学的汉语语法研究在中国语言学界里有极为重要的地位，起着领头羊的作用。如果说这几十年来我国涌现出一大批优秀的语法学家的话，那么，以朱德熙、陆俭明为代表的北京大学语法研究团队就是其中的第一方阵。新时期 30 年风风雨雨，披荆斩棘，汉语语法研究赢得了极其辉煌的成就，这离不开北京大学研究团队的杰出贡献。

从王力先生，到朱德熙先生、陆俭明老师，一直到年轻一代的袁毓林、沈阳、郭锐教授，薪火相传，一脉相承，又推陈出新，更上一层楼。他们在汉语语法研究方面各领风骚数十年。在北京大学这个特定的学术氛围里，形成了一个继往开来的传承关系。王力先生的学问是博大精深，尤其擅长把中国传统语言学跟现代语言学融为一体。朱先生的研究极富创新意识，汉语语法研究在他的手里，不仅仅是一门学问，更是一门科学，一门艺术；是一种生活，也是一种享受。陆老师的特点是精力过人，充满着青春与活力，不断地与时俱进，一直走在汉语语法研究的最前列。至于年轻一代，袁毓林的认知语法学、沈阳的形式语法理论的中国化、郭锐对句法语义的不懈探索，构建了汉语语法研究的一个个学术高地。我们欣喜地看到，北大精神在汉语语法研究领域里得到了发扬光大。

一、朱德熙先生的空前绝唱

朱德熙先生喜欢昆曲，聆听他演唱昆曲，是一种艺术的享受。那么听他的语法讲座，看他的语法论著，同样也是享受艺术大餐。

朱德熙先生的成名之作是《现代汉语形容词研究》，该文以崭新的研究角度、有效的研究方法和出色的研究结论引起国内外同行的瞩目。20世纪60年代，他全面运用结构主义学说来研究汉语的语法专题，对汉语描写语法的发展起到了举足轻重的推动作用。尤其是《句法结构》（《中国语文》，1962年第8—9期）一文为全面研究汉语的句法结构，揭示其中不同层次、不同组合的规律提供了可靠的理论和方法。《说"的"》（《中国语文》，1961年第12期）更是他的呕心沥血之作，体现了结构主义语法理论跟汉语语法事实的紧密结合。

20世纪70年代到80年代，朱先生大胆引进新的研究理论，出色而娴熟地运用经过改造的变换方法，对动词进行再分类；并以深层结构理论为背景，揭示了汉语中隐藏在显性语法关系后面的隐性语法关系。这一切都为我们更深入更细致地分析汉语的句法特色和语义关系打开了思路。其中尤其是《汉语句法中的歧义现象》（《中国语文》，1980年第2期）、《变换分析中的平行性原则》（《中国语文》，1986年第2期）更给人以方法论的启迪。

（一）朱德熙先生的语法研究成就

如果说《现代汉语语法研究》《语法丛稿》是探索性的，《语法讲义》是描写性的，那么《语法答问》就是论辩性的。朱先生的语法思想集中体现在这四本著作中。

《现代汉语语法研究》《语法丛稿》收录朱先生的语法研究专题论文，数量虽不多，但几乎篇篇都是呕心沥血之作，是以质胜量的典型代表。他的语法研究思想不断发展，不断创新，尤其在语法形式与语法意义的对应关系、互相验证方面屡有建树，运用语义特征、语义指向来解释句法现象，很有说服力。

《语法答问》的论题集中在一些有长期争论的问题上，观点鲜明，重点突出。作者努力摆脱印欧语的干扰，摆脱旧有观念的束缚，试图运用朴素的眼光看汉语，从而能提出一些新的富有启发性的见解。

《语法讲义》是全面体现作者对汉语语法体系认识的一个框架。它是国内继丁声树《现代汉语语法讲话》之后，运用结构主义语法理论对现代汉语语法进行全面描写，并具有浓郁中国特色的一部最重要的语法著作，它构拟了一个崭新的"词组本位"语法体系，为汉语描写语法的发展作出了不可替代的贡献。

(二) 朱德熙先生语法思想的核心

朱德熙的语法研究思想代表了当代中国语法学界的主流,产生了深远的不可估量的影响。他在语法研究的理论与方法上的核心思想主要有以下四个方面:

1. 重新认识汉语的语法特点。作者认为主要有两点:一是汉语的词类跟句法成分之间不存在简单的一一对应的关系;二是汉语的句子构造原则跟词组的构造原则基本上是一致的。这两个特点决定了汉语语法其他一些具体的特点。

2. 明确提出以词组为基点的词组本位语法体系。作者认为它比句本位优越:一是内部一致,没有矛盾;二是具有简明性。

3. 对语法形式与语法意义关系给予新的诠释,指出"语法研究的最终目的就是弄清楚语法形式和语法意义之间的对应关系"。因此,进行语法研究应该把形式和意义结合起来。真正的结合则是两者互相渗透,讲形式的时候能够得到语义方面的验证,讲意义的时候也能够得到形式方面的验证。

4. 提出横向的(方言)语法研究和纵向的(历史)语法研究相结合的方法。他根据自己研究"的"的切身体会,指出必须把"方言语法研究、历史语法研究和标准语语法研究"结合起来,这就弥补了描写语法研究先天存在的不足,就从原先静态的、孤立的研究变成动态的、比较的研究。从而不仅为汉语语法研究的健康发展指明了新的方向,而且具有语言类型学上的意义。

(三) 朱德熙先生语法研究的风格

朱德熙的语法研究不但具有鲜明的时代特点,而且也具有浓郁的个人风格。

1. 善于吸取国外新的语法理论和方法,而且经过了去粗存精、去伪存真的改造,一切都要经过汉语语言事实的验证,因而有所修正,有所发展。例如,他指出:X_1Y_1 和 X_2Y_2 同构的条件都是:(1) $X_1Y_1=X_2Y_2$(2) $X_1=X_2$(3) $Y_1=Y_2$,对于某些形态比较丰富的语言来说,条件(1)可能是多余的,但是汉语里仅仅满足条件(2)(3)不一定同构,例如:

烤白薯(述宾)……(A_1)　　烤白薯(偏正)……(A_2)

2. 善于吸取前人研究的成果,在此基础上开拓出新的研究领域,把研究水平提高到一个新的高度。例如关于动词“向”和歧义格式研究受到赵元任影响,关于形容词研究和语尾“的”的研究则受益于陆宗达、俞敏的《现代汉语语法(上)》一书。

3. 善于抓住纷繁的汉语语法现象中某一个专题,而该专题往往能较好地体现出汉语语法研究的一些原则问题,所以具有“以小见大”“以实显虚”的特点。例如《说“的”》《与动词“给”相关的句法问题》便是这类代表作。

4. 研究理论及方法前后的连贯性和对此不断地进行完善、改进。这种连贯性使他的论文在总的方向上始终保持前后一致,而这种改进性则使语法研究得到不断深入和发展。例如,变换方法开始时只是作为区分“狭义同构”内部小类的一种方法提出来的,发展到后来,则已成为证明是否具有相同语法意义的一种可靠的形式验证。

5. 提倡“用朴素的眼光来看汉语”,对外来的理论与方法都要经过汉语的实践,并且作出相应的改进。如作者根据汉语中存在着“客人的到来”这样结构关系与功能不一致的情况,对布龙菲尔德关于“向心结构”定义作出了修改,认为“向心结构和它的核心关系包括语法和语义两方面。从语法上说,功能相同;从语义上说,受到相同的语义选择限制”。

6. 在理论和研究方法上不断进行探索。这一点贯穿了朱氏的全部研究,作者提出“变换式矩阵里的句子无论在形式上还是在语义上都表现出一系列的平行性”。此外,还指出了“自指”“转指”以及“句法成分的提取”等新观念,这不仅对分析汉语语法,而且对其他语言的语法分析也都有普遍指导意义。

总之,朱先生是国内思想最活跃、最富有创新精神,研究卓有成效的著名语法学大师。几十年来,他坚持从汉语语言事实出发,不断地借鉴国外一些新的语法理论和方法,并融会贯通,推陈出新,对汉语语法进行科学的精细的分析,从而得出令人信服的、富有启迪性的结论。并通过典型汉语语法现象的分析研究,进一步提出在语法研究理论和方法上的新的富有创见的看法。从而为建立起具有中国特色的汉语语法理论框架而作出极为重要的贡献。他精湛的语法思想不仅仅影响了我们这一代人，而且还将影响到几代学人。

二、陆俭明老师的杰出贡献

陆俭明老师精力充沛，文思敏捷，不仅具有国际视野，而且观点前沿，稳妥中透出犀利，事实中蕴含理论，平凡中包容着奇特。阅读他的论著，决不能就事论事，而必须知一反三，静中见动。

陆俭明老师师承我国著名语言学家朱德熙先生，而且有所发展，有所创新，形成自己鲜明而独特的研究风格，成为新时期我国汉语语法研究学科的领军人物。他的研究深刻地体现了我国语言学界的优良传统，即坚持从汉语的语言事实出发进行深入的调查研究，但又不局限于局部的描写，而是努力体现研究方法的革新；他的研究也充分展示了我国新一代语法学家在理论上的追求，即在吸收、借鉴国外新的理论方法的基础上，努力结合汉语实践，加以修正，加以发展，并且形成自身的特点。

陆俭明对汉语语法规律有着相当深刻的认识，描写细致入微，论证扎实周到，结论严谨可靠，思路清晰严密，而且行文流畅可亲，深入浅出。其最重要的特点则是对汉语语法研究方法论的不懈的探索，这也是贯穿他全部研究的一根主线。

他的语法研究视野开阔，分析精细，从中我们可以清楚地看出一位真正的学者一步一个脚印所走过的艰辛而又灿烂的道路。重要论文结集为《著名中年语言学家自选集——陆俭明自选集》(河南教育出版社，1993)和《20 世纪现代汉语语法八大家——陆俭明选集》(东北师范大学出版社，2001)。

(一) 陆俭明老师的语法研究成就

1. 专题研究。虚词研究是陆俭明老师研究的强项，代表作就是跟马真老师合写的《现代汉语虚词散论》(北京大学出版社，1985；修订本，语文出版社，1999)。其中《虚词研究浅论》是专门讨论研究方法的。该文特别指出研究虚词有两条线索：一是根据虚词的意义，依靠比较法。二是考察虚词的用法，作者提出从八个方面考察：句类，词类，音节，轻重音，肯定与否定，简单与复杂，位置，跟其他词语的配搭等。其次是句法分析，尤其是口语句式的分析有独到之处，代表作是《现代汉语句法论》（商务印书馆，1993）。

2. 方法论的探索。《八十年代中国语法研究》（商务印书馆，1993），重点就是讨论若干研究方法，包括“层次分析的应用”“变换分析的应用”“语义特征分析的应用”“语义格和语义指向”“形式和意义的结合”“值得注意的理论和观点”。可贵之处就在于对20世纪80年代以来的汉语语法研究的若干重要研究方法进行了梳理，具有重要的指导作用。而后在《现代汉语语法研究教程》（北京大学出版社，2003）中还有进一步的发展。

3. 语法应用研究。他在语法教学和教材编写方面倾注了大量的心血。他是北京大学《现代汉语》教材的主要执笔者之一，也是《现代汉语虚词例释》（商务印书馆，1982）这本重要工具书编写的组织者和执笔者之一，他还跟沈阳合编了《汉语与汉语研究十五讲》（北京大学出版社，2004）。他还非常关注中学的语文教学，尤其是对外汉语教学，在教学第一线以及出国讲学过程中发现问题，解决问题，并在有关理论上进行了探索。

（二）陆俭明老师语法研究的特色

陆俭明的语法研究不仅继承了老一辈语法研究的优良传统，而且形成了自己的特色。这些特色主要是：

1. 研究的视野相当开阔，善于观察，善于挖掘，善于总结。他不仅研究虚词本身的特点，而且把虚词跟句式联系起来进行研究，从而打开了思路；不仅注意书面语的语法研究，而且注意口语里句式的变化，注意不同语用场合的特点，从而发现了一些不为人注意的动态变化；不仅注意句法形式的制约，而且注意语义特征、语义角色、语义指向对形式的决定作用；不仅注意语法本体的研究，而且还注意对外汉语教学以及计算机应用中所出现的问题；不仅注意具体语法规律的挖掘，而且注意研究方法的归纳。

2. 擅长从各个角度进行多层次的比较。比较法并不是什么新的方法，但对比较方法能如此娴熟地运用，而且从不同角度进行多侧面比较，则是一门艺术。例如关于现代汉语疑问语气词的研究，就是综合使用了功能比较法、语义对应法和教学推导法，使比较研究更具有科学性，最后得出一个新鲜的结论：即现代汉语疑问语气词只有两个半：“吗”

“呢”和半个“吧”。也许你不一定同意他的结论，但不能不佩服他所采用的研究方法的科学性。这一方法体现了文理渗透的精神，简明实用，很有吸引力。

3. 坚持语法形式与语法意义之间双通道的研究，互相结合，互相渗透，互相验证，以揭示这两者之间的相对应又不相对应的复杂关系。他认为句法结构是句法结构，语义结构是语义结构，两者不是一回事；他还指出语义类别和句法结构的制约和反制约的关系。因此，这一研究也是对朱德熙先生关于形式与意义关系学说的继承和发展。

4. 强调多元意识，主张不断探索研究方法的改进，针对不同的课题，采用不同的研究方法，以达到最佳的研究效果。这主要是综合使用变换分析法、语义特征分析法、语义指向分析法、计量分析法等，而且他还特别重视对这些研究方法的总结，先后发表多篇关于方法论研究的论文。尤其是《八十年代中国语法研究》（商务印书馆，1993）更是一部带有理论总结性的著作，显示出他在探讨语法研究方法和理论方面的自觉意识。

（三）陆俭明老师语法研究的风格

陆俭明老师是一位不断创新的学者，与时俱进，充满活力和激情，即使年过七十，学术青春仍在。进入 21 世纪以来，仍然发表许多重要的具有指导意义的论文。例如，《汉语语法研究所面临的挑战》（与郭锐合作，《世界汉语教学》，1998 年第 4 期）、《汉语语法研究的必由之路》（《语言文字应用》，2005 年第 3 期）、《当代语法理论和现代汉语语法研究之管见》（《山西大学学报》，2007 年第 3 期）等。他在学术上具有一种独特的敏感，最近几年里，发表了《“句式语法”理论与汉语研究》（《中国语文》，2004 年第 5 期）、《构式语法理论的价值与局限》（《南京师范大学学报》，2008 年第 1 期）等，对构式语法理论进行了实事求是的评价，既肯定构式语法理论对推进语言研究有一定贡献，同时也指出这种理论还很不完善，甚至还存在某些问题与局限。

陆俭明老师是 20 世纪跟 21 世纪新旧世纪之交中国语法学界的领军性人物，他的语法研究无疑在汉语语法学史上占有无可替代的重要位置，起到了承前启后的桥梁作用，不仅自己的研究出类拔萃，在组织、引导中国的汉语语法研究健康发展，走向世界舞台方面也发挥了积极的作用。

三、永远的火炬——北大精神

纵观北京大学的汉语语法研究，可以清楚地看到，一方面是源远流长，根深叶茂；另外一方面则是推陈出新，奔腾不息。

从王力先生，到朱德熙先生，到陆俭明老师，我们清晰地看到北京大学的语法学家长新不衰的脚步，也深刻领略到汉语语法研究的北大精神，就像奥林匹克那永远不会熄灭的火炬，光芒四射。这就是：脚踏实地的探索，与时俱进的创新。他们三位各领风骚若干年，他们之间有一定的传承，更多的是发展和创新。各人有自己研究的强项和特色，各人也有自己研究独特的魅力。比如王先生的汉语句式分析在当时可谓“一枝独秀”“玉树临风”。朱先生在进行句式变换、歧义分化时的思路和方法，读来简直就是一种享受，可称得上是“如醉如痴”“倾倒众生”。陆老师的虚词比较以及方法论的概括，竟然能够如此“出神入化”，不能不让我们“叹为观止”。这些特色如果要加以概括的话，那么至少有以下几点：

(一) 对汉语语法特点不懈的追求和挖掘

朱先生和陆老师对汉语语法的特点有自己独特的认识，朱先生的认识主要有两点：一是汉语的词类跟句法成分之间不存在简单的一一对应的关系；二是汉语的句子构造原则跟词组的构造原则基本上是一致的。陆老师则在朱先生的两点基础上补充了四条：(1) 缺乏形态标志和形态变化。(2) 只要语境允许，句法成分，包括重要的虚词，可以省略。(3) 同一种语法关系可以隐含较大的语义容量和复杂的语义关系而没有任何形式标志。(4) 语序固定，语序成为汉语表示语法意义的重要手段。无疑，对汉语语法特点的认识，关系语法研究的全局，两位对此都作出了不懈的努力，并且得出了独具匠心的结论。

(二) 擅长通过具体专题显示语法研究的理论和方法

朱先生和陆老师语法研究的特色之一，就是善于抓住纷繁的汉语语法现象中某一个专题，而该专题往往能较好地体现出汉语语法研究的一些原则问题，所以具有“以小见大”“以实显虚”的特点。

陆老师还主张不断探索研究方法的改进，针对不同的课题采用不同的研究方法，以达到最佳的研究效果，所以他还特别重视对这些研究方法的总结，先后发表了《分析方法刍议》(《中国语文》，1981 年第 3 期)、《变换分析在汉语语法研究中的应用》(《湖北大学学报》,1990 年第 3 期)、《语义特征分析在汉语语法研究中的应用》(《汉语学习》,1991 年第 1 期)、《汉语句法分析方法的嬗变》(《中国语文》,1992 年第 6 期)、《关于语义指向分析》(《中国语言学论丛》2,北京语言文化大学出版社,1997)、《当代语法理论和现代汉语语法研究之管见》(《山西大学学报》,2007 年第 3 期)等。

(三) 加强语法意义与语法形式的双通道研究

朱先生早期语法研究的理论主要来自结构主义,但是他从来也没有放弃过有关语义的探索,例如在《现代汉语形容词研究》一文中,他第一次把汉语的形容词分为"性质形容词"和"状态形容词"两大类,并且描述了这两类形容词所表达的不同的语法意义。到了 20 世纪 70 年代末,他开始全面接触句法里的语义这一敏感课题;并且就形式与意义的关系进行了卓有成效的理论探索,通过对汉语歧义句式的分化,在研究方法论上有重大发展:

(1) 根据平行性原则提出变换分析法。

(2) 根据语义特征提出词语的次范畴分类。

(3) 根据语义结构理论提出隐性语法关系。

陆老师继承并且发展了朱先生重视语法意义与语法形式之间双通道研究的优秀传统,强调互相结合,互相渗透,互相验证,以揭示这两者之间的相对应又不相对应的复杂关系。他的贡献在于:

(1) 指出句法结构是句法结构,语义结构是语义结构,两者不是一回事;

(2) 指出主语和话题的区别必须有严格的形式标准;

(3) 指出语义类别和句法结构的制约和反制约的关系;

(4) 加强了语义特征、语义配价、语义指向、语义范畴的理论研究。

北大精神要继续发扬光大,关键就要在借鉴、引进国外有关理论的同时,重视语法研究理论的独创性与中国化。

(四) 独到的创新思维

朱先生和陆老师之所以能够取得如此辉煌的成就,能够在汉语语法学界独树一帜,成为领军人物,并在国际上产生相当深远的影响,绝非偶然。最主要的就在于他们具有独到的创新思维,他们清醒地认识到,我们的汉语语法研究,必须努力摆脱印欧语的干扰,摆脱旧有观念的束缚,必须运用朴素的眼光看汉语,这样才能够提出一些富有启发性的创新见解。

1. 尊重语言事实,一切从事实出发。一切从事实出发来归纳汉语语法的规律。同时又要跟世界上其他语言进行横向的比较,具有类型学的视野。

2. 理论上具有多元兼容意识。不是唯我独尊,不是排斥异己,不是故步自封,而是采取宽容的胸怀,广泛吸纳各种有一定价值的力量和方法,在我们的研究中融为一体。

3. 对原创意识的不懈追求。学术研究的生命源就在于原创,就在于与众不同,独辟蹊径,具有强烈的创新意识。只有进行原创,我们才有希望登上国际舞台,并且产生相应的影响。

进入 21 世纪以来,中国正在迅速和平崛起,中国的影响日益增长。随之而来的是汉语将在世界上的影响越来越深远,这是不以人们意志为转移的发展趋势。汉语正在走向世界,我们的汉语语法研究也将大踏步地登上国际舞台。

在这样一种形势下,我们完全有必要总结以朱德熙先生和陆俭明老师为代表的北京大学的汉语语法研究的团队精神,以此走向世界,彰显自我!我们将对国际语言学作出更大的贡献并产生更为深远的影响。

参考文献

邵敬敏　2007　《汉语语法学史稿》,商务印书馆(修订本)。

邵敬敏　2010　《新时期汉语语法学史(1978—2008)》,商务印书馆。

本文在北京大学"纪念朱德熙诞辰 90 周年暨庆祝陆俭明从教五十周年大会"(北京大学,2010 年 8 月)上宣读。

(原载《走向当代前沿科学的现代汉语语法研究》,商务印书馆 2013 年)

上海现代语言学讨论会活动给我们的启示意义

一、概况

整整30年前，20世纪80年代初，1982年的春天，这是个百废待举的年代，是个春意勃发的季节；上海，在这个刚刚睡醒还混混沌沌的国际大都市里，一批雄心勃勃的年轻人正在蓄势待发。他们自发成立了一个语言学沙龙，这就是后来大名鼎鼎的“现代语言学会讨论会”，简称XY。

最早是从杭州大学硕士毕业刚刚分配到华东师范大学工作的我，跟已经毕业并留校工作的复旦大学研究生陆致极以及即将毕业的研究生陆丙甫，商议如何开展语言学研究活动。三人一致同意把上海各高校的青年教师和研究生联合起来，定期举行学术沙龙讨论，每次都有几个人作专题发言，并且开展讨论，还可以交流有关全国各地的学术信息。

赞同这一倡议并且热心参与活动的最早有七个人，俗称“七君子”。他们是陆致极、陆丙甫、邵敬敏、谢天蔚、钱乃荣、余志鸿、林立。开始时在陆致极的家里（武康路的别墅，陆致极的丈人家）活动，后来人数增加了，就转而轮流到各大学，最后由于任芝锳到上海教育学院工作，该校区位于上海市中心，淮海西路的东头，占据了地理之便，大家都感到很方便，就固定在每月的第一个星期天的下午2点准时举行，雷打不动，这一活动坚持到90年代中期才慢慢停止。

XY除了每月定期举办的沙龙，还有两个特色：第一，从一开始就筹办了自己内部编辑出版的刊物《现代语言学》。第二，不定期地举办全国性的语言学学术研讨会。第一届1988年3月在太原；第二届是1990年5月跟第二届现代汉语语法研讨会一起办的，是在华东师范大学；第三届是1992年在上海大学；第四届在北京理工大学。本人1996年之后因为去了香港工作,此后就再也没有参加。(1996 年 7 月上海第五届;1998 年 8 月第六届山东荣成市;2000 年安徽第六届;2003 年第九届上海大学;2009 第十届南京师大。)

XY 这一活动坚持多年,早期主要是陆致极、陆丙甫和我负责。后期则由于陆致极、陆丙甫和谢天蔚先后去了美国,就由余志鸿、钱乃荣和我,再加上吴为善、左思民、刘大为、金立鑫、黄锦章等为骨干。这一活动不仅得到上海语言学界的广泛认同,而且还有许多外地朋友来参加,还有不少地方仿效,纷纷组织起类似的学术沙龙。大约到了 20 世纪 90 年代中期以后,当年的年轻人渐渐步入中年,大多晋升为教授、副教授,并且开始招收研究生,乃至博士生,情况发生了很大变化,XY 慢慢地开始散体,逐渐淡出人们的视线。

二、启示

1990 年我曾经发表过一篇文章《"XY"的学术研究风格及创学派意识》(《汉语学习》1990 年第 6 期),指出 XY 当时许多提法明显走在全国语言学界的前列。这主要是三点:

(1) 强烈的创新意识。

(2) 对"解释"的自觉追求。

(3) 多姿多彩的多元研究。

XY 的活动在中国现代语言学的历史上留下了可贵的值得纪念的一页,对我们的学术研究、学术发展具有不少有益的启示作用。

启示之一:我们必须有对语言学事业的一种献身精神。

活动开始的时候,我们的想法比较单纯,就是需要有一个交流研究心得的平台,需要尽快提升自己的研究水平,需要尽快跟国际接轨,需要尽快地脱颖而出。所以,我们愿意每月骑车、乘车赶到一个地方进行交流,风雨无阻,雷打不动。甚至于自己出钱出力自编杂志,包括印刷、装订、寄发《现代语言学》。坦率地说,正是这一点执着和精神感动了许多人,包括我们的老前辈。结果,吕叔湘、朱德熙、胡裕树、王维贤等许多老先生都纷纷解囊,捐钱资助。这是什么?这就是一种对语言学事业的献身精神。我们现在就需要这样的一种精神。人是不能没有一点精神的。我们自然要赚钱，要养家糊口，要改善生活，但是，同样我们绝对不能忘记我们的历史使命，我们的责任感。中国的语言学研究必须无愧于我们这个伟大的国家，无愧于我们这个伟大的时代。

启示之二：我们必须有排除各种困难的坚定决心。

客观上，我们存在许多困难，比如有人工作忙，有人路途远，有人经济困窘，等等，这些都还容易克服。最挠头的是有人风言风语，不理解我们。我清楚地记得，当时还是有一些人不仅不支持，还在背后讲了一些风凉话，有个别老先生甚至关照自己的学生不许参加我们的讨论会。也有人不但泼冷水，还泼脏水。流言蜚语，甚嚣尘上。什么“这些人迫不及待想出风头”“想成名成家”，甚至于还有个别人说“他们想抢班夺权！”事实证明，这些完全是诬陷不实之词。当时我们听到这些议论，也很气愤，但是我们并不泄气，并不计较，而是更加用心，更加努力。我们要用铁的事实回答那些不理解、不支持我们的人；也要用进步和成果来向世人证明我们的努力是值得的。

启示之三：必须有一个有活动能力、组织能力并且热心为公的核心。

首先这是一个松散的学术沙龙，来去自由，也不需要交纳会费，也没有领导班子。尽管 1989 年之后根据民政厅的要求，必须进行登记，但是其实也不是严密的组织，到底有多少会员，不知道，所谓的会长副会长也是自封的，从来也没有举行过所谓的选举，也没有章程，也不交纳会费。但是我们能够坚持多年，靠的就是实际上形成了一个组织上比较松散，但是精神上相对紧密的核心。它具有几个鲜明的特点：(1) 热心；(2) 坚强；(3) 不谋私利；(4) 有一定的活动能力和组织能力。这可以称之为“现代语言学的核心成员”。

启示之四：必须有自己的核心价值观，对语言学有自己的超前思考。

当时，我们提出了许多很有价值的理念。例如：描写与解释的关系，强调不仅要描写更要解释。例如：事实与理论，不仅要事实，还需要理论的追求。例如如何处理“创新”与“务实”。这些观念在当时都是比较前沿的。我们有时还有激烈的辩论，例如科学主义与人文主义，以哪个为主？再如我们跟申小龙为代表的“文化语言学”的大辩论。尽管没有得出最后的结论，却大大开拓了我们的视野，增强了我们的现代意识。

启示之五：必须有自己的发表园地，交流自己的研究成果。

《现代语言学》开始只是油印的，后来改为铅印的，一共出版40余期。发表了几百篇论文，在全国产生了相当深远的影响。其中几乎一半论文后来在正式刊物上发表，有的还是相当不错的。比如鲁川的《语义角色》，刊登于我们杂志的头版头条，引起了《中国语文》编辑部的注意，而且还邀请他参加了语言所主办的现代汉语语法讨论会。再如陆丙甫的板块结构理论最早也是在这一杂志发表的。本人关于汉语语法学史的理论阐述刊登于创刊号，后来不仅全文发表，而且也是我的《汉语语法学史稿》的导论。

启示之六：必须坚持多元意识，允许各种不同的流派、观点的交锋、碰撞。

《现代语言学讨论会》不是一个学术流派，没有完全相同的学术师承和理论背景。成员也是五花八门，不仅专业各异，而且师承不同。所以"多元"是必然的选择。尽管我们的辩论可能很激烈，但是我们能够和平共处。而且由于学术观点的碰撞，推动了我们的学术进步。一言堂肯定是没有出路的，多元互补是唯一的出路，也是XY得以发展的关键。

三、感言

30年一晃就这么过去了，我们正在变老，这是一种必然，现在的语言学界人才辈出，新一代年轻人开始登上历史舞台。回顾历史，我们当年的现代语言学沙龙也许还有一定的借鉴意义。我以为，最重要的是这么几条：

第一，笑到最后才能笑得最好。在语言学界坚持到现在的，基本上都成了语言学教授，例如陆丙甫、余志鸿、金立鑫、刘大为、黄锦章、谢天蔚、钱乃荣、左思民、吴为善等一大批。少数改行从商了，少数出国。事实告诉我们：做事业就需要坚持，坚持到底就是胜利。半途而废就太可惜了。而且不能指望小本钱来做大买卖，我们必须全身心地投入才能够获得丰收。

第二，语言学研究必须与时俱进，要走在时代的前沿。不要吃老本，不要故步自封。

第三，语言学研究要淡泊名利，提倡兴趣主义。这是我喜欢的，而不是作为敲门砖。

第四，中国的语言学必须坚持引进开放，跟国际接轨，又要提倡中国特色。两者不可偏废，两者的结合才是我们的希望。

第五，中国语言学要繁荣，要走向世界，就必须重视对人才，尤其是对年轻人的培养和支持。我们的现代汉语语法国际研讨会每次都有 20 个资助名额给年轻人，还评出一等奖，还发奖金，而且还颁发奖状。

21 世纪是充满希望的新世纪，我们的汉语正在走向世界，中国的现代语言学也正在登上国际舞台。我们希望更多的年轻朋友加入我们的队伍，为中国语言学的繁荣和发展贡献自己的一份力量。

本文曾在纪念上海“现代语言学”沙龙三十周年纪念会上(复旦大学，2012 年)宣读。

(原载《东方语言学》2012 年第 11 期，上海教育出版社)

图书在版编目（CIP）数据

汉语语法的多维研究 / 邵敬敏著. — 上海：上海教育出版社，2020.11
ISBN 978-7-5720-0341-7

Ⅰ. ①汉… Ⅱ. ①邵… Ⅲ. ①汉语－语法－文集 Ⅳ. ①H14-53

中国版本图书馆CIP数据核字(2020)第216537号

责任编辑 王 鹂
封面设计 郑 艺

汉语语法的多维研究
邵敬敏 著

出版发行 上海教育出版社有限公司
官　　网 www.seph.com.cn
地　　址 上海市永福路123号
邮　　编 200031
印　　刷 上海昌鑫龙印务有限公司
开　　本 890×1240 1/32 印张 11.25 插页 1
字　　数 340 千字
版　　次 2020年11月第1版
印　　次 2020年11月第1次印刷
书　　号 ISBN 978-7-5720-0341-7/H·0014
定　　价 65.00 元

如发现质量问题，读者可向本社调换 电话：021-64377165